Gustav Bergmann,
Jürgen Daub

Wunderbare Welt?

SCOUTOPIA

herausgegeben von

Prof. Dr. Gustav Bergmann
(Universität Siegen)

und

Jürgen Daub
(Universität Siegen)

Band 1

LIT

Gustav Bergmann, Jürgen Daub

Wunderbare Welt?

Wege in eine mitweltgerechte
Gesellschaft und Wirtschaft

LIT

Bibliografische Information der Deutschen Nationalbibliothek
Die Deutsche Nationalbibliothek verzeichnet diese Publikation in der
Deutschen Nationalbibliografie; detaillierte bibliografische Daten sind
im Internet über http://dnb.d-nb.de abrufbar.

ISBN 978-3-643-13042-6

© LIT VERLAG Dr. W. Hopf Berlin 2015
Verlagskontakt:
Fresnostr. 2 D-48159 Münster
Tel. +49 (0) 2 51-62 03 20 Fax +49 (0) 2 51-23 19 72
E-Mail: lit@lit-verlag.de http://www.lit-verlag.de

Auslieferung:
Deutschland: LIT Verlag Fresnostr. 2, D-48159 Münster
Tel. +49 (0) 2 51-620 32 22, Fax +49 (0) 2 51-922 60 99, E-Mail: vertrieb@lit-verlag.de
Österreich: Medienlogistik Pichler-ÖBZ, E-Mail: mlo@medien-logistik.at
E-Books sind erhältlich unter www.litwebshop.de

Inhalt

	Vorwort: Das Gute liegt so nah …	1
I	Alles ist Beziehung: Von Schwingungen, Resonanz und Seelengröße	9
II	Demokratie – Reflexionen zur Geschichte einer fragilen Herrschaftsordnung	57
III	Muße ist aller Lösung Anfang: Vom Ende der Industriegesellschaft und dem Beginn wirklichen Wohlstands	99
IV	Wem gehört die Welt? Wem sollte sie gehören?	121
V	Das Ende des Konzern-Kapitalismus und der Beginn einer lokalen, mitweltgerechten Ökonomie	171
VI	Demokratie – Reflexionen zur Zukunft einer fragilen Herrschaftsordnung	215
	Mit einem kurzen Scoutopischen Manifest runden wir das Buch ab	237

Das Gute liegt so nah ...

Das Gute liegt so nah, zum Greifen nah. Doch wir quälen uns mit Produktivitätsanforderungen, Leistungsdruck, Kontrollen, Zertifizierungen und Scheinbildungsprogrammen. Wir schuften uns ins Unglück, wir strampeln uns tiefer in den Missmut. Wir konsumieren und rackern und verschulden uns für weiteres Konsumieren. Dabei verursacht unser Lebensstil auch noch großen Schaden, Elend für die meisten anderen Menschen sowie die Zerstörung der Natur für alle. Es könnte so schön sein, wenn wir nur ein wenig verändern, uns ein wenig anders orientieren, um in vielen weiteren Schritten einen fundamentalen Wandel zu ermöglichen. Dafür benötigt man aber andere Ziele, Sinn und andere Kriterien. Das gute Leben zu denken, die Phantasiebremsen zu lösen, uns einander zuzuwenden, könnte sichtbar machen, dass alle Lösungen vorhanden sind.

Das Glück des Menschen entsteht, wenn wir im Einklang mit der Welt leben, wenn wir für etwas leben, statt gegen die Welt. Das gute Leben erwächst aus guten Beziehungen zu uns selbst, zu anderen Menschen, zur Natur und den Dingen. Gute Beziehungen zu uns und den anderen entwickeln heißt in einem ersten Schritt, eine gute Praxis zu gestalten für die anstehenden drängenden Probleme. Eine primäre Aufgabenstellung ist dabei, unser Wirtschaftssystem zukunftsfähig einzurichten. So wie wir unsere materiellen Lebensäußerungen tätigen, so gestalten sich das sozial-kulturelle Leben in der Folgewirkung. Wenn wir ausbeuterisch und rücksichtslos mit der Natur umgehen, so tun wir das auch mit den Menschen.

In diesem Buch umkreisen wir die Möglichkeiten, in dieser zum Teil krisenhaften, gewaltvollen Welt, mitfühlend und achtsam zu bestehen und wir suchen nach Chancen, die Gesellschaft, die Organisationen und die Regeln so weiter zu entwickeln, dass eine achtsame Praxis und gelingende Beziehungen wahrscheinlicher werden. Wir revoltieren gegen das Absurde, gegen die Ungerechtigkeiten und engagieren uns für eine für alle wunderbare Welt. Wir Autoren sind dabei nicht blauäugig und wissen wohl, dass es nicht einfach wird, neue Wege zu gehen. Deshalb orientieren wir uns auch an der Herkunft bestimmter gesellschaftlicher Tatsachen, die wir beschreiben – denn nur wer weiß woher er kommt, kann wissen wohin er gehen will.

„Wer sind wir? Wo kommen wir her? Wohin gehen wir? Was erwarten wir? Was erwartet uns?", so leitet Ernst Bloch sein Buch „Prinzip Hoffung" ein, in dem er für die Zeit nach dem zweiten Weltkrieg konkrete Utopien für eine bessere Welt entwickeln wollte. Utopien oder Heterotopien sind die Noch-Nicht-Orte oder Andersorte. Es sind Räume und Bereiche, die Alternativen zulassen, Perspektiven eröffnen und Entwicklung ermöglichen. Nun sind wir wieder an einer Zeitenwende angekommen. Nach Jahrzehnten des Wohlstandes in der westlichen Welt, zeigt sich zunehmend die Kehrseite. Der entfesselte Kapitalismus frisst sich in alle Winkel dieses Planeten. Wir leben auf Kosten der meisten Menschen, der zukünftigen Menschen und führen Krieg gegen die Natur. Warum nur? Die Maßlosigkeit dient nur wenigen, es ist eine globale Oligarchie entstanden, eine Herrschaft der sehr Wenigen. Gewaltige Konzerne bestimmen die Richtung. Nur ihren Anteilseignern verantwortlich treiben sie ihr Unwesen als „Externalisierungsmaschinen". Das heißt, sie bemühen sich, die Kosten und Schäden anderen aufzuhalsen. In den Wohlstandsländern oder Wohlstandsreservaten veräußern sie ihre Marken entweder als Billigmassenware oder exklusiven Blödsinn. Immer höhere Renditeansprüche erfordern weitere Gefräßigkeit, so dass wir überall Naturplünderungen, Landraub, Sklaverei und Verelendung beobachten müssen. Die Finanzindustrie treibt dieses Spiel noch extremer, da es dort nicht mal mehr um Waren und Dinge, sondern nur um monetäre Luftgeschäfte geht.

Wir beobachten auch an den Rändern Europas und in der Welt einen zunehmenden Zerfall der Nationalstaaten, so wie in Syrien, Irak, Libyen, Ukraine, Afghanistan, Somalia mit großer Sorge. Hier gibt es tragische Entwicklungen, die auch die Zukunft der westlichen Demokratien gefährden. Viele der Staatengebilde werden von marodierenden Banden beherrscht und es gilt das Gesetz des Stärkeren – also demjenigen, der die Waffen besitzt. Diese Entwicklungen haben Ursachen und sind teilweise das Produkt eines völlig entfesselten Kapitalismus, der mit seinen gewaltigen Rüstungsexporten und den Kooperationen mit sehr zweifelhaften Staatsgebilden (Katar, Saudi Arabien etc.) diejenigen unterstützt, welche direkt oder indirekt die westlichen Demokratien angreifen. Ebenso sind die Entwicklungen in den eher undemokratischen Staaten wie Russland oder China mit Sorge zu betrachten, auch hier teilen sich einige wenige Akteure der Machtelite den Staat und die Gelderlöse unter sich auf. Einige Länder in der EU sind zudem leidtragende des institutionalisierten Neoliberalismus. In Griechenland sind nicht die einfachen Menschen, sondern lediglich Investoren und Banken aus dem In- und Ausland gerettet worden. Die bittern „Reformen" treffen in weiteren EU-Ländern die einfachen Menschen. Länder werden entkernt und der Sozialstaat abgebaut. Die Jugendarbeitslosigkeit wird zur Zeitbombe. Die Kapitalvermehrungsmaschinen erzeugen eine Schuldenwirtschaft, eine Permanenz der Schuld. Diese Schulden sind auf sehr fragwürdige Weise zustande gekommen und Ergebnis der wundersamen Geldschöpfung von Banken und Investoren. Diese teuflische Dynamik muss durchbrochen werden, indem wir Schuldenschnitte machen, die Schulden inflationär verdampfen lassen und die riesigen Vermögen in wenigen Händen besteuern sowie den Kapitalmarkt und begrenzen. Deshalb ist es wichtig die Demokratie sowie den Sozial- und Rechtsstaat zu stärken, sie auszubauen und zu erweitern, statt sie einzuschränken und zu bekämpfen, um noch mehr „Freiheit" für Investoren zu schaffen. Wir sind auch in Europa an einem Punkt angelangt, wo die Demokratie vor ihren Sachverwaltern (Politikern, öffentlichen Verwaltungen und sonstigen Interessengruppen) durch soziale Initiativen geschützt werden muss. Demokratien sind keine vom Himmel gefallenen Wohltaten, sondern müssen ständig verteidigt und weiter entwickelt werden. Auch die mitteleuropäischen Machteliten haben alles andere im Sinn, als die Bürger an politischen Prozessen zu beteiligen. Hierzu müssen sich die Bürger wieder als der eigentliche „Souverän", der tatsächliche Inhaber der Staatsgewalt erleben können, als diejenigen, die das „öffentliche Wohl" bestimmen. Meistens werden nämlich unter diesem Begriff sehr einseitig gelagerte Interessen vertreten. Es gilt unsere derzeitige Demokratieform auszubauen, sie mit plebiszitären Momenten zu stärken und dem allerorten erkennbaren Lobbyismus der Einzelinteressen Einhalt zu gebieten. Das gute Leben liegt im Interesse aller Menschen und ist nicht mit dem Interesse der Gewinnmaximierung von Industrie- und Finanzsystem gleichzusetzen. Die Entwicklung eines demokratischen, beteiligungsorientierten Gemeinwesens liegt im Interesse der Bürger. Sie müssen befähigt werden an den Entscheidungen, die wesentlich ihr Leben mitbestimmen, teilhaben zu können.

In den armen Ländern dieser Erde müssen sich die Menschen als Lohnsklaven verdingen. Eine kleine Mittelschicht wird zum Konsum erzogen. Sie steigen dann ins Rattenrennen ein, um sich durch viel Arbeit Geld zu verdienen und ständig zu konsumieren. Der Ausstieg wäre denkbar, wenn wir die Produktion anders organisieren und, wenn wir Konsumenten in der westlichen Welt aufhören an die Marken zu glauben und uns die Dinge wieder aneignen. Wir beschreiben, wie wir individuell, gemeinschaftlich und auf gesellschaftlicher Ebene ansetzen können, andere Möglichkeiten zu schaffen.

Die Automatisierung bedroht die Arbeitenden. Jobless Growth ist die Folge. Die digitale Revolution vernichtet mehr Arbeitsplätze im klassischen Sinne, als sie neue schafft. Anstatt die Gesellschaften so zu organisieren, dass uns die Maschinen die beschwerliche Arbeit abnehmen und wir das wunderbare Leben genießen können, denken und handeln wir im Paradigma der Arbeit. Durch Arbeit aber ist noch niemand Millionär geworden. Unser Ökonmiesystem erfordert es, dass wir zu viel, zu lang, zu intensiv arbeiten und dabei das Leben vergessen. Wenn Überleben an Arbeit gebunden wird, dann wird allerdings der Druck immer größer. Der arbeitende Mensch ist erpressbar. Das Kapital arbeitet unterdessen weiter an seiner Vermehrung, während sich der Arbeitende aufzehrt. Der Verwertungsdruck, der Kostendruck, die Verelendung und die Erschöpfung nehmen zu. Die Automatisierung wird so nicht für den gemeinsamen Wohlstand genutzt, sondern verstärkt die Ausbeutung. Wir werden das Wirtschaftssystem in seiner heutigen Form abschaffen müssen, bevor er uns abschafft.

Die Geschichte läuft selten monolinear. Es gibt Alternativen und Möglichkeiten. Dezentrales, resilientes und gemeinsames Wirtschaften ermöglicht Unabhängigkeit. Verzicht auf Blödkonsum ergibt Spielraum. Verzichten und nur erschaffen, was wirklich wirklich (sic!) wichtig ist, in dem man tätig wird in Bereichen, die „man wirklich wirklich will". (Fritjof Bergmann)

Die Menschen in den heutigen Elendsvierteln Asiens und Afrikas kann man am besten helfen, wenn wir diese Art der auf Lohnsklaverei beruhenden Industrie austrocknen. Das vollzieht sich, indem wir die Rolle als fashion victims aufgeben, auf lokale und fair gehandelte Produkte umsteigen oder selbst anfertigen. Wenn wir aus der rasenden Hektik aussteigen, uns überlegen, für wen und was wir unsere Kenntnisse einsetzen, dann bekommen wird den Spielraum für eine bewusste Lebensweise. Der Wandel vollzieht sich erheblich einfacher, wenn nicht nur auf das Engagement und die Verantwortung einzelner gesetzt wird, sondern auch Rahmenbedingungen geschaffen werden, die ein mitweltgerechtes Verhalten einfacher machen. Für die meisten sozialen und ökologischen Probleme liegen Lösungsansätze vor. Es ist eine Frage der sozialen Macht, ob, wann und wie diese Alternativen auch verwirklicht werden. Mit einem bedingungslosen Grundeinkommen wäre solch eine Lebensweise sofort für jedermann möglich, aber bis es soweit ist, kann man große Schritte in diese Richtung unternehmen. Die meisten Wohlstandsmenschen können unmittelbar damit beginnen, sich frei für eine andere Lebensweise zu entscheiden.

Das gute Leben in einer wunderbaren Welt heißt, in Frieden leben zu können, frei zu sein, Wünschen folgen zu können, Freunde zu haben, lieben zu können, dem Müßiggang zu frönen, sicher zu sein, sich bilden zu können nach eigenen Neigungen, zu musizieren, künstlerisch tätig zu sein, ausprobieren können, scheitern dürfen und wieder aufgefangen werden. Es heißt auch, nach Lust und Laune tätig zu sein und mit anderen Gutes zu bewirken. Es wird deutlich, dass wirklich wichtige Dinge für ein gutes Leben nicht gekauft werden können. Geld kann sogar sehr stören, wenn man versucht, Freunde zu kaufen, wenn man Menschen wie Ware behandelt, oder aber sich Sicherheit oder Gesundheit aufwändig erwerben muss. Man kann das gute Leben positiv bestimmen und dann daraus Kriterien zur Bewertung entwickeln. Bringt uns ein neues Produkt den Zielen näher oder ist eine Tätigkeit dafür geeignet?

In einer Gesellschaft, wo alle ihren Neigungen, Leidenschaften und Talenten nachgehen dürfen, wird genug für alle da sein. Manche mögen fragen: Wer räumt dann den Müll weg? Es wird in einer entschleunigten Welt erheblich weniger Müll geben und den Rest fegen angemessene bezahlte und respektvoll behandelte Reinigungsfachkräfte hinweg oder es wird zu einer gemeinsamen Aufgabe.

Die Unternehmen und Akteure müssen sich auf überraschende Wendungen einstellen, müssen ihr Repertoire auch auf Fähigkeiten ausweiten, die heute ökonomisch noch nicht sinnvoll erscheinen. Die effizienten Spezialisten ohne Reserven und kreative Freiräume erweisen sich schon bald als außerordentlich anfällig. Robuste, resiliente Akteure und Unternehmen bereiten sich auf diese Unüberschaubarkeit mit Vorratswissen vor, investieren in Experimentalbereiche und betreiben Risikostreuung. Innovationen können dazu beitragen, das Gegenwärtige zu ersetzen. So geht die Tendenz weg von der Closed Innovation zur Open Innovation. Unternehmen müssen sich anderen Unternehmen und anderen Mitspielern öffnen. Alte Technologien und Branchen werden durch neue Sichtweisen und Märkte ersetzt (z. B. Nutzen statt Besitzen/ dezentrale gemeinschaftliche statt zentraler Energiegewinnung in Großkraftwerken).

In diesem Buch haben wir verschiedene Essays verbunden. Wir umkreisen das Thema „Wunderbare Welt" aus verschiedenen Blickwinkeln und bezogen auf unterschiedliche Bereiche. Diese Versuche sollen Anregungen geben, den Geist weiter öffnen, so dass Möglichkeiten und Auswege entstehen. Wir empfinden die scheinbar alternativlose Expertenherrschaft skandalös. Es gibt immer viel mehr Optionen und Sichtweisen und kein Experte ist so klug wie alle miteinander. Dazu kommt oft noch, dass die so genannten „Experten" ganz einseitig von denen bezahlt werden, die ein Interesse daran haben, dass es so weitergeht wie es gerade ist. Wir alle sind Experten für unser Leben und kein noch so kluger Experte sollte uns vorschreiben dürfen, wie wir leben wollen. Um allerdings zu wissen, was ein gutes Leben sein kann, sollten wir uns mit dieser Frage auch ernsthaft beschäftigen.

Wir wollen eine Wirtschaftsordnung, die der Demokratie dient und keine marktkonforme Demokratie – eine marktkonforme Demokratie ist die Abschaffung der Demokratie. Wir suchen nach Erklärungen und Theorien, wir spekulieren über Wege und Auswege aus dem allgemeinen Schlamassel. Dennoch wollen wir keine euphorische Gewissheit vermitteln, nach dem Motto „Es wird schon alles gut werden." Vielmehr glauben wir, dass wir eine bessere Welt gemeinsam mit vielen anderen erschaffen können, wenn wir uns grundlegend neu orientieren. In manchen Nischen kann man die wunderbare Welt schon längst beobachten. Dabei ignorieren wir nicht blauäugig die sozialen Machtverhältnisse. Die mögliche, wunderbare Welt muss gerade gegen große kollektive Akteure wie Konzerne und andere politische Lobbygruppen errungen werden.

„Das Absurde hat nur insofern einen Sinn, als man sich nicht mit ihm abfindet", hat Albert Camus in seinem Myth de Sisyphe (Der Mythos des Sisyphos) formuliert. Wir wollen uns für das Gute einsetzen. Obwohl es angesichts vieler Ungerechtigkeiten zuweilen aussichtslos erscheinen mag, machen wir es trotzdem. Das besonders Schöne dabei ist, dass man es zunehmend mit wirklich wunderbaren Menschen zu tun bekommt und der Sinn des Lebens erfahrbar wird.

„Es gibt also Länder ohne Ort und Geschichten ohne Chronologie. Es gibt Städte, Planeten, Kontinente, Universen, die man auf keiner Karte und auch nirgendwo am Himmel finden könnte, und zwar einfach deshalb, weil sie keinem Raum angehören. Diese Städte, Kontinente und Planeten sind natürlich, wie man so sagt, im Kopf der Menschen entstanden... in den angenehmen Gefilden ihrer Utopien."[1] Foucault forderte eine Wissenschaft, die sich mit den Utopien und Heteropien beschäftigt. Es geht darum, den Möglichkeitssinn (Robert Musil) zu entfalten, um andere, mitweltgerechte Lebensstile zu entwickeln. Denn eins steht fest: Es ist eine Illusion, dass es so weitergeht.

Die letzte Aussage von Albert Camus vor seinem viel zu frühen Tod.

Er antwortete auf eine Frage der Zeitung Reconstruir: „Wie sehen Sie die Zukunft der Menschheit? Was müsste man tun, um zu einer Welt zu kommen, die weniger von Notwendigkeit unterdrückt und freier wäre?" Albert Camus: „Geben, wenn man kann. Und nicht hassen, wenn das möglich ist."[2]

---

[1] Foucault, M.: Die Heteropien. Der utopische Körper, Suhrkamp, Berlin 2013, S. 9.
[2] Zitiert aus Lou Marin (Hrsg.) Albert Camus – Libertäre Schriften, Hamburg 2013 S. 364.

Alle Beiträge entstammen verschiedenen Vorträgen und Aufsätzen aus Forschungs- und Beratungsprojekten sowie Workshops. Wir haben sie überarbeitet, ergänzt und inhaltlich abgestimmt, um ein stimmiges Ganzes zu erzeugen. Dennoch kann man alle Kapitel auch einzeln lesen.

Scoutopia – das Mitweltlabor in Siegen

Scoutopia ist ein vom Siegerlandfonds und Startpunkt 57 gefördertes Projekt. Der Name entstand aus den altgriechischen Wörtern Scole (Muße) und Utopia (der Nicht –Ort). Im Rahmen dieses Projektes entwickeln wir ökologische und soziale Lösungswege.

Danke von Gustav Bergmann

Auch bei diesem Projekt bin ich zahlreichen Menschen dankbar für Unterstützung, Kritik und Anregungen. Besonders den Austausch und die Zusammenarbeit mit Jürgen Daub schätze ich sehr. Viel Unterstützung kam von Jonas Keppeler, Steffi Bingener, Feriha Özdemir, Rachel Schneider, Christophe Said, Anne Schwab sowie meiner Frau Jutta und meinem Sohn Robert. Er verwickelt mich fast täglich in philosophische Diskurse. Viele Kollegen und Freunde (hier insbesondere die aus dem Philosozie-Kreis) sowie zahlreiche kluge Studierende haben durch Kritik und kluge Fragen zum Gelingen beigetragen. Für alle erdenklichen Mängel bin ich aber selbst verantwortlich.

Danke von Jürgen Daub

Dieses Projekt beruht auf vielen langjährigen Forschungen und Diskussion um eine veränderte Ökonomie und somit Gesellschaft von Gustav Bergmann und mir. Ich bin weiterhin vielen Freunden für mannigfaltige kritische und anregende Diskussionen dankbar. Insbesondere meinen Freunden des ehemaligen Diskussionkreises „Lost Critical Intellectuals – LCI", Rüdiger Gans, Dr. Armin Flender und Lutz Kramaschki möchte ich danken; auch möchte ich Prof. Dr. Peter Schmidt-Egner für viele anregende und theoretisch tiefgehende Diskussionen danken. Ebenso gebührt tiefer Dank meiner Frau Sylvia und meiner Tochter Elisa, die mich oft auf den Boden der Tatsachen zurückholen.

I Alles ist Beziehung: Von Schwingungen, Resonanz und Seelengröße

„Das Glück besteht darin, in dem zu Maßlosigkeit neigendem Leben das rechte Maß zu finden."
Leonardo da Vinci
„Es gibt keine Freiheit ohne gegenseitiges Verständnis."
Albert Camus

Alles ist und alle sind miteinander verbunden. Alles, von Planeten, Gesellschaften, Menschen, Dingen über Zellen bis hin zu kleinsten Elementar-„teilchen" existiert nur in Beziehungen. Es ist eine wissenschaftliche Erkenntnis zum Beispiel aus der modernen Physik und eine alte Weisheit aus fast allen Kulturen. Je weiter die Forscher ins Innere der Materie vordringen, desto mehr wird deutlich, dass Materie aus Relationen besteht. Es verwundert auch nicht, dass sie zu metaphorischen Beschreibungen wie Strings tendieren. Strings sind die Saiten, die uns verbinden. Wir sind unter Menschen, mit aller Natur durch Schwingungen, Klänge, Kommunikation verbunden. Wir informieren uns und andere, durch Sprache, Nahrung, Verhalten. Positive, wie negative Formen führen zu spezifischer Resonanz, alle Elemente antworten auf einander. Der Systemforscher Francesco Varela spricht hier von „reziproken Spezifikationen", alles wird aus der Beziehung zu anderem bestimmt.[1] Die Art der Beziehungen erzeugt die Wirklichkeit. Unsere Wirklichkeit resultiert aus den Unterscheidungen, die wir vorneh-

---

[1] Vgl. Maturana, H./ Varela, F.: Der Baum der Erkenntnis. Die biologischen Wurzeln des menschlichen Erkennens, Bern – München 1987, S. 113.

men. Es sind die Unterschiede, die die Unterschiede machen, wie es Gregory Bateson formulierte.² Ohne Beziehung existiert kein Leben. „Wir haben nur die Welt, welche wir zusammen mit anderen hervorbringen, und nur Liebe ermöglicht uns, diese Welt hervorzubringen".³ Wir können nur mit den anderen existieren, es gibt keine self-made Existenzen, alles Sein ist Mitsein. Aller Sinn entsteht aus geteiltem Sinn.⁴ Die meisten Menschen leben im Einklang mit der Mitwelt. Sie leben und arbeiten mit anderen in Harmonie. Sie heilen, backen, reparieren, lehren, fertigen, verschönern, belustigen, tragen Verantwortung, pflegen, helfen, säubern, kochen, ernten, keltern, komponieren, tanzen, inszenieren, kreieren, erfinden und vieles mehr. Es ist der Normalfall, dass Menschen freundlich, verlässlich und hilfsbereit agieren. Vieles machen Menschen auch gerne, ohne Geld dafür zu bekommen. Sie engagieren sich aus purer Freude und Leidenschaft für andere. Ganz im Sinne der ursprünglichen Bedeutung des Dilettanten. Ganz aus inneren Antrieben gehen sie ihrer Arbeit gewissenhaft nach. Sie unterstützen und helfen auch fremden Menschen. Menschen mögen Fairness und Gerechtigkeit, machen gerne etwas Sinnvolles, sie versuchen mehr Werte zu schaffen, als sie Schaden anrichten. Einige Menschen leben und agieren jedoch so, als wenn es die Allverbundenheit nicht gibt oder sie nicht auf sie zutrifft, sie sich also separieren können. Sie beanspruchen, verschmutzen, wenden Gewalt an, fügen anderen Schaden zu und sind von Gier besetzt. Diese bedauernswerten Geschöpfe denken, sie seien der Nabel der Welt. Wir Menschen sind jedoch nur Teil der Mitwelt und agieren gegen uns selbst, wenn wir gegen andere und die Natur kämpfen. Alles verläuft in Kreisläufen, kommt also wieder auf die Akteure zurück. Es lassen sich diese Feed- back-Schleifen zuweilen jedoch dehnen und irritieren. So entsteht dann der Eindruck der Unverbundenheit. Die Resonanz auf das Verhalten wird in diesen Fällen zumindest temporär und partiell auf andere abgeleitet. Wir existieren jedoch in Netzen und Wirkungsketten, jedes Verhalten löst

---

[2] Vgl. Bateson, G.: Ökologie des Geistes. Anthropologische, psychologische, biologische und epistemologische Perspektiven, Frankfurt a. M., 1981.
[3] Maturana, H. / Varela, F.: Der Baum der Erkenntnis. Die biologischen Wurzeln des menschlichen Erkennens, Bern München 1987, 267f.
[4] Vgl. Nancy, J. L.: Singulär plural sein, Zürich 2004. In seinem Buch entwickelt Nancy eine Ontologie des Mit-Seins.

I ALLES IST BEZIEHUNG

eine Reaktion aus. Wir sind durch Schwingungen miteinander verbunden, wir erzeugen Wellen und kommunizieren miteinander, wir informieren uns, bringen uns in eine andere Gestalt. In der dürren und prägnanten Sprache von John Cage lautet das: „Gegensätze= Teile der Ein-heit. ... Prozess statt Objekt. ... Die Welt ist eine Welt.[5] Schon vor fünfzig Jahren hat der französische Philosoph und Mathematiker Michel Serres das simple Modell der Sender-Empfänger Kommunikation kritisiert und zum wenig wahrscheinlichen Sonderfall deklariert. In der Realität sind wir nach seiner Theorie in einem dreidimensionalen Netzwerk miteinander verbunden, so dass jede neue Schwingung in diesem komplexen System eine, wenn auch kleine Veränderung im Ganzen auslöst.[6] Es entstehen Gemenge und Gemische, Unbestimmtes, Zufälliges und Kontingentes.[7] Wir erzeugen damit entropische Zerstreuung und Zerstörung oder wir erzeugen Werte und Syntropie. Die Schlussfolgerungen sind dabei sehr unterschiedlich und variieren von Achtsamkeit bis zu Gleichgültigkeit, von Mitgefühl bis zu Zynismus und Habgier, von Hilfsbereitschaft bis zu Gewalt. Nur können wir aus der Natur, aus der Mitwelt nicht davonlaufen.

Im Wesentlichen konkurrieren dabei zwei unterschiedliche Sichtweisen auf die Welt. Entweder sieht sich der Mensch als Teil der Mitwelt und versucht im Einklang mit seinen Mitmenschen und der Natur zu leben. Oder aber der Mensch sieht die Welt als Gegner, lebt gegen die Welt, sieht andere als Konkurrenten und die Natur als Bedrohung beziehungsweise Fundus von Ressourcen. Die wesentlichen Alternativen heißen somit Mitwelt oder Gegenwelt.[8] Es geht um Konkurrenz und Konflikt oder Kooperation und Einklang und Koevolution. Alles ist, so sind sich Stringtheoretiker, Wasserforscher und Weisheitslehrer einig, durch „Saiten" miteinander

---

[5] John Cage: Empty Mind, Berlin 2012, S. 215ff. Ähnlich auch M. Serres, der in seinem Naturvertrag die Gebundenheit aller Formen der Natur (inkl der Menschen) verdeutlicht. M. Serres: Der Naturvertrag, Frankfurt 1994.
[6] Vgl. Serres, M.: Hermes I – Kommunikation, Berlin 1991, Es folgen noch vier weitere Bände zur Kommunikation Hermes 2-5, in denen Serres seine Theorie noch weit vor der Einführung des Internets entwickelt.
[7] Vgl. Serres, M.: Die fünf Sinne. Eine Philosophie der Gemenge und Gemische, Frankfurt 1998.
[8] Vgl. zur Mitweltökonomie vertiefend: Bergmann, G./ Daub, J.: Das menschliche Maß – Entwurf einer Mitweltökonomie, München 2012.

verbunden, mit denen wir als Akteure unterschiedliche Resonanz erzeugen können.[9] Die Medien sind Geld, Macht und Aufmerksamkeit (GMA) oder Liebe (Freundschaft, Empathie), Lust (innere Motivation, Freude) und Leidenschaft (LLL). Diese Modi haben ihre Wirkung und sie wirken auf uns zurück. Eine enger werdende Welt mit intensiverer Vernetzung erhöht die Wahrscheinlichkeit für ein Miteinander. Die Resonanz, der Widerhall tönt schneller und intensiver. Trotz Gated Communities, der Auslagerung von Kosten und der Abspaltung der Folgen und Wirkungen können sich die Akteure immer weniger der Verantwortung entziehen. Ein gegen die Mitwelt orientiertes Verhalten ist eigentlich ein gegen sich selbst gerichtetes Agieren, da jeder Mensch eine Erscheinungsform des Ganzen ist. Die Meisten nutzen gleich die Vorteile einer mitweltorientierten, solidarischen und lebensbejahenden Lebensweise, indem sie sich als Teil der Mitwelt sehen, zu der sie Werthaltungen beitragen. Menschliches Verhalten ist stark von den sozialen und physischen Bedingungen abhängig. Deshalb wollen wir nicht Menschen verändern, sondern mit dazu beitragen, dass förderliche Kon-

---

[9] Schon Einstein wies auf die „Spukhafte Fernwirkung" von Lichtteilchen hin. Zwei oder mehr verschränkte Teilchen können nicht mehr als einzelne Teilchen mit definierten Zuständen beschrieben werden, sondern nur noch das Beziehungsgefüge als Ganzes. Während Einstein an dieser Theorie zweifelte, bestätigen sich heute diese Vermutungen (Vgl. Zeilinger, A.: Einsteins Spuk – Teleportation und weitere Mysterien der Quantenphysik, München 2005). Elementarteilchen (wenn es sie überhaupt als Teilchen gibt) kann man sich als Schwingungsanregung der Strings vorstellen, wobei die Frequenz nach der Quantenmechanik einer Energie entspricht. So erläutert es Steven Gubser in The little book of String theory, Princeton 2010. Auch die schnell als Esoterik abgetanen Erkenntnisse möchten wir hier nennen, da sich die herrschende Wissenschaft oft in der Geschichte getäuscht hat und manches Phänomen nicht erklären konnte. Der japanische Wasserforscher Emoto hat Wirkungen auf Wasser aufgezeigt, in dem er Wassermoleküle fotografierte, die sich unter Einfluss von Musik oder Sprache veränderten. (Vgl. Emoto, M.: Die Botschaft des Wasser, Burgrain 2010). Es werden wahrscheinlich auch Informationen übertragen, ohne dass man diese nachweisen kann, sowohl Wege als auch Inhalte. Wasser, aus dem wir zu einem großen Teil bestehen, lässt sich augenscheinlich in seinen Wirkungen beeinflussen. Musik beeinflusst Wasser und die Wirkungsweise von Musik ist bisher wissenschaftlich nicht erklärbar. Was Wirkung hat, existiert, auch wenn wir es noch nicht erklären oder messen können. Das war immer so. Atomare Strahlung hat es immer gegeben, Wirkungen daraus auch, nur konnten die Menschen sie lange nicht messen oder erklären.

texte gestaltet werden, die den Menschen ermöglichen und erleichtert, sich mitweltorientiert zu verhalten und sich persönlich entfalten zu können.

Crisis? What crisis?

Vieles ist schief gegangen in den letzten Jahren. Die Ökonomie und mit ihr die Ökonomen waren dabei mehr Teil der Probleme als der Lösungen. Neben unseren Alltagsproblemen existieren gewaltige Krisen[10]:
Schätzungsweise leben 12 % der Menschen in Hunger, 3.4 Mrd. Menschen haben keinen Zugang zu sauberem Trinkwasser und gelten als unterernährt. Der Hunger ist ein unbeschreiblicher Skandal, da er vermeidbar wäre. Wir Wohlstandsmenschen verdrängen diese Katastrophe, in dem wir die Wirkungen unseres Lebensstils abspalten. Wir ernähren uns vor allem von Fertigkost, viel zu viel Fleisch und Seefisch und produzieren zudem auf kostbaren Landflächen Bio-Sprit. Wie heißt es in der Werbung: „snickers und der Hunger ist gegessen". Ein Palmölprodukt, das ungesund wirkt und den Urwald zerstört. Es ließen sich ohne weiteres bis zu 12 Mrd. Menschen gut ernähren, wie es im UN-Bericht zu Millenniumsgoals heißt.[11] Nur, warum machen wir es nicht möglich? Wem nutzt die gegenwärtige Situation? Cui bono?

Kurz sollen die Krisen- und Problembereiche ins Bewusstsein gerückt werden:

Klimawandel und Umweltzerstörung: Wir emittieren mehr Kohlendioxid (30,1 statt 21,8 Mrd. t/J.) als vor 20 Jahren. In allen Regionen der Erde plündern wir die Erde aus, als wenn es kein Morgen gäbe. So benötigen wir bei einem westlichen Lebensstil für alle heute zwei Erden. Bei einem US- amerikanischen Lebensstil sogar vier. Wir leben so auf Kos-

---

[10] „Krise" ist ein aus dem Griechischen stammendes Substantiv zum altgriechischen Verb *krínein*, welches „trennen" bedeutet. Es bezeichnet einen Scheidepunkt und eine schwierige Situation. Häufig kann man erst nachdem die Krise abgewendet oder beendet wurde feststellen, dass man einem Wendepunkt stand. Nimmt die Entwicklung einen dauerhaft negativen Verlauf, so spricht man von einer Katastrophe, die einen sprunghaften oder stark beschleunigten Vorgang in einem dynamischen System. Im klassischen Drama droht die Katastrophe oder zumindest die Krise, bevor die entscheidende Wendung (Peripetie) eintritt.
[11] www.un.org/millenniumgoals/pdf.

ten aller zukünftigen Menschen und auf Kosten mindestens der Hälfte aller gegenwärtig lebenden Menschen. Wir zehren von der Substanz. Schuldenkrise inklusive Versklavung: Es gibt etwa 200 Mio. Kindersklaven[12] auf der Erde. Die Verelendung der Massen kann man dort beobachten, wo viele unserer Markenprodukte hergestellt werden. Die ausbeuterische Industriegesellschaft existiert weiter, nur schön auf Distanz gebracht. Nur wenige Menschen verfügen über riesige Vermögen, während die meisten verschuldet sind. Selbst konservative Politiker und konventionelle Wirtschaftsforscher deuten an, dass eine Vermögensabgabe die Probleme der verschuldeten Staaten lösen könnte. Die Reichen haben sich im Finanzkapitalismus ideal bedienen können und einen gewaltigen privaten Reichtum entwickelt. In den letzten Jahren wurde in extremem Umfang Wohlstand auf Kosten Vieler an Wenige umverteilt. Diese Wenigen haben selbst kein Vertrauen in die Finanzwirtschaft. Sie erwerben mit ihrem Geld Immobilien und andere reale Werte. Auf diese Weise wird die Umverteilung von Eigentumsrechten manifestiert und betoniert. Die Wohlhabenden Europas könnten mit 40 % ihres Vermögens alle Schuldenprobleme lösen. (SZ 13.07.2012, S. 19). Die Legitimation dieses ungerechten Systems wird schwinden. Autoren wie Rana Dasgupta oder Pankrj Mishra relativieren das westliche Modell.[13] In Indien beispielsweise zeigt der Kapitalismus seine grausame Fratze. Der Finanzkapitalismus ist mit den Menschenrechten oder dem Einklang mit der Natur nicht vereinbar. Der Neoimperialismus zeigt sich im Kleid der Ausplünderung von Rohstoffen und des Landraubs.[14] So wurde der Kongo zum ärmsten Land mit den größten natürlichen Reichtümern. Der Klimawandel löst soziale Krisen und dann Konflikte aus. So zu beobachten in der Sahelzone. Die bittere Armut treibt die Menschen gegeneinander und in die Arme von Terroristen. Wir – also Menschen in den Wohlstandsländern – leben auf Kosten anderer und zukünf-

---

[12] Vgl. SZ vom 18.06. und auf Website SZ.de/politik/2012-06-18_RIO20.
[13] Vgl. Dasgupta, R.: Dehli: Im Rausch des Geldes, Berlin 2014. Anschaulich beschreibt er die zerstörung der gesellschaft durch das allgegenwärtige Gegeneinander. Mishra betrachtet die westliche Welt von außen und misst die kapitalistische Gesellschaft des Westens an ihren hehren Ansprüchen. Vgl. Mishra, P.: Aus den Ruinen des Empires, Frankfurt 2014.
[14] Vgl. zu Landraub: Bommert, W.: Bodenrausch, Köln 2012.

tiger Menschen. Im Zeitalter des Anthropozäns frisst der Mensch seinen Heimatplaneten. In extrem kurzer Zeit werden Ressourcen ausgeschöpft, die über Jahrmillionen entstanden sind. Zudem werden Schulden verursacht, die ein Leben auf Kosten zukünftiger Generationen erzeugen. Eine Entkoppelung des Wachstums vom verzehrenden Ressourcenverbrauch erscheint nicht möglich. Dieser Traum entspringt eher dem Wunsch, Zukunftsfähigkeit mit lediglich marginalen Veränderungen zu erreichen. Es wird von Nachhaltigkeit gesprochen, aber nichts geändert. Manche sind noch immer dem Wahn der Machbarkeit verfallen und wollen alles technisch lösen, letztlich dann die Natur technologisch nachbilden – Pflanzen, Saatgut und letztlich auch Menschen. Harmlosere Akteure pflegen die folgenlose Betroffenheit, reden von Ökologie, kaufen aber Bioäpfel im Juli aus Übersee und fliegen in den Ökourlaub nach Madeira oder Bali. Zukünftige Menschen werden – soweit sie noch existieren – zurückblicken und sagen: Warum habt ihr nichts dagegen getan und die Probleme eher noch verschlimmert? Die Nachkommen werden fragen: Warum nur waren die so kleingesinnt?

Keiner hat nichts gewusst. Immer.

Niemand kann behaupten, das Elend vieler Menschen nicht erkennen zu können. Die Informationen darüber sind evident. Zumindest unbewusst spüren wir eine Scham. Doch die Verantwortung lässt sich unter bestimmten Umständen delegieren. Organisationen bieten mit ihrer Funktionalität gute Möglichkeiten. Insbesondere, wenn sie sehr groß sind und der eigene Beitrag zur Unmoral ganz klein erscheint. Es wird dann von Sachzwängen, Erfordernissen, Loyalität und der eigenen Einflusslosigkeit gesprochen. Die Verpflichtung in einer Organisation entlastet moralisch. Der Philosoph John Searle spricht deshalb auch davon, dass Macht in Organisationen wächst.[15] Große Organisationen erzeugen Verantwortungslosigkeiten und soziopathisches Verhalten. Bei Konzernen kommt noch hinzu, dass sich die leitenden Akteure strukturell bedingt nur den Anteilseignern verpflichtet fühlen, denen sie den Reichtum mehren. Investmentbanker handeln bewusst ohne

---

[15] Vgl. Searle, J.: Wie wir die soziale Welt machen: Die Struktur der menschlichen Zivilisation, Berlin 2012.

Sicht auf die Folgen ihres Handelns. Wenn sie beginnen, Verantwortung zu übernehmen, können sie ihren Job direkt beenden.[16] Die aktuelle Debatte über Nahrungsmittelspekulation zeigt das deutlich. Selbstverständlich wissen alle Beteiligten der Banken, dass diese Praktiken dramatische Auswirkungen haben. Sie entlasten sich moralisch mit dem Blick auf die Rendite und die Begünstigung der Anteilseigner, denen sie allein verpflichtet sind. Und das letzte Argument lautet: Wenn wir es nicht machen, macht es ein anderer. Die Akteure bei Goldman und Sachs glauben wahrscheinlich selbst, sie wüssten alles besser und müssten deshalb die Geschicke der Welt bestimmen. Akteure aus dem Goldman Imperium sitzen zufälligerweise an zentralen Stellen der Politik und Wirtschaft. Dort werden merkwürdigerweise vornehmlich Entscheidungen getroffen, die wiederum Goldmännern und ihren Kunden nützen. Liebe Leser, fragen Sie sich doch einmal, wem der ESM (Europäischer Stabilitätsmechanismus nicht zu verwechseln mit ESP Electronic Stability Control) am meisten nützt; den Anlegern in Griechenland Papieren oder den griechischen Rentnern? Vollends ohne demokratische Legitimation wird in Griechenland, Spanien oder Italien der Sozialstaat abgebaut, weil die „Märkte" und ihre Agenten in der EZB das so wollen. Im Neusprech heißt das dann: „Die Italiener machen große Fortschritte mit ihren Strukturreformen." Googlen Sie diesen Satz mal. Sie landen bei konservativer Presse, „neoliberalen" Forschungsinstituten und Ministerien im Gleichklang.

Distanz zu den Wirkungen fördert die Verantwortungslosigkeit

Die letzten Jahrzehnte standen im Zeichen einer zunehmenden Distanzierung der Menschen untereinander. Entscheidungen sowie Aktionen und deren Wirkungen und Folgen fallen auseinander. Man kann mit einem Mausklick erhebliche Wirkungen in weit entfernten Gegenden auslösen und sich von den Wirkungen persönlich isolieren. Aus sozialpsychologischen Experimenten wissen wir, dass die Distanz zu den Betroffenen und die mögliche Abspaltung der Wirkungen das unmoralische und

---

[16] Vgl. die Studie von Honegger, C./ Neckel, S./ Magnin, Ch.: Strukturierte Verantwortungslosigkeit: Berichte aus der Bankenwelt, Frankfurt a. M. 2011.

I ALLES IST BEZIEHUNG

gewalttätige Verhalten wahrscheinlicher macht.[17] So können sich egoistische Akteure, Verursacher von Verschuldung, Elend, Hunger und Krieg von den Wirkungen ihres Handelns abspalten, werden sogar moralisch entlastet. Es wundert niemanden mehr, dass Drohnen in den Krieg geschickt werden und die lenkenden Soldaten nach „erfolgreicher" Aktion höher dekoriert werden, als Invaliden.[18] Die rein ökonomische Globalisierung führt zu Kinderarbeit und Ausbeutung bzw. Versklavung. Freie Finanzmärkte mit der Zulassung von Derivaten und Hedgefonds, Privatisierung und andere Teufeleien gelten zu Recht als „Massenvernichtungswaffen" (Warren Buffet). Distanz streckt die Handelswege, anonymisiert Verantwortung und lässt die menschlichen Bindungen destabilisieren. Wahrscheinlich benötigen wir eine Re-Dezentralisierung eine Re-Regionalisierung der Wirtschaft. Die Externalisierung von Kosten und Schaden ermöglicht die unsinnigsten Transporte und extrem entfremdete Arbeit. So bringt uns Globalisierung nicht zueinander, sondern verschärft die Trennung der Menschen. Erst, wenn die Resonanz erhöht wird, weil die Übeltäter angeprangert werden und ihnen die Scham zu Gesicht steht, dann ist eine Veränderung des Verhaltens möglich. Erst, wenn die wahren Kosten und Schäden den Verursachern zugeordnet werden, entstehen faire Beziehungen. Verantwortung verliert sich im Anonymen, kommt diffus, verzögert, verzerrt zurück. Zunächst gibt es wenig Zweifel, alles ist zu eindeutig, dann folgen Scheitern und Krise. Wirklich neues Anderes ist unerwartet, wird für verrückt erklärt, lange Zeit bekämpft und ist später nicht mehr wegzudenken.

Es gibt nun mindestens drei Aspekte, die eine Zunahme der Resonanz erzeugen werden. Es sind dies die rapide Zunahme der Weltbevölkerung, die zu einem dichter besiedelten globalen Dorf beiträgt, die zunehmende Vernetzung mit aktuellen und direkten Informations- und Kommunikationsmöglichkeiten sowie die damit verbundene und wieder erstarkte Bereitschaft, sich für die Belange des Ganzen einzusetzen. Bevölkerungsdichte

---

[17] Vgl. Milgram, S.: Das Milgram-Experiment. Zur Gehorsamsbereitschaft gegenüber Autorität, Reinbek 1997 und Zimbardo, P.: Der Luzifer-Effekt. Die Macht der Umstände und die Psychologie des Bösen, Heidelberg 2008.
[18] In den USA hat das Verteidigungsministerium eine neue Medaille kreiert, die für „herausragende Kriegsführung" künftig an Soldaten verliehen werden, die selbst nicht im Kriegsgebiet anwesend waren.

und Internet und die dadurch geförderten Bildungs- und Interventionsmöglichkeiten bewirken so eine Zunahme an Response und Resonanz. Noch können sich die Auslöser und Profiteure von den Wirkungen ihres Handelns isolieren. Die Zuordnung von Wirkungen zu den Verursachern wird jedoch wahrscheinlicher und damit die Proteste und die Kritik. Anschaulich zeigt sich das zurzeit im mittleren Westen der USA. Eine beispiellose Dürre gefährdete 2012 die Existenz der Farmer. Noch wird der Zusammenhang mit dem Klimawandel geleugnet und eher verdrängt. Doch auch im Land des exzessiven Konsums und Ressourcenverbrauchs zeigen sich die Auswirkungen der zerstörerischen Wirtschaftsweise.

Was ist unmoralisch?

Unanständig und unmoralisch sind die, die anderen Schaden zufügen. Selbst John Stuart Mill, als großer Philosoph der Freiheit, betonte immer wieder, dass die individuelle Freiheit ihre Grenzen dort finden muss, wo andere durch das Verhalten geschädigt werden.[19] Er konnte in seiner Zeit noch nicht ahnen, wie sehr wir heute in Wirkungsketten über den Planeten verbunden sind. Heute wirkt es genau anders herum. Der einfache Mensch wird durch Vorschriften und Auflagen drangsaliert und schikaniert, während die legale Plünderung für sehr wenige Akteure ermöglicht wurde.

Was heißt Kleingesinntheit und was Seelengröße?

Als kleingesinnt gelten Menschen, denen vieles wie Frieden, Wohlstand und Bildung geschenkt wurden und die trotzdem ihr Leben verpfuschen, sich der Mehrung von Reichtümern widmen, ihre Talente nicht entwickeln oder zerstörerisch wirken. Immer nur Geschäfte machen, Steuerschlupflöcher suchen, anderen nichts gönnen, Statuskonsum betreiben, protzen und prahlen, ihr Ego nähren, ehrsüchtig sind, die Karriere über alles stellen, Produkte entwickeln, die niemand braucht und Werbelügen kreieren. Kleingesinnt sind die, die Schadschöpfung oder Wertschöpfung nur für die eigene Tasche betreiben; die Andere in Verschuldung treiben, „geldig" denken,

---
[19] Vgl. John Stuart Mill: Über die Freiheit (Essay aus dem Jahre 1859), Köln 2009.

I ALLES IST BEZIEHUNG

handeln und fühlen.[20] Der Mensch ist, was er tut und verantwortlich für das, was er bewirkt. Die Kleingesinntheit entstammt wahrscheinlich einer Furcht vor dem Tod oder der Bedeutungslosigkeit. Sie verselbständigt sich als Angst und besetzt die Seele. Kleingesinntheit ist Ausdruck der Midaskultur: Alles zu Geld machen. Doch Mitgefühl besiegt die Furcht. Etwas für andere tun, macht glücklich. Glücklich wird der Mensch, wenn er nicht nur nach seinem Vorteil und Nutzen schielt, sondern schaut, wie er andere unterstützen kann. Damit sind wir bei der Großgesinntheit angekommen. Mein Sohn (Jg. 96) hat mich letztens gefragt, ob er nicht angesichts der großen Chancen, die er bekommt, der Bildung, des Lebens in Frieden und Wohlstand, der Förderung, etwas ganz Bedeutendes im Leben erreichen muss. Darauf hatte ich die Antwort parat, dass er das nicht müsse, er hat nur die Verantwortung großzügig zu sein und er hat anzuerkennen, dass niemand auf der Welt etwas allein erreicht. Wir haben Verantwortung. Lösungen haben wir auch. Wir können uns kultivieren und großgesinnt werden. Großgesinntheit ist ein Begriff von Aristoteles und deutet auf Seelengröße und souveräne Tugendhaftigkeit.[21] Großgesinnte sehen sich als Teil der Mitwelt, tragen Verantwortung für ihr Handeln. Sie spüren, dass sie Teil des Ganzen sind und wieder ins Ganze eingehen. Sie schaffen Werte, die auch andere als wertvoll erachten und die die Schäden kompensieren. Der Großgesinnte ist also ein Syntropiker, ein Mensch, der der Welt mehr hinzufügt, als er nimmt. Ähnlich ist auch der Homo superior von Nietzsche zu interpretieren. Der „Übermensch" ist einer, der über das gewöhnliche, immer wiederkehrende Leben hinausstrebt, den Nihilismus überwindet. Oder wie Albert Camus es in Anlehnung an Nietzsche entwickelte, das Absurde

---

20 Besonders Eske Bocklmann hat diesen „Takt des Geldes", Springer 2004 anschaulich und umfassend beschrieben. Zur Geldgier auch hoch interessant. Rues, A.: Das letzte Tabu: Ruchlose Gedanken aus der Intimsphäre des Geldes, Wien 2011.
21 Häufig auch mit Seelengröße (Megalopsyche) u. ä. übersetzt. Vgl. Aristoteles: Nikomachische Ethik, Buch IV, Nr. 7-9, Köln. 2009. Bedauerlicherweise hat Aristoteles die Sklaven, die Frauen und die gebrechlichen Menschen nicht in seine Überlegungen mit einbezogen. Er hat eine männliche Tugendlehre entwickelt. Erweiterungen siehe bei Macintyre, A.: Die Anerkennung der Abhängigkeit, Hamburg 2001. Nach Macintyre müssen wir Aristoteles gegen ihn selbst in Stellung bringen. Es sind nicht wirklich Seelengroße, die sich erhaben fühlen und die Unzulänglichkeiten respektieren. Zudem integriert die Ethik zu wenig die Erfahrungen auch der einfachen Menschen.

akzeptiert und überwindet. Er schafft dieses, indem er sich dagegen auflehnt und versucht Sinn zu finden, indem er sich für die Mitwelt und für die Gerechtigkeit einsetzt.[22] Sein Mythos von Sisyphos endet deshalb mit den Sätzen. „Der Kampf gegen den Gipfel vermag ein Menschenherz auszufüllen. Wir müssen uns Sisyphos als einen glücklichen Menschen vorstellen." Wer sich und andere entwickeln will, muss Sinn stiften. „Ohne Würde währt unser Leben nur einen Augenblick, aber wenn es gelingt, ein gutes und gelungenes Leben zu führen, können wir damit etwas Größeres schaffen. Wir führen unserer Sterblichkeit gewissermaßen einen Verweis hinzu und machen unsere Leben zu einem winzigen Diamanten im Sand des Kosmos."[23] So poetisch drückte es der Rechtsphilosoph Ronald Dworkin aus. Das Leben kann glücken, wenn der Mensch großzügig lebt. Wir leben in spannenden Zeiten und haben die Chance auf Seelengröße, Großzügigkeit und Mitgefühl. Seelengröße bedeutet, über sich hinaus zu denken und sich als Teil des Ganzen vorzustellen, sie bedeutet auch, sich vorzustellen, dass es auch ganz anders sein könnte. Es heißt, Lösungen entwickeln anstatt über Ursachen und Schuldige zu reden. Dass das, was man als selbstverständlich ansieht, plötzlich nicht mehr gilt. Es ist das Denken, welches uns John Rawls mit seinem Schleier des Unwissens vorgestellt hat. Es ist die konkrete Realisation des kategorischen Imperativs von Kant: Sich eine Ordnung denken, die für jeden Menschen Gerechtigkeit erzeugt.[24] Das gute

---

[22] Vgl. F. Nietzsche in „Also sprach Zarathustra" von 1885. Dieses Übermensch – Konzept ist oft missverstanden und von der Nationalsozialisten missbraucht worden. Nietzsche meinte keinen misanthropischen Machtmenschen, sondern wohl eher einen Menschen, der über sich hinaus denkt und seine Egoismen einhegt. Albert Camus entwickelt seinen Helden in dem Essay „Der Mythos von Sisyphos" und in „Die Pest" mit dem Arzt Rieux, 1947. Der Großgesinnte agiert dort für die Mitwelt als Revoltierender und Tätiger im Angesicht des Absurden.

[23] Dworkin, R.: Gerechtigkeit für Igel, Berlin 2012, S. 713.

[24] Vgl. zum kategorischen Imperativ besonders die Grundlegung der Metaphysik der Sitten von Immanuel Kant. Hier erläutert Kant auch, mit welchen Handlungsprinzipien sich diese Ethik verwirklichen lässt. I. Kant: Grundlegung der Metaphysik der Sitten, Stuttgart o. J. S. 65f und 81 f. Es gibt zahlreiche Formulierungen des KI aus dem 18. Jhd., hier sei eine genannt. „Handle nach der Maxime, die sich selbst zugleich zum allgemeinen Gesetze machen kann." Jürgen Habermas hat in unserer in den 1980ern den KI erweitert zu einer Dialogethik: Statt allen anderen eine Maxime von der ich will, dass sie allgemeines Gesetz sei, als gültig vorzuschreiben, muss ich meine Maxime

Leben gelingt, wenn wir unsere Talente entdecken und entwickeln und diese dann für unsere Mitwelt einsetzen. Robert und Edward Skidelsky haben in ihrem Buch „How much is enough" die Merkmale des guten Lebens beschrieben[25]: Einer Beliebigkeit dieser Merkmale vorzubeugen haben sie erklärt, dass diese Basisgüter universell zu verstehen sind, also für alle Menschen überall gültig; sie sind final, also nicht Mittel zum Zweck, sondern selbst Ziel; sie sind Güter sui generis, also einzigartig, sie sind unverzichtbar für jedermann. Für Basisgüter des guten Lebens halten sie Freundschaft als vertrauensvolle und liebevolle Beziehungen zu anderen Menschen, Gesundheit, seelisch, körperlich und geistig; Sicherheit, also ein Leben ohne Gewalt, Krieg und Bedrohung; Respekt und Anerkennung; Persönlichkeit, also ein persönlicher Freiraum für die eigene Entfaltung; Harmonie mit der Natur; Muße als die Möglichkeit der Besinnung, der Ruhe und Kontemplation, aber auch die zweckfreie, leidenschaftliche Betätigung. Großgesinntheit kann sich nur richtig entwickeln, wenn wir gemeinsam gegenseitig Resonanz erzeugen, uns in guten Taten bestärken und die Kleingesinntheit sanktionieren. Großzügigkeit, Seelengröße und Großgesinntheit sind keine Sache des einzelnen Menschen, die sich in Eigenverantwortung entwickeln. Es wird immer einzelne geben, die sich sehr großgesinnt zeigen, dennoch wird die wirksame Veränderung zur Seelengröße nur wahrscheinlich, wenn der soziale Rahmen dieses Verhalten unterstützt. Sie entwickelt sich somit am besten in solidarischer Gemeinschaft. Wie hat sich die Unkultur der Kleingesinntheit entwickelt? Wir wissen, dass Menschen

---

zum Zweck der diskursiven Prüfung ihres Universalitätsanspruchs allen anderen vorlegen. Vgl. Habermas, J.: Moralbewusstsein und kommunikatives Handeln, Frankfurt/M. 1983, S. 77. Hans Jonas hat die Natur mit einbezogen: ‚Handle so, dass die Wirkungen deiner Handlung verträglich sind mit der Permanenz echten menschlichen Lebens auf Erden', vgl. Jonas, J.: Das Prinzip Verantwortung. Versuch einer Ethik für die technologische Zivilisation, Frankfurt M. 1984, S. 36
Eindrucksvoll ist dieses Denken dem autobiografischen Buch von Phillippe Pozzo di Borgo verdeutlicht. Er ist infolge eines Gleitschirmunfalls extrem querschnittgelähmt und kann Arme und Beine nicht mehr bewegen. Durch die Beziehung zu einem Ex-Sträfling aus der Banlieu findet er wieder ins Leben zurück und revidiert Sichtweisen aus seinem „ersten" Leben. Kürzlich stellte er sich mit dem ebenfalls behinderten Sebastian Koch einem Interview des Spiegels. Hier plädieren beide für ein Leben im heute, im Miteinander.

25 Vgl. z. B. Skidelsky, E. und R.: Wie viel ist genug?, München 2013, S. 197ff.

stark von ihren Mitwelten geprägt werden. Die kapitalistische Wirtschaftsordnung ist in den letzten Jahren drastisch verändert worden. Globalisierung zeigt sich nicht als intensiverer Austausch der Menschen miteinander, sondern als deutliche Steigerung weltweiter Konkurrenz, als Neoimperialismus mit groben Ungerechtigkeiten, Verelendung, Hunger und Ausbeutung und der Zerstörung der Natur. Wir werden aufgerufen, mit jedem in Konkurrenz zu gehen. Viele sind prekär beschäftigt, überall herrschen die primitive Effizienzlogik und eine vollends unfaire Leistungsgesellschaft. Mit der Effizienz- und Messlogik wird versucht, alles in einer Kennzahl auszudrücken und gerade Wechselwirkungen zwischen verschiedenen Bereichen und die Langzeitfolgen auszublenden. Viele Privatisierungen haben nur scheinbare Verbesserungen erbracht. Sie haben zu Entlassungen (im zynischen Neusprech: Freisetzungen) und Arbeitsdruck, zu Korruption, Leistungseinschränkungen und Verteuerungen geführt. In den USA gibt es schon privat organisierte Gefängnisse und Privatarmeen. Welches Interesse haben solche Firmen eigentlich an weniger Insassen und mehr Frieden? Wie würden die betreffenden Lobbyisten wirksam werden, wenn sich die amerikanische Gesellschaft von der Gewalt abwendet? Und was ist mit privat organisierten Kliniken? Für uns ist es auch nicht überraschend, dass private Hochschulen fast alle Business Schools sind und sich nicht mit Physik, Maschinenbau, Psychologie, Sozialarbeit oder Archäologie beschäftigen. Bildung mutiert dort aus nahe liegenden Gründen zur Scheinbildung und Reichtumskunde. Der Messwahn hat zudem zu einer Entwertung und Gleichmacherei geführt. In der so genannten Leistungsgesellschaft wird das wesentliche Vermögen vererbt (etwa 80 %), Leistung wird nach fragwürdigen Kriterien beurteilt, gigantische Vermögen und Einkommen werden den listigen Plünderern zugewiesen, die dem Ganzen häufig schaden, während die eigentlichen Leistungsträger mies bezahlt werden. Der ehemalige Präsidentschaftskandidat Romney hat sein Leben als Plünderer zugebracht, hat das „Heuschreckenunternehmen" BAIN Capital gegründet und die in diesen Raubzügen erbeuteten Gewinne zudem der Besteuerung entzogen. Auch in Deutschland existieren ähnliche Zeitgenossen, die nicht einsehen wollen, dass sie nur in den hoch entwickelten Ländern so gigantische Vermögen bilden können und sich über eine zu hohe Besteuerung beklagen. Die „Geldmänner" raffen ihr Vermögen zusammen, plündern legal und investieren dann in ganz reale Immobilien. Dabei werden z. B. in Deutschland die wesentlichen Steuern von der breiten Masse aufgebracht. Die Einkommenssteuer beträgt lediglich 5 % vom gesamten Steueraufkommen. Jeder Hartz IV Empfänger zahlt mindestens 20 % (Verbrauchs-)Steuern, denn sie müssen ihr geringes Transfereinkommen direkt zum Lebensunterhalt einsetzen. Im Übrigen: Jeder Opernabonnent oder Fahrer eines aufwändigen Firmenfahrzeugs wird mehr subventioniert als jeder Hartz IV Empfänger.

Die Ökonomisierung fast aller Lebensbereiche erzeugt eine Haltung des Gegeneinander: Ruiniere deinen Nächsten, rette sich wer kann, nutze aus, wen du willst, arbeite bis zum Umfallen. Das Ganze wird in eine idyllische Rhetorik gekleidet, die der Lebenswirklichkeit nicht entspricht. Viele „Leistungsträger" leisten wenig für andere, es überwiegt der Schaden, den sie anrichten. Es wird wild spekuliert und im High-Frequency Trading gezockt. Haftung wird nicht übernommen; nicht für Spekulationsverluste, nicht für Endlagerungen, nicht für Schulden, nicht für Verelendung und Hunger. Selbst Entwicklungshilfe wird jetzt privat mitfinanziert und mit faktischem Haftungsausschluss für private Banken. Wenn es gut läuft, wird die Bank zuerst bedient und der Staat zuletzt.[26] Alles wird in verschleiernde Erzählungen gepackt, um die Sinne zu trüben. Die mythische Erzählung lautet: Befreit die leistungsfähigen und unternehmerischen Akteure von möglichst allen Auflagen. Dann werden diese Wachstum und Arbeitsplätze schaffen und es kommt im Endeffekt allen zugute. Alle Bereiche müssen dynamisiert und flexibilisiert werden, damit sich niemand ausruht und faulenzt. Experten definieren die richtigen Maßnahmen, alle Probleme können technisch gelöst werden. Das Hauptproblem ist der Staat mit seinen Steuern und Abgaben. Die Konsumenten stimmen souverän über die besten Produkte ab. Effizienz ist das wichtigste Ziel auch in Schulen, Universitäten, Altersheimen, Krankenhäusern, Gefängnissen usw. Die Finanzmärkte müssen frei von Regulierungen sein (o-Ton A. Greenspan). Diese müssen deshalb alle privatisiert werden. Ungleichheit fördert das Wachstum und Wachstum ist Wohlstand. In den Unternehmen stört Demokratie nur. Menschen sind grundsätzlich schlecht, also tendenziell faul, korrupt, disziplinlos und wenig lernfähig, sie handeln aber nutzenorientiert

---

[26] FR-online vom 23.07.2012: Niebel sucht sich falschen Partner.

und eigenverantwortlich. Extreme Spitzeneinkommen motivieren die hochkompetenten Spitzenmanager zu höchsten Leistungen. Unternehmen sind dazu da, den Eigentümern Reichtümer zu verschaffen. Der Markt ist die höchste Instanz... and there is no alternative.

Wenn man zum Beispiel Adam Smith noch einmal genau liest, kann man Überraschungen erleben.[27] Smith hatte Märkte im Sinn, wo alle Akteure Verantwortung übernehmen und vollständig haften. Beschränkte Haftung, Machtkonglomerate waren ihm ein Graus. Smith kann man noch nicht vorwerfen, dass er ein zu idyllisches Bild von Märkten entwarf. Heute kann man sich des Eindrucks nicht erwehren, dass die idyllische Marktbeschreibung Methode hat. In vielen Bereichen zeigen sich abstrakte, riesige „Märkte" mit nur wenigen Akteuren. Besonders große Konzerne sind strukturell verantwortungslos. Sie agieren wie Psychopathen, ohne dass die einzelnen Akteure unbedingt etwas Schlechtes im Sinn haben. Die Großstrukturen führen zur Distanzierung und Abspaltung. Die Ausrichtung auf Kapitalrendite erfordert die Ausnutzung aller legalen Wege, um Kosten und Schäden auf andere oder die Zukunft abzuwälzen. Große Konzerne aus der Industrie, dem Handel und insbesondere aus der Finanzwirtschaft bemühen sich zudem erfolgreich um Einfluss auf die Regierungen.[28] Die Laufzeitverlängerung für Atomkraftwerke war ein krasses Beispiel dafür. Die Praxis nach der Energiewende zeugt wiederum vom Einfluss der Energiewirtschaft. Wird doch weiter in Großprojekten gedacht und die kleingliedrige Solarwirtschaft unter Druck gesetzt. In den USA ist bisher kein Investmentbanker, nicht einmal der CEO von Lehmann, angeklagt worden. Konzernstrukturen erzeugen psycho- und soziopathisches Verhalten.[29] Konzerne wirken als gesamthafte Akteure asozial, autistisch, plündernd, raubend, verantwortungslos, zerstörerisch, unzuverlässig, da sie auf permanente Expan-

---

[27] Vgl. Adam Smith: Wohlstand der Nationen, Über den Wohlstand der Nationen: Eine Untersuchung über seine Natur und seine Ursachen. 1776, München 1974.

[28] Vgl. die Untersuchungen von Wolfgang Streeck vom Kölner Max Planck-Institut für Gesellschaftsforschung: www.vmpifg.de.

[29] Vgl. dazu den Film The Corporation und die Texte von Bakan, J.: Das Ende der Konzerne, Wien 2005. Auswüchse der Gier und Habsucht zeigen sich besonders in internationalen Energie – und Ölkonzernen (z. B. in Nigeria), der Nahrungsmittelkonzerne (z. B. die Wasserstrategie von Nestle) und Agrarriesen wie Monsanto. Wir später detailliert darauf ein.

sion angelegt sind, in den weltweiten Märkten relativ frei agieren können und über erhebliche wirtschaftliche und damit auch politische Macht verfügen.[30] Deshalb sind auch weniger einzelne Akteure, als vielmehr die strukturierte Verantwortungslosigkeit anzuprangern. Menschen verändern sich in kühlen Großstrukturen tendenziell zu gierigen Zeitgenossen. Sowieso schon egoistische und habgierige Menschen tendieren zur Karriere in solchen Institutionen. Konkurrenzgesellschaften mit den Beziehungsformen Geld, Macht und Aufmerksamkeit fördern das egoistische Verhalten, die Habsucht und Missgunst. In Zukunft wird es wohl kaum möglich sein, eine solche Gegeneinanderkultur als globales Gesellschaftsmodell aufrechtzuerhalten. Wir müssen über neue Koordinierungsmedien und Organisationsformen nachdenken, die sich durch Lokalität, Partizipation, Kooperation, Dezentralität und Selbstorganisation auszeichnen. Also stellen wir mal die einfachen Fragen. Wem nützen die Deregulierungen auf den Finanzmärkten, die Freiheit des Kapitalverkehrs, die Privatisierungen? Wem nützen die Atomindustrie oder der Landraub? Warum werden diese skandalösen Verhaltensweisen und Projekte so verhübscht als Entsorgungspark, Fiskalpakt, neue deutsche Entwicklungspolitik, Strukturreformen, besondere Anstrengungen, hard work, Leistung muss sich wieder lohnen... etc??

Wie wirklich ist die Wirklichkeit?

Nichts ist, an sich. Es existiert eine Beziehungsstruktur sowohl in der natürlichen, biologisch, chemischen und physikalischen Welt, als auch in sozialen und psychischen Bereichen. Die sozialen und psychischen Systeme sind zumindest konstruiert. Sie können von uns beeinflusst werden, sind geworden, gemacht und insofern veränderbar. Wir können Kontexte wechseln, andere Erfahrungen machen, auf Gefahren zugehen oder sie versuchen zu meiden. Wir können an den Bedeutungen mitwirken oder uns von ihnen beeindrucken lassen. Wir fügen uns der Macht, bilden sozialen Einfluss, bekämpfen die Mächte, wirken mit oder sind ausgeschlossen. „Die Wirklichkeit hat keine Information", sagte H. v. Foerster.[31] Wirklichkeit ist das,

---

[30] In Kapitel IV. gehen wir auf diese Aspekte genauer ein.
[31] Foerster, H. v.: Der Anfang von Himmel und Erde hat keinen Namen, 2. Aufl. Berlin, 2005, S. 27.

was auf uns wirkt, formulierte schon der weise Meister Eckhart vor 700 Jahren. Geschichte ist das, was wir erzählen und erzählen dürfen. Gegenwart wird interaktiv entwickelt. Zukunft ist das, was wir gemeinsam gestalten. Der Freiheitsspielraum liegt in den Potenzialen, den Kontingenzen. Kontingenz stammt vom lateinischen Wort contingere, sich berühren oder zeitlich zusammenfallen. Kontingenz bezeichnet die prinzipielle Offenheit menschlicher Erfahrung: Es kann auch immer anders kommen. „Kontingent ist etwas, was weder notwendig ist noch unmöglich ist; was also so, wie es ist (war, sein wird), sein kann, aber auch anders möglich ist. Der Begriff bezeichnet mithin Gegebenes (zu Erfahrenes, Erwartetes, Gedachtes, Phantasiertes) im Hinblick auf mögliches Anderssein; er bezeichnet Gegenstände im Horizont möglicher Abwandlungen", so formulierte es Niklas Luhmann.[32] In Zukunft haben wir es wahrscheinlich mit neuen und anderen Herausforderungen zu tun: Heterarchie und Netze breiten sich aus. Es entsteht ein Verlust der Eindeutigkeit. Die dynamische Hyperkomplexität erzeugt Turbulenz. Die Unbestimmtheit und der Wandel geben auch neue Möglichkeiten, Veränderungen einzuleiten. Der Ökonom Günther Ortmann unterscheidet anschaulich die Handlungs- und die Ereigniskontingenz jeweils in ihrer optimistischen und ihrer pessimistischen Variante:[33] Zuversichtliche Handlungskontingenz kann verschiedene Haltungen evozieren: Fröhliche Ironie, Denken in Möglichkeiten, Entrepreneurship oder dem Motto: „Bleib heiter, aber rechne mit dem Schlimmsten". Die depressive Variante davon kann lauten: Angst, Verzweiflung oder Antiquiertheit des Menschen. Der Ereigniskontingenz wird mit Absicherung, fröhlichem Fatalismus, Planen und Rechnen sowie in der depressiven Version mit Angst, Apokalyptik, Resignation und Paralyse begegnet.

Damit ist ein kleines Panorama der Haltungen eröffnet und wir landen bei den Antwortmöglichkeiten. Die Lösung besteht in Responsivität, also der Fähigkeit Antwort geben zu können, die entsprechende Komplexität aufbringen zu können. Ein weiterer Begriff ist die Robustheit oder Resilienz, also die Widerstandsfähigkeit. Resilienz ist aus der Psychologie übernommen, wo untersucht wird, welche Menschen in schwierigen

---

[32] Luhmann, N.: Soziale Systeme, 1984, S. 152.
[33] Vgl. Ortmann, G.: Management in der Hypermoderne, Wiesbaden, 2009, S. 22f.

Umfeldern seelisch stabil bleiben und große Schwierigkeiten überwinden. Bezogen auf soziale Systeme sind das zum Beispiel Unternehmen, die in Krisenbranchen überleben, während andere scheitern. Unter Resilienz versteht man also die Fähigkeiten von Akteuren oder Systemen (z. B. Familie, Unternehmen), erfolgreich mit belastenden Situationen (z. B. Misserfolgen, Unglücken, Notsituationen, traumatischen Erfahrungen, Risikosituationen u.ä.) umzugehen. Resilienz erzeugt man dadurch, dass man erfinderischer, kooperativer, zukunftsfähiger und ökologischer wird. Also kann man sich robuster organisieren, indem man intensivere Beziehungen zur Mitwelt aufbaut – zu anderen, ganz anderen, der Natur, den Dingen und zu sich selbst. Wirkliche Entwicklung besteht in der Erweiterung von Möglichkeiten.

Alles ist Beziehung.

Die Allverbundenheit bedeutet, dass alle Gegebenheiten nur in Beziehung zum Umfeld existieren. So sprechen die Naturwissenschaftler auch nicht mehr von Materie (Matter is an illusion), sondern von Energie und Information, die alle „Elemente" miteinander verknüpft und ihre Identität bestimmt. Alles, was existiert, existiert im Zusammenhang. In diesen „Quantenfeldern " oder „Energiefeldern" verändert jede Beziehung in Art und Ausmaß das Ganze.[34] Jeder Mensch ist das, was er tut und wie dieses vom sozialen Umfeld wahrgenommen und bewertet wird. Die Entwicklung des Menschen ist insofern von der sozialen Resonanz geprägt.[35] Es ist notwendig für Veränderungen, dass die Akteure ihre neuen oder anderen Rollen und Eigenschaften auch leben dürfen, sie also vom sozialen Umfeld akzeptiert werden. Kommunikative Beziehungen sind die Basis für die Entwicklung. Alles soziales Sein ist sozial konstruiert. Beziehungen entstehen aus Kommunikationen und bilden soziale Systeme, ebenfalls als Manifestation von kommunikativen Prozessen. Diese Prozesse der Entwicklung und Gestaltung verlaufen in Beziehungen und erzeugen neue. Deren Resultate stellen manifestierte Kommunikation dar. Die Art der kommunikativen Handlungen bestimmt so das Ergebnis. Die Qualität der Interaktionen bestimmt die

---

[34] Vgl. z. B. Duerr, H. P.: Warum es ums Ganze geht, München 2009.
[35] Dazu insbesondere Macintyre, A.: Die Anerkennung der Abhängigkeit, Hamburg 2001, S. 128f.

Qualität des Resultates. Die Dinge oder Dienste bilden die kommunikativen Prozesse ab und erzeugen in unserer Wahrnehmung quasi Materielles und Dauerhaftes. Gute Beziehungen, die allen Vorteile bringen, erzeugen Werte et vice versa.

Entropie oder Syntropie – Entwicklung oder Zerstreuung von Werten

Die Welt hat im Wesentlichen noch keine Ressourcen verloren, wenn man von einigen Satelliten absieht. Alle Energie und alle Information sind noch erhalten. Allerdings sind die Energieformen weniger nutzbar, weil sie zerstreut sind. Diesen Vorgang nennt man Entropie. Das Gegenteil nennt man Negentropie oder besser Syntropie. Es ist der Prozess der Wertgewinnung. Diese Prozesse erzeugen entweder Undinge, Müll, Vergiftung und Konflikte oder aber gute Dinge und Verständigung. Entropie kann in technischen oder auch in sozialen Prozessen entstehen. In beiden Fällen entsteht Entropie durch zerstörte Beziehungen zwischen Menschen und von Menschen zu den Dingen und der Natur. Syntropie, also wertschaffende Entwicklung entsteht aus guten Beziehungen. Alle Beziehungsbereiche haben zudem immer positive oder negative Auswirkungen auf alle anderen Beziehungsbereiche. Wer gute Beziehungen zu anderen, zu sich, zu den Dingen oder der Natur entwickelt, nützt damit auch den anderen Menschen. Die kommunikative Beziehung kann zwei sehr unterschiedliche Formen annehmen. Eine abstrakte, wenig mitfühlende, strategische Beziehung kann durch Geld, Macht und Aufmerksamkeitsbeziehungen hergestellt werden. Die Folge sind häufig hierarchische, asymmetrische und konkurrenzdominierte Relationen. Die wesentliche Alternative bietet die emotionale Bindung über Formen der Liebe (Mitgefühl, Freundschaft), Lust (intrinsische Motivation) und Leidenschaft (Passion, Achtsamkeit)). Etwas konkreter: Nichts existiert ohne das andere. Jede Idee ist ein Kooperationsergebnis. Jedes Eigentum ist, wenn für privat erklärt, im ursprünglichen Wortsinn geraubt und nur gerechtfertigt, wenn es der Fortexistenz und Entwicklung dient. So kann ein Telefon der wichtigen Beziehungsaufnahme, der Information oder nur als abgrenzendes Statusobjekt dienen. Das Gleiche gilt für ein Auto oder ein Haus. Das Eigene wird anderen zur Verfügung gestellt, geteilt und getauscht oder aber grenzt aus, verletzt und beschämt. In einer resonanten Welt wird der Schaden reduziert, Menschen gewinnen durch Gemeinsamkeit. Es wird in dieser Welt schon Eigentum geben, nur haftet darin der Eigentümer, wird nicht horten und häufen, sondern öffnen und geben; wird nur das privat nennen, das seinem Selbsterhalt dient.[36]

Beziehungen der Entfremdung

Wahrscheinlich sind schlechte, gestörte Beziehungen auf Entfremdung zurückzuführen. Wir sind der Natur entfremdet, den anderen Menschen, den Dingen, mit denen wir uns umgeben und sogar uns selbst. Wir haben eine Konkurrenz-, Neid- oder Gier-Beziehung zu anderen Menschen, die durch Geld, Macht oder Status gekennzeichnet ist. Dies ist der Fall, wenn wir in einer Gesellschaft leben, wo von Kindesbeinen an die anderen als Wettbewerber oder Gegner angesehen werden.

Menschen entfremdet von sich und den anderen.

In der Konkurrenzgesellschaft erscheint es schwierig, gute Beziehungen aufzubauen. Solange wir die Außenwelt als bedrohlich sehen, werden wir uns davon abgrenzen und sie bekämpfen. Wir existieren aber nur in der Beziehung zur Mitwelt. Wir existieren erst, wenn wir von anderen Menschen anerkannt werden. Die Beziehungen zu anderen Menschen ermöglichen uns eine Identität und diese Beziehungen und Kommunikationen prägen auch die Identität aus der wir dann nur schwer entrinnen können. Wenn wir anderes erfahren wollen, Neues lernen wollen, dann läuft das über andere Beziehungserfahrungen, also neuartige Beziehungen zur Natur, zu Dingen oder Menschen. Unser Gehirn repräsentiert genau die Beziehungsstrukturen, denen wir uns ausgesetzt haben. Vor allem im Unbewussten sind diese Informationen gespeichert, um angemessenes Verhalten auslösen zu können. Es ist anzunehmen, dass unser Gehirn die Erfahrungen abbildet. So haben bspw. Taxifahrer eine besondere Gehirnausprägung für räumliche Orientierung, die man beobachten kann. So bilden andere gute und schlechte

---

[36] So leben Stars wie Madonna oder Brad Pitt auch nicht nachhaltig, wie sie es behaupten. Sie benötigen so viel Ressourcen wie etwa 14.000 „Normalmenschen".

Beziehungserfahrungen auch entsprechende Hirnareale und Vernetzungen aus, die Lebensfähigkeit (Viabilität) erzeugen. In den bekannten Kontexten können wir so überleben, bleiben dabei aber den typischen Verhaltens und Wahrnehmungsmustern verhaftet. Wir erkennen deshalb insbesondere, was wir kennen und nur deutliche Irritationen wie exogene Schocks, veranlassen uns, neue Beziehungserfahrungen zuzulassen. In der modernen Performancegesellschaft entfremden wir uns zunehmend von uns selbst. Wir brennen aus, weil wir schon den eigenen Körper als etwas Äußeres, Benutzbares ansehen. Wir leben wenig im Einklang mit unserer eigenen „Natur", präparieren den Körper für den Leistungswettbewerb, versauern die Seele durch die Sucht nach Aufmerksamkeit. Dies alles gilt natürlich nicht für jeden, doch die Tendenzen sind evident. Zumindest theoretisch können wir uns immer auch anders entscheiden. Wir müssen uns fragen, wem diese Entfremdung und Trivialisierung am meisten nützt. Ein wesentlicher Aspekt ist die Beziehung jedes Menschen zu sich selbst: Selbstbewusstsein, Selbsterkenntnis und Selbstliebe. Bedeutsam für alle Entwicklungs- und Veränderungsprozesse und gute Kommunikation erscheint, dass jeder Mensch eine gute Beziehung zu sich selbst aufbaut, sich wohl fühlt und selbstbewusst ist, Freiheit und Unabhängigkeit erreicht, ein gutes Leben führt, um glücklich mehr geben zu können. Selbstsorge ist der erste Schritt zur Fürsorge. Der kultivierte Mensch, der achtsam und mitfühlend agiert, der im doppelten Sinne „Gute" ist gütig und großzügig sowie fähig und klug, fügt der Mitwelt mehr Werte zu, als er Schaden anrichtet und wird dafür mit Anerkennung belohnt. Ein Mensch kann sich vervielfältigen, sich in sehr unterschiedlichen Sphären erproben und gewinnt dadurch Entwicklungsfähigkeit. Wen möchte man wohl als Freund und Helfer haben, wenn die dünne Schicht der Wohlstandssysteme bricht? Einen Finanzjongleur mit virtuellem Geld auf digitalen Konten oder einen großgesinnten Menschen, der über vielfältige, robuste Fähigkeiten verfügt? Der freundliche Mensch sendet Werte in die Welt und wird damit genau das mehren, was er von der Welt wünscht. Gute Gedanken und Intentionen wirken sich positiv auf die Mitwelt aus und wirken zurück. Damit erreichen wir die Beziehungsebene zu anderen Menschen. Die Zusammenarbeit halten viele für die fundamentale Herausforderung der nächsten Zeit. Keine technische Grundlageninnovation, sondern die soziale Innovation der Kooperation und Vernetzung wird den nächsten Kondratieff-Zyklus bestimmen. Andere Lebensstile des Miteinanders und neue Beziehungserfahrungen werden entscheidende Vorteile erzeugen.[37] Das wichtigste Ziel resilienter Systeme und Akteure sollte es sein, ein möglichst stressfreies Leben zu ermöglichen. Systeme, in denen Menschen extreme Existenzängste haben, unter Druck stehen, in Bann gehalten werden, können in der zukünftigen Welt kaum bestehen. Wir brauchen Sphären der Kooperation, der Toleranz und Verständigung mit solider Absicherung aller Menschen. Es ist nicht einfach, in den Kontexten entfesselter Ökonomie gewaltfreie Kommunikation und Konfliktlösung zu betreiben. Doch wir müssen gemeinsam versuchen, die Logik der GMA -Kommunikation zu durchbrechen.

Eine dritte Beziehung besteht zwischen Mensch und Ding. Dinge, also Artefakte, Gegenstände, Werkzeuge, Design, Möbel, vor allem auch Kleider prägen uns, unser Verhalten und unseren Charakter, genauso wie wir die umgebenden Dinge selektieren und gestalten. Mittlerweile ist die Beziehung zu den Dingen durch eine dreifache Entfremdung gekennzeichnet. Menschen können die Dinge nicht reparieren, pflegen und weiter entwickeln. Viele Menschen müssen versklavt und mit Hungerlöhnen die Produkte produzieren und können keinen Bezug zum Ergebnis herstellen. Die entfremdeten Arbeitsverhältnisse der meisten Menschen führen dann auch zur Konsumneigung, dem Trost durch Markenprodukte und Markendienstleistungen. Maßlosigkeit wurde so zum Geschäftsmodell in Form von all u can eat xxl- fast fashion. Massenmarketing lebt vom Spektakel und Event, von der Markengläubigkeit. So können Überrenditen realisiert werden mit Produkten, die künstlich veraltern. Technische Geräte geben ihren Dienst aufgrund einer eingebauten Obsoleszenz auf, sinnlose Updates lassen das Ding alt erscheinen oder es lässt sich mit der neuen Software nicht betreiben. Zudem werden Markenprodukte gerne modisch modifiziert, so dass viele Konsumenten die neue Version anstreben. Dies ist die Strategie des Markenkonzerns: die Menschen mit Erzählungen versorgen, die zu einer emotionalen Aufladung führen. Es werden dann übertreuerte, häufig wirkungslose, überdimensionierte und entfremdete Produkte angeboten. So

---

[37] Vgl. Sennett, R.: Together, New York 2012; Nefiodow, L.: Der Sechste Kondratieff, St. Augustin 2008.

kann man massenweise Unsinn produzieren und den Konsum anheizen. Markenkonzerne entwickeln Phantasiebremsen. Wir werden mit scheinbaren Innovationen und Spektakeln beschäftigt, um uns nur keine Alternativen auszudenken.

Entfremdete Produkte und Räume

Dinge sind zuweilen dazu da, die Abgrenzung gegenüber anderen zu ermöglichen (Statuskonsum, Sicherungsanlagen) und zu vielen Dingen können wir kaum gute Beziehungen aufbauen. Viele Dinge lassen sich von uns nicht reparieren, pflegen, verändern und weiterentwickeln. Wenn sie uns nicht mehr brauchbar erscheinen, sollen wir sie durch neue ersetzen. Wenn es gute Dinge sind, dann fördern sie den kooperativen Austausch mit anderen. Ein Telefon kann uns gute Kommunikation ermöglichen, manches Smartphone dient eher der sozialen Distinktion und damit auf Distanz zu anderen Menschen oder in Abhängigkeit vom Dienstherrn. Produkte sind schon an sich kondensierte oder manifestierte Kommunikation. Dinge erhalten ihre Bedeutung und ihren Nutzen, ihren Wert erst aus der Interaktion. Diese Interaktion hilft, Kommunikationsdesign zu formen. Es geht um die Gestaltung von Beziehungen. Schlechte oder fehlende Beziehungen führen zu Undingen, zu entropischen Gestalten. Nicht zukunftsfähige Produkte sind sozusagen beziehungsgestört. Menschen werden zu reinen Konsumenten degradiert. Sie sollen sich möglichst viele Produkte kaufen und möglichst schnell verzehren, aufbrauchen, zerstören, um dann wieder neue Undinge zu kaufen. Sie sollen sich in diesem Akt verschulden und gar keine gute Beziehung zum Ding entwickeln. Menschen werden unter diesen Bedingungen als Konsument und als Produzent trivialisiert. Sie werden in der Warenproduktion zu einfachen Erfüllungsgehilfen, als Käufer zu passiven Nutzern gemacht. Eine Wiederaneignung der Dinge bestünde in der Verbesserung der Kommunikation zu anderen Menschen, zur Natur und zum Ding. Eine andere Form der Gestaltung könnte Beiträge zur zukunftsfähigen Entwicklung dieser Beziehungen leisten. Und zwar insbesondere Beziehungen zwischen Menschen in der Interaktion zwischen Produzenten und Nutzern, zwischen Menschen in Organisationen. Es sind Nutzer in die Entwicklung zu integrieren, um Dinge naturgerecht und für die Menschen zu gestalten. Die „Produzenten" müssen unter fairen Bedingungen arbeiten können. Designer wandeln sich zu Ermöglichern, die Menschen bei der Entwicklung, Handhabung und Aneignung unterstützen. Designer können dann auch die Selbstversorgung organisieren; helfen, Produkte robust, resilient und reparierbar zu gestalten. Eine Wiederaneignung der Dinge kann durch die Tendenz zum Selbermachen (Fabbing, Personal Fabricator), einer Renaissance des Handwerks und der gemeinschaftlichen Selbstversorgung (Urban Gardening) sowie eine Demokratisierung der Unternehmen wahrscheinlicher werden. Damit sind wir bei der Beziehung Mensch und Natur angekommen. Halten Sie die Natur für einen Freund? Viele sehen sie eher als Gegner.

Natur als Gegner oder Freund

Auch die Natur kann als Gegner und Bedrohung gesehen werden, der man alles abringen und entreißen muss, die uns bedroht. Welch merkwürdiges Bild, wo wir doch selbst Teil der Natur sind und ohne sie nicht existieren können. Wir zerstören, was uns leben lässt und was wir selbst sind: Autoaggression. Wir eignen uns die Natur an, wir vergiften und verschmutzen sie und erwerben sie auf diese Weise. Was ich verschmutze, gehört mir, sagt Michel Serres, es ist markiert.[38] Hauptsache besitzen, auch wenn es kaum nutzbar ist. Natur verschmutzen kann also als Aneignungsprozess gesehen werden. Es ist zum Beispiel beobachtbar, dass Menschen, wenn ihre natürliche Umwelt schon sehr stark geschädigt ist, sie diese als nicht mehr schützenswert ansehen. Wo Müll ist, ist bald mehr Müll. In der Ökonomie wird Natur als Ressource betrachtet, als Boden ist sie lediglich ein kostenträchtiger Produktionsfaktor. Es ist unsere Inbesitznahme, unsere Wirksamkeit und unser Streben nach Gewinn, die die Meere, die Böden, die Luft und unsere Beziehungen verseuchen. Es gibt immer weniger direkte Naturerfahrung, fast nirgendwo existiert noch durch Menschen unberührte oder zumindest sich selbst überlassene Natur. Schon Kinder haben kaum noch Naturerlebnisse, eher wird „Natur" als Eventgelände missbraucht. Zunehmend wird in vielen Regionen die Natur wieder als besonders bedrohlich

---
[38] Vgl. Serres, M.: Das eigentliche Übel, Berlin 2008, S. 7 und derselbe in: Der Naturvertrag, Frankfurt 1994. S. 60.

erlebt. Die Hauptverursacher des Klimawandels und der Umweltkatastrophen sind nur wenig mit den Folgen konfrontiert und wahrscheinlich deshalb kaum bereit, effektive Veränderungen einzuleiten. Leider sind ganz andere Menschen, die direkt in und von der Natur leben, den grausamen Folgen unseres „beziehungsgestörten" Lebensstils ausgesetzt. Wir können die erlernte Gegnerschaft zur Natur aufkündigen und versuchen, in Einklang zu leben. Wir müssen es tun, weil wir gegen uns selbst kämpfen und die Resonanz deutlicher wird. Wir führen nicht nur untereinander Krieg (militärisch, durch Ausbeutung und Versklavung), sondern sind auch in einen Krieg gegen die Natur eingetreten. Die Gaben der Menschheit werden systematisch vernichtet. Der erste Schritt kann darin bestehen, die Auswirkungen des eigenen Lebensstils zu ermitteln (Footprint). Daraufhin ergeben sich dann Möglichkeiten einer Mäßigung. Das heißt konkret, die Natur nachhaltig zu bewirtschaften, den Ressourcenverbrauch zu reduzieren, lokal und nachhaltig zu konsumieren. Naturbeobachtungen erlernen, in der Natur überleben, uns als einen Teil der Natur zu empfinden. Philippe Descola hat das in seinem Buch „Jenseits von Kultur und Natur" so eindrücklich beschrieben. Unsere naturalistische Sichtweise mit der Natur als Objekt muss danach als merkwürdiger Sonderweg gelten.[39] Wir Menschen der Wohlstandsländer sind ja auch insgesamt als nicht ganz normal zu bezeichnen. Wenn „normal" irgendetwas mit häufig und durchschnittlich zu tun hat, dann ist sowohl in einer historischen als auch in einer aktuellen Betrachtung unser Verhalten in vielfacher Hinsicht ungewöhnlich und geradezu extremistisch: Zwei Drittel der Menschen essen kein Fleisch, nur sehr wenige machen Urlaub und halten das für wichtig, nur wenige fliegen zu ach so wichtigen Tagungen um die Welt. Und so kann man noch eine halbe Stunde weiter schreiben. Verrückt ist, andere oder die Natur auszubeuten; zu glauben, man brauche drei Häuser; müsste ein dickes Auto fahren. Verrückt ist, zu glauben, immer recht zu haben, zu wissen, was wirklich ist. Normal ist, mit Menschen zu kooperieren; mitzufühlen; verlässlich und freundlich zu sein; gönnen können; Beiträge zum Ganzen zu leisten und zu lieben.

---

[39] Vgl. Descola, P.: Jenseits von Natur und Kultur, Berlin 2012.

Diagnose: Beobachten und Verstehen

Die Beobachtung von Beziehungen ist ein erster wichtiger Schritt der Diagnose. Grundsätzlich kann man Menschen auch befragen, nur können sie wenig über ihr Unbewusstes berichten und erzählen auch nur ihren Ausschnitt der Wirklichkeit. Systemische Fragen können jedoch beobachtbares Verhalten evozieren. Es geht dabei um die Beobachtung, wie Menschen ihre Wirklichkeit beschreiben und es geht um die Erzeugung von Möglichkeiten, um das Öffnen des Geistes für das Andere. Ziel ist bei dieser Diagnose die Qualität der Interaktion in sozialen Beziehungen zu erforschen. Wir können die Art, den Stil und die Intensität beschreiben und so verstehen, wie eine Systemkultur funktioniert. Es wird durch diese Fragen versucht, die Kommunikation des Systems näher kennenzulernen. Es werden dazu Unterscheidungen versucht: Wie beschreiben sie das Problem? Wie könnte man es verschlimmern? Was war anders als sie das Problem noch nicht hatten? Zu wie viel Prozent ihrer Arbeit beschäftigen sie sich mit dem Problembereich? Wie wahrscheinlich erscheint ihnen eine Lösung des Problems? Wenn ein Wunder geschähe und sie das Problem gelöst hätten, was wäre dann anders? Beobachten lassen sich folgende Bereiche: Wie wird entschieden? Wer nimmt in welcher Form an den Kommunikationen teil? Welche Sprache und welche Bilder werden verwendet? Von wem werden die Inhalte und Sprachstile geprägt und die Kommunikationen dominiert? Welche Art von Beziehung ist überhaupt erlaubt? Was wird tabuisiert, was übertrieben? Welche Zuschreibungen existieren? Welchen Charakter haben die Beziehungen? Sind es Geld-, Macht- und Aufmerksamkeitsbeziehungen oder eher freundschaftliche, liebevolle, empathische, kooperative? Geldbeziehungen sind im Geschäftsleben fundamental und wirken in lebensweltlichen Bereiche hinein. Wenn freundschaftliche Beziehungen durch Abhängigkeiten geprägt sind, ist das in den meisten Fällen problematisch. In Partnerschaften (also Liebes- und Freundschaftsbeziehungen) sind Spurenelemente davon schon sehr abträglich. Liebe und Macht schließen sich aus. Geld, Macht und Aufmerksamkeit sind als konvertible Währungen zu sehen und sind von freundschaftlich, kooperativen und liebevollen Beziehungen deutlich zu unterscheiden. Wenn sie sich vermischen, besteht die Gefahr des Scheiterns. So sollte man auch Geschäftsbeziehungen weniger im Freundeskreis bilden, noch sich falsche Erwartungen machen, dass Geschäftsbeziehungen von liebevoller Empathie geprägt sind. Die jeweiligen Systeme operieren nach unterschiedlichen Mustern. In Geschäftsbeziehungen können vertrauensvolle Kulturen förderlich sein. Dieses Vertrauen wird über Transaktionsepisoden gebildet und geht sozusagen Zug um Zug (tit for tat). Bei nicht möglicher Sanktion (wie Reputationseinbußen, Strafen, Kontrollen usw.) tendieren sie jedoch schnell zu Ausbeutungsverhältnissen. Eine besonders wirksame Strategie ist, andere in die Verschuldung zu treiben. Es werden Lockangebote gemacht, die Menschen verleiten, in Schuldverhältnisse einzusteigen. Der ursprüngliche Vertrag mit der scheinbar freundlichen Hausbank wird später, bei Zahlungsschwierigkeiten an ein Inkassobüro weiter gereicht und zeigt dann seine wirkliche Gestalt. Das Vertrauensverhältnis hat sich in ein Ausbeutungsverhältnis gewandelt. Alle Formen der Abhängigkeitsbeziehung sind im Prinzip Schuldverhältnisse, die mit jeweils wirksamen ideologischen Erzählungen inszeniert werden. Die totale Verschuldung entspricht dem Sklavenstand. Im Feudalismus war das die Erzählung vom Recht des Lehnsherrn auf die Ausbeutung des Landes und der Bauern. Im Neofeudalismus ist das das Märchen von den Leistungsträgern und Eliten, die durch besonderen Einsatz und besondere Fähigkeiten ihren Staus und ihr Vermögen legitim erwerben. Die einzelnen Beziehungsbereiche lassen sich gut beobachten. Mit der Usability Diagnose können reale Verhaltensweisen und der Umgang mit Dingen sehr gut studiert werden. So wird es möglich, wirklich nutzvolle und hilfreiche Dinge zu gestalten. Netzwerkanalysen bilden Kommunikationssysteme ab und zeigen damit, welche Qualität die Beziehungen aufweisen, welche Machtverhältnisse deutlich werden. Sprachanalysen geben Aufschluss über die Art des Austausches. Wie viel Prozent der Zeit reden sie über Geld in ihren Beziehungen? Seit wann reden sie in dieser Weise miteinander? Beobachtungen von Sprachgebrauch kann zudem einfach gespiegelt werden. Z. B. wird aufgelistet, dass Worte wie „immer", „irgendwie", „stückweit", „runtergebrochen", „neu aufgestellt", „freigesetzt", „Strategie fahren", „die Personen funktionieren nicht", „total" usf. dominieren. Es kann geschildert werden, wer wobei am häufigsten redet, inwieweit man sich ausreden lässt, welche versteckten und subtilen Beleidigungen, Pauschalierungen sowie Ausreden verwendet werden. In dichten Beschreibungen können die

Beobachtungen anschaulich geschildert werden, um dann eventuell andere Erzählungen zu beginnen oder die Kommunikationsarten zu verbessern.

Therapie: Entwickeln von Beziehungen

Die systemische Diagnose leistet, soweit sie gut gemacht wird, einen wirksamen Beitrag zur Lösung. Jede emphatische Beschäftigung mit den Systemakteuren bewirkt das Gefühl der Wertschätzung und motiviert die Akteure zur Selbsthilfe. Die „Problemträger" werden gespiegelt und erhalten durch die Reflexion ihrer Situation Hinweise auf ihre eigene Problemkonstruktion. Auch werden die Möglichkeitssinne aktiviert. Eine wirksame systemische Begleitung regt zur Selbstorganisation an. Das System mit seinen Beteiligten gerät in Entwicklung und die Akteure versuchen, die eigenen Ressourcen zu nutzen. Entwicklung besteht insoweit in einer veränderten Sichtweise und Haltung, in einem Zuwachs an Möglichkeiten. Wie an anderer Stelle schon ausgiebig erläutert, existieren im Wesentlichen vier Handlungsbereiche: Die Organisation, die die Form der Zusammenarbeit und die Form der Kommunikation beeinflusst, die Sprache und die Bilder, die Architektur und sonstige physische Umgebung sowie die Zeit. In all diesen Bereichen können Änderungen erfolgen.

Aus der Systemtheorie wissen wir, dass sich kommunikative Verständigung nur in den jeweiligen Teilsystemen ergeben kann. Interessant wird es erst, wenn man überprüft, ob sich Teilsysteme, die durch Geld, Macht und Aufmerksamkeitswettbewerb (GMA) gekennzeichnet sind auch durch andere Kommunikationsweisen irritieren und wandeln lassen. Problematisch ist auch, ein Gesellschafts- und Wirtschaftssystem ganz und gar auf GMA Kommunikation zu polen. Dann werden nämlich lebensweltliche Sphären der Liebe, Kreativität und Kooperation sukzessive chancenlos. Genau das ist seit etwa 30 Jahren als ökonomische Glaubenslehre in die Gesellschaft hineingewuchert. Die Sphären, die zum Beispiel Niklas Luhmann noch als Teilsysteme mit speziellen Funktionslogiken beschrieb, sind nun alle ökonomisiert. Das heißt über die vermehrten Umweltanforderungen, hat sich die Kommunikation der vorher nicht-ökonomischen Systeme verändert. Es ist ein Sermon entstanden: „Freie Märkte sind effizient", „Deregulierung ist gut", „Privatisierung muss sein", „Wachstum schafft Wohlstand". Diese als alternativlos dargestellte Politik hat sich selbst bis in unsere Sinne vorgeschlichen und jeden Winkel der Gesellschaft infiziert. So sind Universitäten nunmehr unternehmerisch zu leiten, die Kunst findet nur als Markt statt, 3-4 Postmänner und -frauen schellen morgens an der Tür, die Bahn fährt zwar unpünktlich, dafür aber an die Börse, Energie und Entsorgung werden nun in riesigen Konzernen organisiert, die statt sich zu entwickeln, lieber Einfluss auf die Politik nehmen. Kein Wunder, dass sich in einer „marktkonformen Demokratie", die Politik auch der Wirtschaft unterordnen soll. Kann man denn die Sphären mischen? Kann es einen mitfühlenden Kapitalisten geben oder sinnstiftende Marken? In diesen Fällen werden Macht- und Geldkommunikationen mit kooperativen, emphatischen Kommunikationen vermischt. Menschen kommen über Inhalte und Interessen zu einer guten Beziehung. Es bildet sich Freundschaft aus. Dann ist es aber auch bedeutsam, dass nicht jegliches Projekt nach monetären Kriterien beurteilt wird. Der Primärimpuls prägt den Charakter aller Projekte. Viele Unternehmen werden und wurden gegründet aus einer Idee oder einem Interesse. Häufig verändert sich diese Intention, insbesondere, wenn die Unternehmen expandieren, Schulden aufnehmen und die erfinderischen Akteure nicht mehr leidenschaftlich ihrem Interesse nachgehen. Dann ist es entscheidend, wie mit dem monetären Erfolg umgegangen wird und ob sich das Projekt wieder neu erfinden kann, sich weiterentwickelt oder nur noch als Geldmaschine dient. Schlecker bspw. hat sich persönlich ganz gegen die Welt positioniert: gegen die Mitarbeiter, gegen die Kunden, gegen die Natur ... und ist damit gescheitert. Bei erfolgreichen Unternehmen ist häufig zu beobachten, dass sie aus einer Idee, aus einem nicht pekuniären Grund gegründet wurden. Wenn Unternehmen aus Liebe, Lust und Leidenschaft (LLL) gegründet werden, wenn etwas für die und mit der Welt kreiert wird, lässt sich dauerhafter Erfolg entwickeln, oder besser: es wird gelingen. Wenn in den Macht-, Geld-, Aufmerksamkeitsmodus übergegangen wird, kommt über kurz oder lang das Ende. Warum? Die Beteiligten schalten dann ebenfalls vom kreativen in den monetären Modus um. Es gibt etwas zu holen, statt das gerne Beiträge zum Ganzen geleistet werden. Über kurz oder lang verändert sich die Kultur und entsprechende „räuberische" Akteure stellen sich ein. Es gibt Möglichkeiten dieser kapitalistischen Logik zu entkommen, wenn im Unternehmen alle beteiligt, eine Genossenschaft oder ähnliche Formen gewählt werden. Wir kennen das selbst aus der Wissenschaft, wo es in Zeiten der Drittmitteleinwerbung und Forschungsshow um Aufmerksamkeit und Geld geht und immer weniger um Ideen und Erkenntnisse. Übertrieben? Es werden Aufsätze mit nahezu gleichem Inhalt, unter verschiedenen Titeln publiziert, es geht um Aufmerksamkeit in den Medien; Stellen werden dort geschaffen, wo Geld ist. Wissenschaft scheint infiziert von Geld, Macht und Aufmerksamkeit und wandelt sich so von einem Erkenntnissystem in ein Geldsystem. Die Wissenschaft wird so ihre Selbstauflösung bewirken. Doch kein Trend läuft ewig. Es wird Neues entstehen: Demokratische Forschung und eine Entzauberung der Experten mit ihrem monetär geleiteten Erkenntnisinteresse. Für Unternehmen ist es wichtig, eine gute Reputation zu wahren. Sie beruht auf guten Beziehungen zu allen Marktteilnehmern. Auch für einzelne Personen ist das von zentraler Bedeutung. Die Beeinträchtigung der Reputation kann also ein wirksames Mittel sein, das Verhalten zu beeinflussen. Besonders responsibel sind logischerweise Systeme mit kleinen, überschaubaren Strukturen. Großsysteme spüren die Resonanz kaum oder nur mit Verzögerung.

Ein Modell für die Welt: Eine Sphäre des Gelingens schaffen?

Viele Ökonomen leben in einer Modellrealität. Diese Modelle sind häufig unterkomplex, weltfremd und ignorant. Deshalb erscheint es notwendig, realistische Modelle für die Welt zu entwickeln. Die Basis dafür bildet ein erneuertes, angemessenes Menschenbild.[40] Menschen entscheiden, bewerten und handeln in Bezug zur Mitwelt. Die meisten Entscheidungen werden uns vom Unbewussten abgenommen. Dieses Unbewusste arbeitet sehr schnell und sichert als Bündel unserer bisherigen Erfahrungen unser Überleben. Die schnell sich verändernden und hochgradig komplexen Konstellationen erfordern einen Zusammenschluss der Gehirne, also eine kooperative, kollektive Intelligenz. Es kann in einer so unübersichtlichen, komplexen und vernetzten Welt kein Grand Design, keine alles erklärende Theorie und kein alles planende Modell geben. Sinnvoll erscheint, angesichts der sehr unterschiedlichen Sichtweisen und Interessen einen Rahmen für eine

---

[40] Vgl. dazu besonders Kahneman, D.: Schnelles Denken, langsames Denken, München 2012; Tomasello, M.: Eine Naturgeschichte menschlichen Denkens, Berlin 2014.

gerechte gemeinsame Entwicklung von erfinderischen, kooperativen und zukunftsfähigen Sphären zu gestalten; nicht aber die Inhalte in irgendeiner Hinsicht festzulegen. Es kann keinen Volonté generale geben, ohne alle mitwirken zu lassen. Es gibt keine höhere, bessere Einsicht, da Sichtweisen immer auch von individuellen Positionen, Erfahrungen und Interessen geprägt sind. Ein Modell des Gelingens besteht unseres Erachtens in der Beschreibung von musterhaften Elementen, die beobachtbar alle lebensfähigen und lebensbejahenden Systeme aufweisen und womit sie sich von lebensfeindlichen, räuberischen und gewalttätigen Systemen unterscheiden. In Forschungen zu den Bedingungen zukunftsfähigen Handelns ergeben sich verschiedene Faktoren, die eine erfinderische, entwicklungsfähige Kultur entstehen lassen. Im Überblick sind das folgende sechs Elemente:[41]
– Vielfalt in Menschen, Kompetenzen, Kulturen und Methoden erscheint als Fundament für Wissen und Lernen. Vielfalt erzeugt Unterschiede, die als Rohstoff der Information und in Folge der Fähigkeiten und Ideen dienen. Vielfalt entsteht nicht automatisch, vielmehr nimmt sie über die Zeit ab, weil Menschen zur Ähnlichkeit tendieren (Sympathieproblem). Der türkische Dichter Nâzım Hikmet hat es so wunderbar formuliert: *„Leben einzeln und frei wie ein Baum und dabei brüderlich wie ein Wald, diese Sehnsucht ist unser."*
– Gleichheit: Es ist mit Gleichheit nicht die Angleichung der Menschen an sich, sondern vielmehr die Gleichheit von Chancen, von Rechten, von Vermögen, Einkommen und von Status gemeint. Es ist erforderlich, die strukturelle Ungleichheit aktiv einzudämmen, indem Vermögen ab einem noch zu bestimmenden Niveau (die Obergrenze bildet die Haftung) enteignet werden und die Spekulation mit Kapital unattraktiv wird (Vollgeld, Transaktionssteuer). Ansonsten geht die Freiheit in eine Unfreiheit der meisten über. Gleichheit reduziert Gewalt und fördert die Gesundheit. In Gesellschaften mit hohen Unterschieden zeigt sich eine deutliche Tendenz zur Ungerechtigkeit, zur Gewalt und zu Wohlstandseinbußen.[42]
– Freiheit und Freiräume: Gleichheit ohne Freiheit endet in Tyrannei und

---

[41] Vgl. detaillierte Darlegung in Bergmann, G./ Daub, J.: Das Menschliche Maß, Entwurf einer Mitweltökonomie, München 2012.
[42] Balibar, E.: Gleichfreiheit, Frankfurt 2013; Wilkinson, R./ Pickett, K.: Gleichheit ist Glück, Berlin 2009.

Ödnis. Freiheit ohne Gleichheit führt in die Freiheit für wenige und deren Herrschaft über alle anderen. Freiheit besteht ja eher darin, das nicht tun zu müssen, was man nicht möchte. Bei großer Ungleichheit werden Menschen jedoch zunehmend genötigt zu Hörigen zu werden. Dann entfernen sich die Sphären der Reichen und Mächtigen immer weiter von den Lebenswelten der anderen. Zurzeit vollzieht sich dieser Prozess in den USA und soll nach Auffassung der libertinären Kräfte noch weiter gehen. Die bodenlose Ungerechtigkeit wird durch eine Spektakel-, Event- und Konsumkultur sowie die scheinbaren Aufstiegsmöglichkeiten kaschiert. Der Mittelstand löst sich auf. Freiheit ist verwirklicht, wenn alle Lebensformen vollständig toleriert werden, sich Menschen wirklich frei bewegen und gebärden dürfen, soweit sie anderen nicht schaden. Sie müssen aber auch aktiv am gesellschaftlichen Prozess teilhaben und sich als gleichberechtigte Akteure einbringen können. Bei großer Ungleichheit schwindet diese positive Freiheit zunehmend und verliert sich im Gegenteil. Es bedarf gleicher Freiheit für alle, damit alle am gesellschaftlichen Leben aktiv teilhaben können, wie es Etienne Balibar treffend beschrieben hat.[43]

— Zugang: Open Business Models, Open Innovation, offener Wissenstransfer sind die Merkmale zukünftiger Ökonomie und Politik. Zentral wichtig für die Erweiterung der Handlungsmöglichkeiten ist die Mitwirkung möglichst vieler und unterschiedlicher Akteure. Kreativität entsteht besonders dort, wo gleich berechtigter Zugang zu Ressourcen besteht und die notwendigen Basismittel frei zur Verfügung stehen. Es ist in einer vernetzten Erdgesellschaft kaum auszumachen, wer was entwickelt oder erfunden hat. Die meisten Neuerungen sind Ergebnisse kollektiver Prozesse. Ideen und Erfindungen werden aus dem Meer des Wissens „geschöpft"; zuweilen von einzelnen Akteuren gefunden und isoliert, dennoch sind sie nur durch die Beziehung zu anderen, mit anderen und anderem schöpfbar. Die Urheber und Eigentumsrechte werden zunehmend hinterfragt. Worauf beruht die Legitimität leistungslos erworbenen Vermögens? Warum gehören Kunstwerke von längst verstorbenen Künstlern den Erben oder irgendwelchen Rechteinhabern? Werke von Van Gogh

---

[43] Vgl. Balibar, E.: Gleichfreiheit, Frankfurt 2012.

oder Mozart gehören in öffentliche Museen und Konzertsäle, wo lediglich für die Präsentation und Aufführung bezahlt werden sollte. Das Wissen der Welt gehört allen Menschen. Die Knowledge Commons werden benötigt, um die gewaltigen Probleme gemeinsam und effektiv lösen zu können.

– Überschaubarkeit und Nähe: In kleinen sozialen Systemen bildet sich ein hohes Maß an Kooperation und Verantwortung aus, weil die Menschen Resonanz auf ihr Handeln spüren. Robin Dunbar hat mit seiner Magic Number 150 diese Problematik verdeutlicht.[44] Unser Neocortex ist nur für den Austausch mit einer begrenzten Zahl von Mitmenschen geeignet. Zu etwa 150 bis 200 Menschen können wir Beziehungen aufbauen, in größeren Strukturen geht die Wechselbezüglichkeit und Verantwortlichkeit rapide zurück. Größe lässt den Widerhall verebben. Das Echo des eigenen Handelns verliert sich. Die Größe eines Systems korreliert deshalb mit negativen Verhaltensweisen der zugehörigen Akteure. Menschen tendieren in anonymen Strukturen zu unmoralischem Handeln. Das wirkt sich dann gesamthaft als pathologische Kommunikation aus. Es mangelt an Resonanz auf negatives Verhalten. Wenn ein Konzern ethisch verantwortlich organisiert sein soll, müssen dazu geeignete Reponsemethoden verwendet werden, die Organisation also in kleine Einheiten dezentralisiert und klare, verbindliche Regeln entwickelt werden, die von vielen gegenseitig überwacht werden.

– Austausch und Mitwirkung: Wie finden wir Ziele? Wie kommt es zu Entschlüssen und Entscheidungen? Wirkliche Demokratie löst sich aus den Fesseln des Expertentums und der Sachzwänge mit einer deliberativen Entwicklung von Zielen. Es wird Zeit zur gemeinsamen Entwicklung von Zielen und zur gemeinsamen Bewertung und Entscheidung gewährt. Der soziale Schwarm kann unter der Bedingung der Freiheit zu besseren Ergebnissen beitragen als die „Expertendemokratie". Die Schaffung von vielfältigen Kommunikationsanlässen führt zu einem zufälligen Austausch, zur Steigerung der Toleranz und damit zu innovativem Denken.

---

[44] Vgl. Dunbar, R.: Grooming, Gossip and the Evolution of Language, Boston/New York 1996.

– Maße und Regeln: Eine Welt ohne Maß und Regel endet schnell in Zerstörung.⁴⁵ Maßlos sind endloses Wachstum, Gier, Beherrschungswahn und Antreiben zur Beschleunigung. Ohne Maß und Regel macht noch nicht einmal das Spiel Freude. Es geht darum gemeinsam begründete Regeln und Grenzen zu entwickeln. In egalitären, solidarischen, eher kleinen, freien und maßvollen Kulturen leben die Menschen am Zufriedensten. Dänemark und Costa Rica sind dafür sehr unterschiedliche Beispiele, die sich in der geografischen Lage, Geschichte, Sprache und vielem mehr unterscheiden. Nur nicht in den hier skizzierten Elementen. Ökologie, Bio, Verzicht?? Am Happy Planet Index lässt sich gut veranschaulichen, wie ein Glückssystem gelingen kann. Der Index setzt sich zusammen aus der Lebenszufriedenheit (erfragt auf einer Skala von 1 bis 10) mal Lebenserwartung, geteilt durch den Ressourcenverbrauch (gemessen in Ecological Footprint).

Das Leben gelingt, wenn man lange zufrieden lebt und dabei wenig verbraucht. Beim Happy Planet Index rutscht Dänemark aufgrund des enorm hohen Umweltverbrauchs weit nach hinten. Das Leben kann nicht wirklich gelingen, wenn man es auf Kosten anderer lebt. Deshalb gibt es in Ländern wie Dänemark auch große Anstrengungen, den Umweltverbrauch zu senken. Indikatoren zeigen die Wirkung unseres Handelns an. Es wird möglich, Grenzen aufzuzeigen und das Verhalten zu beeinflussen. Es ist bekannt, dass sowohl die volkswirtschaftlichen wie auch betriebswirtschaftlichen Indikatoren ein verzerrtes bis vollkommen falsches Bild ergeben. Deshalb muss man sich bemühen, die Wirkungen realistisch abzubilden. Die hier genannten Elemente einer zukunftsfähigen Sphäre können als Bewertungsdimensionen verwendet werden. Zukunftsfähig ist dann ein soziales System oder ein einzelner Akteur, wenn es oder er sich vielfältig, gleich, frei, zugänglich, mitwirkend und maßvoll konstituiert.

Noch sehnen sich viele Menschen nach Wellness, angenehmen Verhältnissen, Spektakel, Event und Konsum. Sie träumen vom kleinen Glück. Ein Pseudoglück mit Familie, zwei klugen Kindern, Eigenheim mit Rasenfläche, Rennlimousine, abgesichert mit maßgeschneiderten Versicherungsver-

---

45 Zum Maß und der Maßlosigkeit stellt Albert Camus den Unterschied der notwendigen Revolte und der verzehrenden Revolution dar. Hybris hat noch immer zum Untergang geführt. Vgl. Camus, A.: Der Mensch in der Revolte, Reinbek 1953, S. 387f.

trägen, dazu zweimal Urlaub in der Ferne und Fertigkost in Gourmetqualität. Diese und ähnliche Bilder werden werblich in die Köpfe implantiert, es sind scheinbar ideale, mustergültige Verhältnisse, die mit der Lebenswirklichkeit wenig zu tun haben. Nur sie dienen als Motivation für angepasstes Verhalten und Leistungsbereitschaft. Im Photoshop Programm optimierte Körper tanzen fröhlich und unbeschwert durch die Medien. Diese Werbebilder als Lebensstil verwirklicht würde die Lage des Planeten noch extrem weiter verschlechtern. Der hedonistische, statusgetriebene Lifestyle wird bis in untere Schichten der Gesellschaft praktiziert. Prekär Beschäftigte sehnen sich dem nächsten Kurzfernurlaub entgegen, ewig pubertierende Männer geben alles für ein tiefer gelegtes Sportcoupé. Frustrierte Konsumentinnen trösten sich über ihr trostloses Arbeitsleben mit neuen „Fummeln" oder Handtaschen hinweg. Zuweilen schmückt man sich mit „nachhaltigem" Konsum, tarnt sein PS-Monster als Hybrid, eco motion blawblaw car, glaubt den Nachhaltigkeitslügen der Markenindustrie gerne und betreibt green washing. Man kann die Welt aber nicht gesund kaufen. In den Schwellenländern dienen Statusprodukte als neues Glück. Selbst in China gelten Milchprodukte, trotz verbreiteter Laktoseintoleranz, als Fortschritt. In Indien beginnt der Konsum von noch „heiligem" Rindfleisch, obwohl dort mehrere 100 Millionen Menschen an Unterernährung leiden. Extrem ist dieses Bild des erstrebenswerten Lebensstils in den USA entwickelt. Dazu werden Angstprogramme eingesetzt, um Menschen auf Spur zu halten und zu trivialisieren. Wenn man sich nicht recht verhält, droht der Abstieg. Jeder ist seines Glückes Schmied – wenige mit Schmiede, Feuer und Amboss, die meisten mit nichts. Seit Jahren driften die Sphären von Arm und Reich, von Bildung und Bildungsferne auseinander. Damit ist eine Gesellschaft nicht zukunftsfähig. Es widerspricht allen Elementen, die Resilienz, Zukunftsfähigkeit und Responsivität ermöglichen. Überlebensfähige Systeme sind nicht auf quantitatives Wachstum angewiesen und entwickeln sich erfinderisch sowie qualitativ weiter. In einem solchen System werden Regeln für ein gutes Zusammenleben gemeinsam entwickelt. Es ist ein System, in dem sich Menschen gegenseitig resonant wirken, sich anregen, unterstützen und sich auch im Zaume halten. Wo jeder nach seiner Facon selig werden kann, alle gleiche Rechte haben und die Maxime des jeweiligen Handelns mit anderen Lebensweisen harmoniert. Es ist ein System der Freiheit in Verantwortung. Auf allen Ebenen menschlichen Handelns sind wohl drei Bereiche zu erweitern. Menschen – mit ihnen die sozialen Systeme – müssen erfinderischer werden, um andere, exnovative Lösungen zu kreieren. Dazu müssen Fähigkeiten zur Kooperation und Verständigung verbessert werden. Alle Gestaltungen sollten zudem zukunftsfähig im Sinne von durchhaltbar, ökologsisch und fair sein.

Erfinderischer werden

Erfinderisch zu sein heißt zu finden, wonach man nicht sucht. Was soll denn heute noch neu sein? Kann es auch anders sein? Altes ist Voraussetzung für Neues, aber nicht kausal. Erfahrungen prägen unsere Wahrnehmungen, legen sie aber nicht fest. Erlebnisse und Erlerntes verleihen Kompetenz oder auch nicht. Technik kann Verhalten und Wirklichkeit verändern, determiniert die Entwicklungen aber nicht. Faktisch ist es dennoch so, dass Technik und Erfahrung unsere Wahrnehmung prägen. Es gilt also, um erfinderisch zu sein, den Geist auf Abwege zu führen und neue Beziehungserfahrungen möglich zu machen. Abduktion ist eine Form der Erkenntnisgewinnung, bei der der Geist absichtlich auf andere Wege entführt wird, die sich von den gewohnten substanziell unterscheiden. Es können dann Glücksfunde (Serendipity)[46] gemacht werden, wenn man in Muße das finden kann, wonach man nicht gesucht hat.

Dagegen geschieht Trivialisierung bei Menschen durch Einschüchterung, Angst einflößen, mangelnde Selbstsicherheit, so dass sie sich Sicherheit durch Routinen, Gehorsam, Konformismus und Systematik versuchen zu erlangen. Menschen werden zunehmend zur Hyperaktivität gezwungen. Überall lauern Evaluierungen, Zertifizierungen, Kontrollen, Effizienzforderungen. Menschen sollen immer erreichbar und verfügbar sein, nicht zur Ruhe kommen. Das Leitbild der Leistungselite ist der scheinbare 14 Stunden Tag, der in den Chefetagen mit Full Service, bei Arbeitsessen, Events

---

[46] Serendipität bedeutet gerade, dass auf der Suche nach einer ganz anderen Sache per Zufall eine neue Entdeckung gemacht wird. Das Wort leitet sich dabei von „Serendip" ab. In einem persischen Märchen von Amir Khusrau – „Die drei Prinzen von Serendip" beschreibt er die Reise der drei klugen Prinzen, die auf ihrem Weg durch Zufall den richtigen Weg finden.

und in tiefen Sesseln verbracht wird, die manchen noch ermöglichen, Bücher zu schreiben und an Talkshows teilzunehmen. Derweil wird der Facharbeiter mit der Stoppuhr verfolgt und der Freelancer muss sich immer bereit halten.

Was haben wir nur für ein Menschenbild? Trivial oder non trivial?

Fast jeder Mensch kann Meisterschaft erreichen, kann sich zu einem freien kultivierten Menschen entwickeln. Talente und Fähigkeiten kann man entwickeln, fast grenzenlos. Ein besonderes Gehirntraining besteht in der Bewegung zusammen mit anderen. Menschen haben sehr unterschiedliche Fähigkeiten und Gaben, die zur Entfaltung kommen, wenn sie es zunächst entdecken können, wenn sie Gelegenheit bekommen, ihren Neigungen und Wünschen zu folgen. Wir brauchen weniger Experten und Eliten und mehr freie Bildung für alle und mehr Dilettanten. Der Dilettant ist der, der etwas aus sich selbst heraus erlernt und ausübt, ohne äußere (monetäre) Anreize. Das Wort stammt aus dem Lateinischen und bedeutet so viel wie der Vergnügte. Wir brauchen weniger Gleichmacherei, weniger fest gefügte, vorgegebene Ausbildungsziele. Bildung ereignet sich und kann nur gelingen. Gras wächst nicht schneller, wenn man an ihm zieht, sagte man schon bei den Indianern. Wissen, noch mehr Wissen und der Mensch ist bestens vorbereitet für eine Welt, die dann vergangen ist, wenn alles (auswendig) gelernt wurde. Bildung glückt, wenn Menschen Möglichkeiten bekommen, das Lernen zu erlernen und sich auf frei gewählten Feldern liebevoll unterstützt werden. Für das Lernen braucht man Muße und die Freiheit, selbstbestimmt die Inhalte und Wege zu wählen. Diese freie Bildung wurde allerdings noch nie von den aktuell Mächtigen gewünscht. Für den gegenwärtigen Finanzkapitalismus benötigt man sowieso nur wenige soziopathische Akteure mit mathematischer Spezialbegabung, einige Machtkompetenten, Egomanen und ein Fußvolk aus Stimmabgebern, fleißigen Konformisten und gläubigen Konsumenten.

Alle Menschen stammen zudem aus einer extrem kleinen Ursprungsgruppe von etwa 10. Tsd. Urmenschen. 99.9 % des Erbgutes ist bei allen Menschen gleich, es gibt nur wenige Gene, so ist es auch biologisch gesehen unwahrscheinlich, dass der Mensch genetisch determiniert ist. Zudem soll sich jeder Mensch innerhalb von wenigen Jahren vollständig zellular erneuern. Die jeweiligen Beziehungserfahrungen mit der Mitwelt nehmen dabei Einfluss auf die Entwicklung. Das Meiste entwickelt sich als Anpassungsleistung an eine Überlebenswirklichkeit. Determinierte Wesen könnten bei schnellem Umfeldwandel nicht lange überleben. Menschen sind so zu allem fähig, vor allem zur Zusammenarbeit, Erfindung, Empathie und Liebe. Leidenschaft, und emotionale Beteiligung ermöglichen wirkliches Lernen. Menschen können sich entwickeln, aus ihren Routinen sich befreien, wenn es neue Beziehungserfahrungen gibt, die empfunden und gefühlt werden. Nur ignorante Dummköpfe glauben, Tauberbischofsheimer hätten ein Fechtgen, Kenianer ein Laufgen, Schifferstädter ein Ringergen, Chinesen ein Chinesischsprechgen, Frauen könnten keine Mathematik und Pauken mache klug. Die Kontexte prägen den Menschen. Genauer: Menschen benötigen Förderung, Ermunterung, Vorbilder und Möglichkeiten, Ihre Wünsche zu artikulieren und Themen selbst auszuwählen. Man kann von drei wesentlichen Grundmustern menschlichen Verhaltens ausgehen. Menschen neigen zur Imitation und Kooperation, suchen Anerkennung. Sie wollen dazu gehören. Diese drei Elemente bedingen sich gegenseitig und können in einen Teufelskreis führen oder aber zur gemeinsamen Entwicklung beitragen. Wichtig ist, dass die Akteure unabhängig, eigenständig agieren können, sich gegenseitig durch Dialoge erkennen lassen. Wenn die Menschen Angst bekommen, verunsichert sind, drehen sich die Elemente in eine negative Richtung. Angst diszipliniert, trivialisiert, fördert den Konsum und die Gewalt. Dann lässt die Kooperationsneigung stark nach oder dient nur dem Bündnis gegen Dritte; die Menschen imitieren schlechte Verhaltensweisen und suchen dadurch Anerkennung. Es beginnt eine Gewaltspirale. Die Gemeinschaft zersetzt sich von innen. Genau diese negative Entwicklung kann man verhindern, indem man die oben skizzierten Kriterien oder Elemente einer erfinderischen und zukunftsfähigen Gesellschaft berücksichtigt. Menschen können gar nicht allein die richtigen Entscheidungen treffen. Menschen wissen nicht, was sie glücklich und zufrieden macht. Sie überbewerten Chancen oder unterbewerten Risiken. Oder sie setzen sich falsche Ziele, ihre Erinnerung ist getrübt. Besonders Daniel Kahneman hat die Probleme menschlichen Handelns und Entscheidens erforscht.[47] Der aktuelle und der historische Kontext spielen eine wirksame Rolle. Diese Kontexte kann man jedoch förderlich gestalten, also die Wahrscheinlichkeit für gute Entscheidungen erhöhen. Neben der Kreativität und Entwicklungsfähigkeit können auch Empathie und Kooperationsfähigkeit gefördert werden.

Kooperativer leben

Menschen können nicht nur ungeahnte kreative Talente entwickeln, sondern sind auch grundsätzlich empathische und kooperative Wesen. Diese Fähigkeiten, die auch als Mitgefühl, soziale Kompetenz u. ä. beschrieben werden, werden in Zukunft besonders benötigt. Die Kooperation ist eines der ersten Lernergebnisse des Menschen. Der Mensch kommt wegen seines großen Gehirns etwa ein halbes Jahr zu früh auf die Welt. Das Kind käme ansonsten nicht durch den Geburtskanal. Somit muss sich das Baby sofort auf die Suche nach Kooperationspartnern machen. Diese Fähigkeit zur Zusammenarbeit und zur Einfühlung in andere muss also bei jedem Menschen tief im Gehirn verankert sein. Die Umfeldbedingungen können diese Fähigkeit allerdings überlagern. Empathie und Beziehungsfähigkeit können bei sehr negativen Umfeldbedingungen bzw. Beziehungserfahrungen, epigenetisch geradezu ausgeschaltet werden. Menschen mutieren dann zu Zombies. Eine Konkurrenzwirtschaft nach dem Motto „ruiniere deinen Nächsten" ist dazu eine geeignete Voraussetzung. Eine ungleiche, gewaltorientierte Gesellschaft zerstört das Miteinander. Richard Sennett hat beschrieben, welche Bedingungen Zusammenarbeit erschweren und welche diese befördern. In seinem Buch Together kann man die detaillierten Ergebnisse studieren.[48] Anschaulich führt er aus, wie zum Beispiel Musikorchester nur ein gutes Ergebnis hervorbringen, wenn alle für das Ganze agieren, sich einbringen, auf die anderen hören, sie unterstützen. Bei den von uns favorisierten Jazzbands gelingt die Musik sogar ohne formale Leitung. Einzelne improvisieren, lauschen auf die anderen, schweifen virtuos ab und doch dient das alles dem Ganzen. Gleichheit ermöglicht Zusammenarbeit, krasse Status- und Machtunterschiede verhindern sie. Lokale Treffpunkte, wie öffentliche

---

[47] Vgl. Kahneman, D.: Schnelles Denken, langsames Denken, München 2012.
[48] Vgl. Sennett, R.: Together, Boston 2012.

Plätze aber auch die Existenz von Poststellen und kleinen Läden, Wochenmärkten oder Allmende befördern Gemeinschaft und Zusammenarbeit.

Zukunftsfähiger leben

Wir können uns wahrhaft kultivieren, richtig gut werden, wenn wir uns zu Erfindung und Entwicklung inspirieren, mitfühlen und zusammenarbeiten. Erst das maßvolle Handeln macht die Sache wirklich rund. Ja, wir müssen aus dem Trott des Konsumierens und entfremdeten Arbeitens hinaus. Dies ist ein Irrweg, der sowieso nicht lange durchhaltbar ist. Auf ein Drittel unserer Dinge, unseres Verbrauchs an Ressourcen, kann man spielend und sofort verzichten. Ja, wir können alle anders konsumieren, mehr tauschen, reparieren, und selbst machen. Die Wohlhabenden könnten auf mehr als die Hälfte ihres Konsums sofort verzichten. Vielen Menschen würden die verbleibenden Dinge endlich wieder bedeutsamer. Es wäre doch so schön Statuskonsum einzusparen, der uns sowieso nur von den anderen isoliert. Wie sieht das konkret aus? Lokale, frische Speisen möglichst mit anderen gemeinsam zubereiten und genießen. Gärten zusammenlegen und gemeinsam Gemüse anbauen. Autos gemeinsam nutzen oder einen Dienstleistungsvertrag mit einem Mobilitätsprovider abschließen. Sport und Musik machen mit anderen. Laubsauger, Nespressomaschinen, Flachbildschirme etc. ... alles verschenken. Produkte selber machen und alte reparieren. Fleischkonsum einschränken oder besser ganz einstellen. Nicht verschulden und schon gar nicht für Markenprodukte. Also miteinander mit der Welt nicht gegen die Welt. Positive Schwingungen erzeugen. Die Modelle der Organisation dazu lauten: Gemeinwirtschaft, Genossenschaften, Netzwerke, Selbstversorgung, Handwerk, Reparatur, Tausch. Mit Muße und Kultur, mit Liebe, Lust und Leidenschaft. Wenn wir versuchen, maßvolles Handeln zu etablieren, nützen Appelle wenig. Auch das Weniger ist mehr, die Reduktion und der Verzicht sind wahrscheinlich nicht sehr populär. Es gibt aber eben Wege, nicht linear zu begrenzen und zu subtrahieren, sondern andere Wege zu beschreiten. Zum Beispiel Lebensweisen zu entwickeln, die weniger expansiv, verdrängend und verzehrend wirken. Mehr gemeinsam zu gestalten, anders zu fertigen, zu tauschen und zu unterstützen. Jeder Mensch kann die oben genannten Merkmale erfinderischer Sphären auch auf sich persönlich anwenden, sich vervielfältigen, indem er oder sie unbekannte Felder bearbeitet, sich mit bisher vielleicht abgelehnten Menschen, Methoden, Dingen und Kulturen beschäftigt. Das, was ich ablehne, zeigt mir, wo die größte Entwicklungschance liegt. Wir können Status abbauen und jeden Menschen gleich behandeln, für andere da sein, sie anerkennen und integrieren. Wir können den Austausch und die Mitwirkung vermehren, uns einmischen und für andere eintreten. Besonders bedeutsam ist wohl, sich individuelle Spielräume zu erarbeiten, unabhängig und frei zu sein, indem man Entscheidungen nur aus purer Freude trifft und so Zugang zu seinen Träumen, Fantasien und Leidenschaften bekommt. Man schafft dadurch mehr Handlungsoptionen für sich und andere.

Mitwelten kultivieren

In allen Beziehungsbereichen kann man Verbesserungen einleiten. Wenn der Mensch eine bessere Beziehung zur Natur entwickelt, dann hat das auch positive Auswirkungen auf die Beziehung zu anderen Menschen. Wenn man sich die Dinge wieder aneignet, sie mitgestalten und pflegen kann, dann liefert das auch einen Beitrag für die Beziehung zur Natur in Form von Ressourcenschonung. Auch die Neurobiologen sagen, dass es möglich ist, die präfrontalen Bereiche unseres Gehirns zu trainieren und eine stärkere Impulskontrolle zu entwickeln. Wir können an uns selbst arbeiten, uns kultivieren und mäßigen. Insbesondere, wenn wir Response erfahren auf unser Verhalten, dann ist eine wechselseitige Regelung möglich. Wichtig erscheint aber auch, einen sozialen und gesellschaftlichen Kontext zu schaffen, der die Kultivierung erleichtert, also jewels für die Antwort sorgt. Alle Verbesserungen der Kommunikation zwischen Menschen haben positive Auswirkungen auf alle Beziehungsebenen mit der Mitwelt. Durch systemische Gestaltungen lassen sich Kontexte modellieren, die gute Beziehungen wahrscheinlicher werden lassen. Dabei kann man vor allem mit der Sprache modellieren. Sprache erzeugt Schwingungen und formt die Mitwelt. Es ist deshalb besonders wichtig, behutsam und empathisch zu kommunizieren. Andere resonante Strukturen bilden die Organisationselemente (besonders die Größe), die Bewertungs- und Kontrollprozesse sowie die Zeitgestaltung und die Architektur und umgebenden Dinge.

„Die Reichen leiden wie die Armen, auch wenn die Armen sich ihres Unglückes normalerweise eher bewußt sind."[49]

Gelingendes Leben

Es kann mir gut ergehen, weil ich von Krankheiten verschont bleibe, in einer freundlichen Mitwelt leben darf, erbe, materiell und seelisch unterstützt werde und Bildung erfahre. Zahlreiche förderliche oder einschränkende Parameter meines Lebens sind nicht von mir selbst bewirkt. Extrem Vieles hängt davon ab, in welche sozialen und ökologischen Mitwelten ich geboren werde. Wenn sich mir gute Chancen darbieten, habe ich die Verpflichtung, nach meinen Möglichkeiten etwas daraus zu machen, meine Talente zu entwickeln, meine Fähigkeiten zu erweitern und gute Beziehungen zu entwickeln, zu mir, zur Natur und den Mitmenschen. Ein Leben erhält erst seinen Wert, wenn es für die Mitwelt gelebt wird. Der vermeintliche Wohlstand kann die Defizite nicht ausgleichen. Ein selbstsüchtiger Mensch wird die Folgen seines Handelns vielleicht verdrängen können. Damit sind sie aber nur ins Unbewusste verlagert und schränken unser Wohlbefinden ein. Egozentrik, Gier nach Geld und Macht führen zur Isolierung von der Mitwelt und verhindern ein geglücktes Leben. Im gegenwärtigen und vorherrschenden Wirtschafts- und Gesellschaftssystem werden die Akteure, Institutionen und Staaten besonders gut beurteilt, die am meisten ökonomischen Gewinn für sich selbst schaffen und dabei Werte massiv zerstören, plündern und rauben. Die „Performer" zerstören Beziehungen zu anderen Menschen, zur Natur zu den Dingen und letztlich zu sich selbst, weil sie sich zur Ausnutzung aller Vorteile animiert sehen. Auf Dauer zerstört diese „Werttheorie- und -praxis" alle Werte. Wir müssen dahin kommen, gemeinsam Werte für alle zu bilden und die Bewertungskriterien und die Bewertung selbst gemeinsam zu entwickeln.[50] Man kann mit den

---

[49] Dworkin, R.: Gerechtigkeit für Igel, Berlin 2012, S. 711.
[50] Die vorherrschende Ökonomie ist zur Rechtfertigungslehre der weltweiten Wertezerstörung degeneriert. Die Managementlehre tendiert zur reinen Reichtums- und Plünderungskunde. Die USA leben z. B. in extremem Maße auf Kosten anderer Länder, selbst Deutschland verdient an den Kredit finanzierten Importen mediterraner Länder. Und gierige Manager wie „Johann Holtrop" setzt seine zerstörerische Plünderungstournee

Räubern und Plünderern nur Mitgefühl empfinden. Diese „Geldigen" rennen im Hamsterrad, das durch ihre eigene Gier angetrieben wird. Sie sind abhängig vom Geldmachen und immer mehr Geld machen. Sie leben kein gelungenes Leben, sondern kreisen in ihrer öden Welt. Julian Barnes hat in seinem Roman „Ende einer Geschichte" die entscheidende Frage dazu formuliert: „Hat sich dein Leben gesteigert, oder nur vermehrt?" Vielen Menschen auf diesem Planeten ist ein gutes Leben verwehrt. Sie leiden Hunger, an Krankheiten oder leben in hoffnungsloser Abhängigkeit. Selbst Wohlhabende kann ein bitteres Schicksal treffen, dass keiner verdient. Im Rahmen der jeweiligen Möglichkeiten kann ein Leben aber nur gelingen, wenn man zumindest versucht, seinen Platz zu finden und seine Nächsten zu unterstützen. Viele tapfere Menschen – wahrscheinlich die meisten- finden so ihren Sinn im Leben. Wenn der Mensch gesund im Wohlstand lebt, kann er große Leistungen vollbringen, das Schöne, Wahre und Gute mehren. Als begabter Mensch kann er oder sie etwas Reifes und Erhabenes beitragen. Als kleingesinnter Reicher kann das Leben sehr leicht scheitern. Der Eigensinn und die Gier entziehen dem Menschen Würde und Selbstachtung. Wie kann man nur annehmen, dass ein Leben gelingen kann, in dem man fast nur nimmt und wenig gibt? Warum engagieren sich Menschen als Lobbyisten für Waffenproduzenten oder die Atomindustrie? Warum lügen sie für Geld in der Werbung und den Medien? Peter Handke hat sich in seinem Versuch über den geglückten Tag auf die Suche nach einem gelingenden Leben gemacht. Uns hat diese Lektüre beim Erscheinen Anfang der Neunziger Jahre tief beeindruckt. Sein geglückter Tag ist ein Tag, an dem wenigstens etwas Kleines für einen Moment glückt. Wenn eine winzige Beobachtung die Sinne tanzen lässt, wenn dem Maler die Line of Beauty gelingt oder dem Schriftsteller ein Satz. Es sind jedoch niemals Dinge oder Geschehnisse, die etwa gegen die Welt hervorgebracht werden. Gelingen heißt, das Glück zur Welt bringen, also die Welt verschönern und bereichern. Dabei kommt es nicht zuletzt auf die Intention des Akteurs an. Ein Geldmacher hat nur die Mehrung des Reichtums; ein Machtgieriger, die Mehrung des Einflusses und ein Ehrsüchtiger, die Aufmerksamkeit der anderen im Sinn. Wahre

---

bei einem Klinikunternehmen fort. Johann Holtrop ist eine Romanfigur von R. Goetz, die sich stark an einem realen Vorbild orientiert.

Größe entwächst einer Passion, einer Lust am Gelingen. Uns ist kein Künstler bekannt, der des Geldes oder des Ruhms wegen gestaltet. Es mag sich nachher Anerkennung und Ruhm einstellen, aber dies geschieht eher, wenn es nicht das einzige oder vordringliche Ziel ist. Eine Veränderung des Verhaltens, eine Veränderung des Lebensstils ist besonders dann möglich und wahrscheinlich, wenn das gierige, ressourcenintensive und sonst wie schädliche Verhalten auf immer mehr Kritik stößt. Wenn es unangenehmer wird, sich hedonistisch und verantwortungslos zu verhalten. Die Lobbyisten, die Gierigen, die Geldigen und Machthungrigen, alle, die „dumme" Dinge tun, sind nur zu bedauern. Ihr Leben wird nicht gelingen. Wir sollten sie darauf aufmerksam machen, mit ihnen mitfühlen. Ein Kampf dagegen verschleißt einen nur selbst, man wirkt dann als Element des Negativen. Das Gute entsteht in guten Beziehungen, bei guter Intention und bei guter Realisation. Wie kann man nur so dumm sein, ein Leben gegen die Mitwelt zu führen? „Dumm ist, der Dummes tut", sagte schon Forrest Gump. Eine Kultivierung des Menschen ist möglich. Alle sieben Jahre soll sich der Mensch körperlich vollends erneuern und hat damit die Chance auf geistige und seelische Erneuerung. Alle Erfahrungen schlagen sich in den Zellen nieder, alle negativen oder positiven Informationen, alle schlechte oder gute Nahrung, alle fiesen oder liebevollen Gedanken. Menschen können sich kultivieren, wenn sie lernen, sich von ihren Affekten zu distanzieren, sich von außen zu beobachten, ihre Achtsamkeit und Großzügigkeit schulen, ihre Möglichkeiten erweitern, ihre Wut bändigen.[51] Es ist eine Kunst des Gelingens. Gelingen kann man nicht gezielt anstreben, es ereignet sich, wenn wir für uns und für andere den förderlichen Kontext schaffen. Schaffen wir eine Gesellschaft, in der Menschen nach ihrem Beitrag für andere und für das Ganze bewertet werden, wo sich wahre Großzügigkeit ausbildet, wo Sinn versprüht wird. Eine Gesellschaft, die Hierarchie, Konkurrenz und Kontrolle überwindet und kooperativ, maßvoll und wirklich frei organisiert ist. Eine Gesellschaft, in der Menschen ihren Leidenschaften nachgehen, wird genügend für alle erschaffen. Schon Aristoteles hat das gute, glückliche Leben für die Menschen für möglich gehalten, die erstens zu genießen wissen (Achtsamkeit, Muße), die als gesellschaftliche Wesen dem Gemeinwohl dienen (Engage-

---

51 Vgl. bspw. bei Dalai Lama: Rückkehr zur Menschlichkeit, Köln 2012, S. 202ff.

ment, Mitwirkung, Ehrenamt) und die sich Gedanken zum Ganzen machen, also Erkenntnisse gewinnen (Theorie, Kontemplation).⁵² Basis ist dabei immer die Selbstliebe und dann die Liebe zur Mitwelt. Seine Ethik ist teleologisch, also am Ziel orientiert. Es geht ihm darum, das Gute für alle zu schaffen. Dies kann umso eher gelingen, je mehr Menschen sich aus purer Freude für etwas entscheiden, als gegen etwas, Vorteile für sich erringen zu wollen.⁵³ In dieser Gesellschaft werden in kleinen, wirklichen Märkten ökonomische Transaktionen zwischen Menschen koordiniert. Es gibt Eigentum, für das jeweils gehaftet wird und es gibt nur dezentrale und relativ kleine Organisationen. Der demokratische Staat wird nicht als Moloch und Problem gesehen, sondern als kulturelle Errungenschaft, wo Menschen sozial abgesichert sind und die Gleichheit als Grundbedingung der Freiheit aufrechterhalten wird. Eine Gesellschaft, in der Werte nicht nur monetäre Vorteile und Eigentumsrechte für einige wenige darstellen, sondern wo die unvermeidlichen Schäden kompensiert werden und in der das Leben also für alle besser wird.⁵⁴ Materie und soziale Konstrukte sind Beziehungsgefüge. Es gilt diese mit syntropischen, „guten" Eigenschaften auszustatten.⁵⁵ Man kann nichts kaufen, was im Leben wirklich bedeutsam ist.⁵⁶ Freund-

---

[52] Aristoteles: Nikomachische Ethik, Stuttgart 1969, bes. Buch III, 7. In einem hochinteressanten Band. Hg. von Otfried Höffe wird die Glücksethik vielfältig reflektiert. Besonders im abschließenden Kapitel löst Höffe den Widerspruch der kantschen Verantwortungsethik und der eudemischen von Aristoteles überzeugend auf. Vgl. Höffe, O. (Hg.): Nikomachische Ethik, Berlin 2010.

[53] Lustvoll ist bei Aristoteles, was ich der Sache selbst wegen unternehme, das ich aus dem Antrieb zum Guten bewirken will, das ich reinen Herzens bewirken möchte. Menschen im „GMA" -Modus entfernen sich vom Glück. Hier vertrete ich dieses Streben nach dem Guten, obwohl es in Mode gekommen ist, so genannte Gutmenschen zu beschimpfen und lächerlich zu machen. Ist es denn besser, ein klandestiner Schlechtmensch zu sein?

[54] Diese gesellschaftliche Konzeption haben wir umfassend ausgearbeitet: Vgl. Bergmann, G./ Daub, J.: Das Menschliche Maß – Entwurf einer Mitweltökonomie, München 2012.

[55] Werte verstehe ich als Resultate syntropischer Prozesse. Werte entstehen, wo die Entropie sozial und ökologisch begrenzt oder umgekehrt wird. Ähnlich auch Duerr, H.P.: Warum es ums Ganze geht, München 2009 und Graeber, D.: Die falsche Münze unserer Träume, Zürich 2012 bes. S. 337ff.

[56] Das gilt natürlich nur, wenn der Mensch mit lebenswichtigen Dingen grundversorgt ist. Wenn Menschen hungern oder in Angst und Schrecken leben, dominiert der Kampf ums nackte Überleben.

schaft, Liebe, Mitgefühl, Gemeinschaften, Stolz, Können und Fähigkeiten kann man nur erwirken. Das Glücksgefühl nach dem Erklimmen eines Berges lässt sich nicht durch einen Helikopterflug ersetzen. Schon gar nicht lässt sich Liebe und Zuneigung monetär erwerben. Es lohnt sich also, positive Schwingungen zu erzeugen und einen förderlichen Resonanzraum zu schaffen, damit sich Großgesinntheit und Liebe ausbreiten können. Imagine... you are not the only one. Come together. All you need is love.

II Demokratie – Reflexionen zur Geschichte einer fragilen Herrschaftsordnung

In diesem Kapitel möchten wir über die Entstehung unserer Gesellschaft als demokratisches Gemeinwesen reflektieren. Nur wer die Herkunft kennt, kann sagen wohin es gehen könnte, und welche Möglichkeiten zu entwickeln sind. Wir möchten, auch wenn es im Rahmen dieses Buches nur skizzenhaft sein kann, das Bewusstsein dafür schärfen, dass demokratische Gesellschaften nicht selbstverständlich sind. Sie sind immer Ergebnis einer gesellschaftlichen Entwicklung und von Veränderungen in den Machtverhältnissen – Machtverhältnisse bleiben allerdings trotzdem als drängende Frage bestehen. Auch möchten wir dafür den Blick schärfen, dass Demokratien nur dann Bestand haben, wenn sie weiterentwickelt werden und sich die Bürger für die Weiterentwicklung aktiv engagieren. Wir möchten das Verstehen dafür entwickeln, dass demokratische Gesellschaftsformen die in der Geschichte der Menschheit bisher beste Form des gesellschaftlichen Zusammenlebens sind – auch gegen alle kulturrelativistischen Kritiken, die sie als bloße „westliche" Entwicklungen abtun. Obwohl in demokratischen Ländern durchaus antidemokratische Erscheinungen zu verzeichnen sind, wie wir gerade wieder mit Guantanamo, dem Patriot Act erleben. Wo bitte gibt es ein die Rechte der Einzelnen und die Achtung der Menschenwürde besser achtendes System als das der demokratischen Ordnungen? Abweichungen davon und die krisenhafte Entwicklung sind Gegenstand unseres Buches – wir möchten nichts entschuldigen und nichts schönreden, doch alle anderen bisher in der Menschheitsgeschichte aufgetretenen Gesellschaftsformen, Herrschaftsordnungen sind durchweg schlechter. Demokratische Gesellschaftsformen und demokratisches Verhalten stellen für uns eine global beispielgebende Kulturentwicklung hin zu mehr Menschlichkeit und Achtsamkeit dar, wenn sie konsequent weiterentwickelt, mit wahrhaft demokratischem Leben gefüllt wird und man ihren drohenden Zerfall gerade in westlichen Gesellschaften aufhält. Um die aktuellen Gefährdungen der Demokratie erkennen zu können muss man zumindest rudimentäre Kenntnisse der Geschichte unserer Demokratie haben. Wir können an dieser Stelle des Buches aus Platzgründen nur einen groben, skizzenhaften Abriss der historischen Entwicklungen liefern und möchten zu vertiefenden Betrachtungen die zitierte Literatur empfehlen. Wir sehen unsere Demokratie in höchster Gefahr aufgrund des Profitmaximierungssystems des weltweit vorherrschenden Kapitalismus. Die Aussage von Bundeskanzlerin Merkel, „eine marktkonforme Demokratie" zu etablieren bringt das Gefahrenpotenzial für die Demokratie auf den Punkt. Diese Bemerkung derjenigen Person, welche die Richtlinienkompetenz in der Regierung besitzt, muss bei jedem Demokraten alle Alarmglocken schlagen lassen. Eine „marktkonforme Demokratie" ist keine Demokratie mehr, da Märkte nicht nach demokratischen Grundsätzen funktionieren, sondern sie sind Machtinstitutionen und funktionieren in erster Linie nach der Profitlogik der Ökonomie des Kapitalismus. Die dazu passende Politik ist die des institutionalisierten Nichtstuns und Pseudohandelns, wie sie die derzeitige Bundesregierung vollführt, sie ist eine Variante neoliberalen Politikhandelns.[1] Die Demokratiegefährdung gipfelt momentan in der Bankenrettung, wovor Joseph Stiglitz, Nobelpreisträger für Ökonomie, eindringlich warnt. Die immer weiter voranschreitende soziale Ungleichheit durch die neoliberale Wirtschaftspolitik ist eine ernsthafte Gefahr für alle Demokratien, wie Stiglitz ebenso betont.[2] Demokratien zielen auf die politische Teilhabe aller Bürger ab, aber auch auf die wirtschaftliche Teilhabe. Dieses wird derzeit zunehmend gefährdet, indem große Teile der Gesellschaft ins ökonomische und somit ins politische Abseits gestellt werden. Hinzu kommt noch, dass sich stark ungleich entwickelnde Gesellschaften auch ökonomisch schlecht entfalten. Doch die verkürzte Logik aktuell vollzogener Politik bewirkt genau dies, weil man lediglich einer ökonomischen Profitmaximierungslogik folgt

---

[1] Vgl. Honegger,C./Neckel,S./Magnin, Ch.: Strukturierte Verantwortungslosigkeit. Berichte aus der Bankenwelt, Frankfurt/Main 2010.
[2] Vgl. Stiglitz, J.: Der Preis der Ungleichheit. Wie die Spaltung unserer Gesellschaft unsere Zukunft bedroht, München 2012.

und keine gesellschaftliche Gesamtentwicklung im Blick hat. Die Lobbygruppen der Wirtschafts- und Finanzindustrie machen gegenüber den politischen Akteuren ihren Einfluss in dem Maße geltend, dass von einer demokratischen Entwicklung der Gesellschaft, an der alle gleichermaßen teilhaben können, keine Rede mehr sein kann. Das so genannte „rent-seeking" wird zur allgemeinen wirtschaftspolitischen Zielrichtung.[3]

Hierin sehen wir die Gefährdung der Demokratie nach der im Grundgesetz definierten Art über die Grundrechte:

Art 20

(1) Die Bundesrepublik Deutschland ist ein demokratischer und sozialer Bundesstaat.

(2) Alle Staatsgewalt geht vom Volke aus. Sie wird vom Volke in Wahlen und Abstimmungen und durch besondere Organe der Gesetzgebung, der vollziehenden Gewalt und der Rechtsprechung ausgeübt.

(3) Die Gesetzgebung ist an die verfassungsmäßige Ordnung, die vollziehende Gewalt und die Rechtsprechung sind an Gesetz und Recht gebunden.

(4) Gegen jeden, der es unternimmt, diese Ordnung zu beseitigen, haben alle Deutschen das Recht zum Widerstand, wenn andere Abhilfe nicht möglich ist.

Politik verhindert heutzutage durch ihr unreflektiertes Handeln nach einer eindimensionalen ökonomischen Logik die Entwicklung demokratischer Strukturen, trägt sogar dazu bei, dass antidemokratische Tendenzen in der Gesellschaft stärker werden. Dazu wird ein Angstregime etabliert, welches diejenigen Bürger, die besonders unter den entfesselten ökonomischen Verhältnissen leiden, unter Bevormundung des Zwangssystems „Hartz IV" stellt, das ihnen indirekt grundlegende Bürgerrechte aberkennt – wie die Unantastbarkeit der Würde des Menschen (Art. 1), das Recht auf die freie

---

[3] Erläuterung: 1. Begriff: Streben von Interessengruppen, Unternehmen und anderen Marktakteuren nach der Erschließung, Verteidigung oder Verbesserung von Einkommenserzielungschancen im Marktbereich mithilfe politisch erwirkter Privilegien. Der Begriff geht auf Anne O. Krueger (1974) zurück. Die Idee des Rent-Seeking hat ihren Ursprung in einem Aufsatz von Gordon Tullock (1967). Ziel: Dauerhafte leistungslose Einkommen im Marktbereich. Quelle: http://wirtschaftslexikon.gabler.de/Definition/rent-seeking.html.

Entfaltung der Persönlichkeit (Art. 2), die freie Arbeitsplatzwahl, Verbot der Zwangsarbeit (Art. 12), Selbstbestimmung des Aufenthaltsortes (Art. 11).

Wir möchten Wege aufzeigen, wie dem Angstsystem zu begegnen ist und wie mögliche Auswege daraus konstruierbar sind. Wir möchten allerdings dem derzeit allgemeinen Subjektivismus entgegentreten und keine Einzellösungen auf subjektiver Ebene das Wort reden. Wir möchten vielmehr versuchen, Ansätze für eine langfristige politische Lösung gegen den grassierenden Demokratieabbau finden.

Eine kleine Geschichte der Entstehung von Demokratien

Um einen Eindruck davon zu bekommen, was es heißt in einem demokratisch organisierten Gemeinwesen zu leben, möchten wir in diesem Kapitel zuerst eine Blick auf die Entstehung europäischer Demokratien werfen. Wir halten es für notwendig, sich der historischen Entstehung der Demokratie, wie wir sie heute erleben, bewusst zu werden. Demokratien sind keine politischen Systeme die den Menschen geschenkt wurden oder irgendwie immer schon bestanden und bestehen werden. In diesem Kapitel möchten zumindest kurz skizzieren, dass demokratischen Entwicklungen allzeit politisch-soziale Kämpfe vorausgingen und sie keine Gaben der Mächtigen sind. Es handelt sich fortwährend um Macht- und Interessenprozesse, die jeder Zeit von den Menschen wieder geführt werden müssen, wenn sie sich nicht gegen sie entwickeln sollen. Demokratische Entwicklungen vollziehen sich nicht von selbst, sondern bedürfen einer mehr oder weniger organisierten und institutionalisierten Interessenbekundung. Hier sehen wir derzeit deutliche Defizite, welche sich auch durch die punktuell vielfältig entstehenden „Bürgerproteste" zeigen. Immer häufiger werden politischen Entscheidungen durch Bürgerproteste entgegengetreten. Dies sehen wir als ein Symptom für eine ungenügende demokratische Kultur und die fortwährende Durchsetzung politisch-ökonomischer Einzelinteressen unter dem Deckmantel eines konstruierten Allgemeininteresses durch die Politik.

Demokratien sind Herrschaftssysteme, wie andere Herrschaftssysteme auch, allerdings unterscheiden sie sich insofern, als dass sie dem Wortlaut nach „Volksherrschaft" bedeuten. Die Ursprünge der Demokratie gehen auf das alte Griechenland zurück, doch hier muss man vorsichtig sein, wenn man unsere heutige Demokratie mit den damaligen Bedingungen in Verbindung bringen will. Die Ursprünge der Demokratie in Athen ist für die gesamte damalige Weltgeschichte ein Novum. Eine formale Mitbeteiligung der stimmberechtigten Polisbürger an den Entscheidungen in ihrem Stadtstaat war in diesen Zeiten weltweit einzigartig. In der Frühzeit der Demokratie in Griechenland, was etwa den Zeitraum ab dem 6. Jahrhundert v. Chr. betraf, hatten demokratische Bürgerrechte nur die Polisbürger, alle anderen Bewohner der Stadtstaaten waren unfrei und hatten keinerlei Rechte, an den demokratischen Verfahren teilzunehmen. So lagen die demokratischen Rechte der Polisbürger Athens nur bei den Stadtbewohnern männlichen Geschlechts im wehrfähigen Alter, die als Söhne von „freien" Eltern in der Stadt geboren wurden. Das Verhältnis von „Freien Bürgern" zu Sklaven betrug dabei eins zu vier und „freie" Bürger waren nur diejenigen, die das Geld dazu hatten, sich Waffen und Ausrüstung für den Kriegsdienst zu kaufen, also nur diejenigen Bürger, die Besitz hatten. Ebenfalls waren alle diejenigen nicht berechtigt an den demokratischen Verfahren teilzunehmen, deren ein Elternteil nicht aus Athen stammte.

Die englischen Revolutionen als Epizentrum der europäischen Demokratisierung

Demokratievorstellungen aus dem alten Griechenland wurden insbesondere wieder im Zuge der Entstehung moderner bürgerlicher Demokratien interessant. Hier war es die englische Revolution (1641-1649), die demokratisches Gedankengut wieder in den Mittelpunkt rückte. Die Ursprünge dieses Bürgerkriegs waren Auseinandersetzung zwischen den Mitgliedern des Unterhauses im Parlament und des absolutistisch auftretenden Königs Karl I. von England. Hintergrund dieser Auseinandersetzungen war letztendlich die durch die religiöse Reformation im Zeitraum zwischen 1517 und 1648 ausgelöste zunehmende Kritik an den religiösen und politischen Autoritäten und auch der Streit zwischen den religiösen Gruppierungen der durch die Reformation entstandenen vielgestaltigen neuen Religionsgemeinschaften. Das vorläufige Ende dieser Auseinandersetzungen markierte die Hinrichtung des Königs (1649) und die Errichtung einer Republik, des sogenannten „Commonwealth". Das Parlament in England hatte allerdings schon seit dreihundert Jahren ein Teilnahmerecht an den Staatsgeschäften. Nach dem Sieg der puritanisch ausgerichteten Allianzen gegen die Monarchie wurden alle royalistisch orientierten Gruppierungen und Städte, insbesondere durch starke finanzielle Unterstützung reicher Bürger, unter der Führung Oliver Cromwells bekämpft. Das erste demokratisch ausgerichtete Parlament in England bestand allerdings nur wenige Jahre (1649-1653), danach errichtete Cromwell eine puritanische Militärdiktatur. Erst die „Glorious Revolution" (1688/89) schuf die Grundlage einer ersten demokratischen Gesellschaftsordnung in England und somit zum ersten Mal in der Welt. Es war allerdings Wilhelm III. von Oranien, der England von einer katholischen orientierten Monarchie in der Folge des Bürgerkriegs von 1614-1649 im Jahre 1688 „befreite", die anglikanischen Staatskirche maßgeblich stärkte und den demokratischen Parlamentarismus in England unterstützte.

Die Bedingungen für eine erste demokratische Gesellschaftsordnung in England der frühen Neuzeit waren ungleich besser als auf dem europäischen Kontinent. Der Parlamentarismus hatte als Institution des Interessenausgleichs zwischen Peers (Angehörigen des britischen Hochadels), Gentry (Landbesitzer, niederer Adel, Großbürgertum) und der Monarchie das Parlament etabliert.[4] Diese ersten demokratischen Gepflogenheiten beruhten allerdings noch lange nicht auf dem freien, allgemeinen Wahlrecht. Eine erste Form der Demokratie war eine Interesseninstitution des Adels und der Großgrundbesitzer gegenüber der Krone. Die englische Adelsklasse war seit jeher weitaus privilegierter als ihre kontinentalen Verwandten. Der englische Adel stand in einer engen Interessenkoalition mit dem Bürgertum und war relativ unabhängig vom König. Einher ging dies mit einer zunehmenden Kommerzialisierung der Landwirtschaft und des Handels, woran auch der Adel beteiligt war. Das Entstehen der weltweit ersten neuzeitlichen Demokratie in England war also unterschiedlichen Faktoren geschuldet. Einerseits der fortgeschrittenen technischen Entwicklung und andererseits den besonders entwickelten gesellschaftlichen Verhältnis-

---

[4] Vgl. Dülmen, R.: Fischer Weltgeschichte. Entstehung des frühneuzeitlichen Europas 1550-1648. Frankfurt/Main 1982, S. 388 ff.

sen. Hier waren es die Folgen der religiösen Reformation, die eine Form der Verbindung von Religiosität und praktischem Leben hervorbrachte, die Mitsprache und Selbstentscheid für viele gesellschaftlichen Gruppen als selbstverständliche Forderung erscheinen ließ. Die Öffentlichkeit radikalisierte sich in diesem Sinne und weite Teile der Bevölkerung wurden von dem sich immer stärker abzeichnenden Konflikt zwischen Parlament und Krone ergriffen. Insbesondere die puritanischen Gruppen kennzeichnete eine Kritik an den Machtverhältnissen, sie trugen starke antiautoritäre und chiliastische Züge.[5]

In der sogenannten „*Glorious Revolution*" wurden der Kampf um die politische Selbstbestimmung geführt, es war sozusagen eine erste emanzipatorische Bewegung von Teilen des Volkes. Insbesondere die Gegenwehr der im Parlament vertretenen Klassen gegen den Versuch der Herrscherfamilie der Stuarts die königliche Macht im Verfassungsgefüge auszudehnen führte zur Revolution der Peers und Gentries. Es gab Anfangs kein politisches Programm der Opposition gegen die Krone, sondern dieses entwickelte sich erst im Laufe der Auseinandersetzungen und politische Forderungen wurden erhoben. In dieser zweiten Revolution in England, wurden die Grundlagen für ein demokratisches Gemeinwesen gelegt. Die englische Entwicklung war die Entstehung einer Gewaltenkontrolle und Gewaltenbalance (checks and balances) zwischen König, Oberhaus und Unterhaus.[6] Die Entwicklung der ersten modernen Demokratieform fand in der Auseinandersetzung zwischen monarchistischen, aristokratischen und bürgerlichen Interessengegensätzen statt. Demokratische Entwicklungen dieser modernen Form gründeten sich auf die Forderung nach Gewaltbegrenzung, Teilhabe und Selbstbestimmung. Diese Anliegen prägen unser demokratisches Selbstverständnis noch bis heute, nach über dreihundert Jahren demokratischer Staatentwicklung. Diese Entwicklungen waren nicht selbstverständlich, sondern sind letztlich das Ergebnis von gewaltvollen Klassen-

---

[5] Vgl. van Dülmen, R. 1982, S. 390; der Chiliasmus ist eine Glaubensrichtung, die an die Wiederkehr von Jesus Christus glaubt.
[6] siehe zur Entstehung demokratischer Staatsformen: Vorländer, H.: Wege zur modernen Demokratie, 2005, Quelle: http://www.bpb.de/izpb/175902/wege-zur-modernen-demokratie?p=all; abgerufen am 6. Juni 2013.

kämpfen, in denen die unterschiedlichen Akteure versuchen, eine Machtbalance herzustellen.

In England war es der Philosoph *John Locke* (1632-1704), der erste demokratische Grundsätze formulierte. In seinen „Zwei Abhandlungen über die Regierung" (1690) definierte er die Bedingungen, denen eine staatliche Ordnung der Gesellschaft unterliegt. Dabei sah der die Gesellschaft als auf ein Vertragsverhältnis begründet, ganz im Geiste der bürgerlichen Gesellschaft des ausgehenden Merkantilismus. Locke argumentierte dabei auf der Grundlage frühkapitalistisch-bürgerlichen Eigentumsdenkens, wenn er von den Eigentumsrechten der Individuen an Leben, Freiheit und Besitz redete. Diese frühneuzeitlichen Gedanken zu Grundlagen demokratischer Rechte der Individuen sind gekennzeichnet durch stark vertragsökonomisches Gedankengut. Hieran kann man gut erkennen, dass neuzeitliche demokratische Bestrebungen eng mit der Entstehung der bürgerlichen Gesellschaft verbunden sind. Es war insbesondere die bürgerliche Vertragsfreiheit und Vertragssicherheit, welche das Entstehen neuer Formen der gesellschaftlichen Organisation begünstigte. Vertragsfreiheit und -sicherheit sind bürgerliche Bedingungen zur Entfaltung profitorientierter Produktions- und Handelsbeziehungen. Demokratisch verfasste Staatsformen begünstigen diese Rechtsverfassung weitaus mehr, als dies autokratische Herrschaftsformen tun. Die verbürgten Rechte zeigten klar die Grenzen staatlicher Eingriffe und die Freiheitsrechte auf und forderten zugleich den staatlichen Schutz dieser.

The American Way zur Demokratie

Im weiteren Fortgang der Geschichte demokratischer Verfassungen war es die amerikanische Revolution und die Unabhängigkeitserklärung der ehemaligen englischen Kolonien in Amerika vom 4. Juli 1776, die einer demokratischen Legitimation jeglichen staatlichen Handelns Vorschub leisteten. *„No taxation without representation"* war die Forderung der englischen Siedler in Nordamerika, also keine Steuererhebung durch England ohne dass man dazu Stellvertreter Nordamerikas einbezieht. Thomas Jefferson, der Verfasser der Unabhängigkeitserklärung der Vereinigten Staaten von Amerika, war dezidierter Kenner und Bewunderer des Philosophen

John Locke, von dessen Überlegungen er sich anleiten ließ, die Unabhängigkeitserklärung zu verfassen. Die „*Virginia Bill of Rights*" vom 12. Juni 1776 war die erste demokratische Grundrechteerklärung der Welt. Diese demokratisch strukturierte Verfassung grenzte erstmalig die Rechte der Individuen ab und vollzog ein Wandel im Rechtsverständnis der Teilhabe an Herrschaft. Das Volk wurde zum Souverän (Inhaber der Staatsgewalt), wenn auch nur in einer parlamentarisch-repräsentativen Form.

„Damit entstanden zum ersten Mal demokratische Verfassungen, die auf der Souveränität des Volkes beruhten. Dieses regierte nicht direkt, sondern durch Repräsentativkörperschaften, zumeist zwei Kammern, Abgeordnetenhaus und Senat. Das Wahlrecht war durch Eigentumsklauseln beschränkt, die im Durchschnitt von drei Vierteln der weißen, männlichen Erwachsenen erfüllt werden konnten. Die Exekutive bestand aus einem Gouverneur, der, wie die Repräsentanten, nur für ein Jahr gewählt wurde. Die Amerikanische Revolution hatte damit in den Einzelstaaten repräsentative Demokratien auf der Grundlage von Verfassungen und mit einer herausragenden Geltung der Grund- und Bürgerrechte institutionalisiert. Ein neuer Typus von Demokratie, die Verfassungs- und Grundrechtedemokratie, war geboren."[7]

Eine tiefgreifende Kritik an dieser neuen Form der Repräsentativdemokratie verfasste der französische Philosoph *Jean-Jaques Rousseau* (1712-1778). Seine zentrale Fragestellung war, wie kann es möglich sein, dass die Bürger sich Gesetzen unterwerfen. Dies beantwortete er durch die Aussage, dass Bürger sich nur den Gesetzen freiwillig unterwerfen, die sie sich selbst gegeben haben. Rousseau sprach sich für eine Form der direkten Versammlungsdemokratie aus und er sah in der repräsentativen Demokratie der Parlamente und Volksvertreter keine wirkliche demokratische Legitimation. Er nahm beträchtliche Unterschiede zwischen einer *Repräsentativdemokratie* und einer *Versammlungsdemokratie* wahr und betonte, dass der „Gemeinwille", die sogenannte „volonté générale", nur vom Volk selbst repräsentiert werden könne. Gleichsam wusste er, dass seine Vorstellung der direkten Demokratie nur in sehr kleinen sozialen Einheiten zu verwirklichen war und darüber hinaus der soziale und ökonomische Status, die allgemeinen Vorstellungen und die kulturellen Bedingungen weitgehend gleich

---

[7] Vgl. Vorländer, H.:, 2005.

sein müssten. Die Demokratievorstellungen Rousseaus waren insofern anti-parlamentarisch und anti-pluralistisch, weil sie so voraussetzungsvoll waren.[8] In der amerikanischen Entwicklung distanzierte man sich von solchen Gedanken und favorisierte die repräsentative Demokratie.

Die Gewaltenteilung und die Machtbalance waren in der amerikanischen Entwicklung hin zu einer repräsentativen Demokratie die zentralen Motive. Da man in der amerikanischen Diskussion nicht davon ausging, dass die Rousseauschen Bedingungen für eine Versammlungsdemokratie in der politischen Praxis zu erfüllen seien, wendet man sich der repräsentativen Demokratieform zu und entwickelte die Vorstellung für allgemeine Parlamentswahlen, die im Jahre 1800 dann zum ersten Mal stattfanden. Die amerikanische Gesellschaft gründete ihre demokratische Vertretung auf die Anerkennung der Interessenpluralität, die durch die repräsentative Demokratie abgebildet werden sollte. Gleichfalls wurde durch das Teilen der Gewalten, in Legislative (gesetzgebende Gewalt), Judikative (Recht sprechende Gewalt), Exekutive (ausführende Gewalt) eine Machtbalance hergestellt, die dazu dienen sollte, dass sich diese gesellschaftlichen Institutionen gegenseitig kontrollieren und keine Machtasymmetrien entstehen.

Die französischen demokratischen Entwicklungen

Die Entstehung der französischen Demokratie nach dem Jahr 1789 nahm ihre Anfänge bei Anleihen an diesem amerikanischen Demokratiesystem. Zu Beginn der bürgerlichen französischen Revolution im Jahre 1789 sah es so aus, als ob die Monarchie trotz demokratischer Institutionen erhalten bliebe. Doch ab dem Jahre 1793 wurde die Monarchie gänzlich abgeschafft, maßgeblich treibende Kräfte dazu waren die Jakobiner unter ihrem bekanntesten Mitglied *Maximilien Robespierre* (1758-1794). Es wurde eine stark zentralistisch orientierte Demokratie geschaffen, die sich vom amerikanischen Vorbild deutlich unterschied. Nicht die Gewaltenteilung, die Repräsentation und die Beschränkung durch allgemeine Grund- und Menschenrechte standen im Mittelpunkt der französischen Entwicklung, sondern eher eine „Tugendrepublik", die durch den jakobinischen „Terreur"

---

[8] Ebenda.

verbreitet wurde. Man darf allerdings nicht verkennen, dass die französische Demokratiebewegung einerseits starken Widerstand aus dem Inneren des Landes erfuhr, durch konterrevolutionäre Umtriebe und andererseits Widerstreit von außen durch die Allianzen der Ancien regimes in Europa erfuhr. Nicht zuletzt diese widrigen Umstände führten dazu, dass aus einer auf die Gedanken von Rousseau gegründeten demokratischen Gesellschaft in den Jahren 1793/94 eine Diktatur mit einer Direktoriumsregierung und in der Folge ab 1799 wieder ein autokratisches System wurde, mit totalitären monarchischen Zügen nach einem Staatsstreich unter der Herrschaft von Napoleon Bonaparte (1769-1821). Nach den demokratischen Anfängen der französischen Revolution endete das Ganze in einer mehr oder weniger undemokratischen Weise. Die Etablierung einer Demokratie nach Rousseauschen Vorstellungen wurde zu einer Terrorherrschaft mit sehr blutigem Ausgang. Die nach den englischen und amerikanischen demokratischen Entwicklungen erfolgende französische Entwicklung gab auf dem Kontinent nach dem „Terreur" wenig Anlass zur Hoffnung auf eine menschenwürdige Etablierung eines demokratischen politischen Systems. Durch die französische Revolution war eine allgemeine, gleiche und freie Wahl nicht gewährleistet. Es bestand ein Zensuswahlrecht welches besagt, dass die besitzlose Mehrheit der Franzosen nicht wählen durfte, außer wenn über das sogenannte „Beschwerdeheft – cahiers de doléances" ihre Wahlberechtigung anerkannt wurde. Die Französische Verfassung von 1791 unterteilte die Bürger in Aktiv- und Passivbürger, wobei letzte kein Wahlrecht besaßen. Wahlrecht war eng gebunden an bürgerliches Besitztum und somit schloss man die größte Bevölkerungsgruppe davon aus. Diese Passivbürger waren all jene, die keine Steuern zahlten oder deren Steueraufkommen unter dem Wert von drei Arbeitstagen lag. Robespierre war 1793 bestrebt, dies zu ändern und ein allgemeines Wahlrecht für alle zu etablieren, doch mit seinem Sturz und der anschließenden Hinrichtung wurde dies hinfällig. Das aktive Wahlrecht war an eine Mindeststeuerzahlung von 300 Francs gebunden und das Recht selbst gewählt zu werden gar an eine Steuerzahlung von über 1000 Francs. Es war somit das Besitzbürgertum, welches aktives und passives Wahlrecht genoss. Erst im Jahr 1848 wurde auch in Frankreich das allgemeine Wahlrecht eingeführt. Die besitzende Klasse hatte sowohl in Frankreich als auch in England kein Interesse daran, ein allgemeines und gleiches Wahlrecht für alle Menschen zu etablieren. Die Interessen des Besitzbürgertums gegenüber der Monarchie und deren politischer und verwaltungstechnischer Führungsschicht waren die Triebfeder für die demokratischen Entwicklungen in England und Frankreich im 19. Jahrhundert. Demokratie war also in dieser Entstehungsphase seit dem 17. Jahrhundert wesentlich ein Interessenprojekt der sich entwickelnden bürgerlichen Gesellschaftsklasse. Es war kein Projekt der Beteiligung der ganzen Bevölkerung, sondern ein Projekt der Sonderinteressen. Dies ist zu bedenken, wenn wir heute über die neuen Formen von Demokratie sprechen. Demokratische Entwicklungen sind von ihrer Entstehung her keine gesamtemanzipatorischen Projekte, sondern ganz eindeutig neue Formen von Klassenherrschaft. Dieses im Fortgang unserer Überlegungen zu berücksichtigen, lässt uns von der Perspektive Abstand nehmen, dass demokratische Entwicklungen prinzipiell allen Bürgern gleichermaßen zugutekommen.

Wie es in England weiterging

In der sich stark entwickelnden industriellen Revolution in England in den ersten Jahrzehnten des 19. Jahrhunderts verschärften sich auch die gesellschaftlichen Klassengegensätze. Der schlechten Lage der unteren Klassen in England und den zu befürchtenden Unruhen versuchte man 1832 unter anderem mit einer Veränderung des Wahlrechts entgegenzutreten – insofern der Alleinherrschaft der besitzenden Klassen ein Ende bereitet wurde. Im sogenannten „Manchesterkapitalismus" wurden große Teile der unteren Klassen der Bevölkerung in den Produktionsablauf mehr oder weniger zwangsweise integriert. Ihre Lage war alles andere als demokratisch teilhaben könnend. Die meisten von den vormals kleinen Handwerkern konnten nicht mehr überleben und die aufkommenden immer größeren Fabriken zwangen sie dazu, dort zu schlechten Bedingungen ihre Arbeitskraft zu verkaufen. Als demokratischen Entwicklungen Vorschub leistende Vereinigung gab es in England die sogenannten „Chartisten", welche die Erneuerung des ungerechten Zensus- und Mehrheitswahlrechts forderten. Im Jahr 1838 wurde von radikalen Unterhausabgeordneten die „People's Charter" verfasst, welche unter anderem zum Ziel hatte, das allgemeine, gleiche und freie Wahlrecht zu etablieren, allerdings nur für Männer ab 21 Jahren, das Frauenwahlrecht blieb noch ausstehend. Die Bewegung der „Chartisten" in England war ein Schritt hin zur Ausweitung demokratischer politischer Verfahren. Am 7. Mai 1839 wurden den Unterhausabgeordneten 1,3 Millionen Unterschriften zur Unterstützung der Forderungen der „Chartisten" überreicht, doch nur wenige waren überhaupt bereit, diese zu diskutieren. Die Bewegung der „Chartisten" erlitt eine schwere Niederlage und es folgten zahlreiche Verhaftungen verschiedener Anführer. Dies hatte zur Folge, dass vereinzelt Streiks stattfanden bis hin zu massiven Konfrontationen von „Chartisten" mit der hart auftretenden Polizei in verschiedenen Teilen Englands. Die chartistische Bewegung erlitt am Ende ihrer aktiven Zeit eine Niederlage, da weite Teile des Kleinbürgertums durch die liberale Regierung politisch zufrieden gestellt wurden. Die chartistische Bewegung spaltete sich im Zeitraum um das Revolutionsjahr 1848 in verschiedenen Gruppierungen, wovon einige revolutionäre Ansinnen hegten und andere eher genossenschaftliche kleinschrittige politische Lösungen anstrebten. Im Jahr 1858 gab es den letzte Chartistenkongress und 1860 löste sich diese ganze Bewegung auf. Es war eine Niederlage für mehr direkte Demokratie und eine Absage an mehr Teilhabe der unteren Klassen an der gesellschaftlichen Entwicklung. Diese Auseinandersetzungen im England des sich entwickelnden Hochkapitalismus waren Klassenauseinandersetzungen für das Recht auf mehr Partizipation am politischen Geschehen und der Anerkennung von Rechten für die unteren Klassen. Dies hält uns vor Augen, dass alle demokratischen Bewegungen nicht durch die Gutmütigkeit der herrschenden Klasse zustande kamen und kommen, sondern überwiegend auf harten Auseinandersetzungen mit den jeweils Herrschenden beruhten. Auch in unserer heutigen Demokratie gibt es nach wie vor Herrschende, obwohl vielen Menschen dies nicht mehr bewusst ist, sie sich Täuschen lassen und oft Einzelinteressen, wie Wirtschaftswachstum, als Gemeinschaftsinteressen ausgegeben werden. Doch dazu später weiteres, schauen wir uns noch etwas in der Geschichte der demokratischen Bewegungen um. Wir behandeln dies zwar relativ knapp und nur skizzenhaft, aber dennoch ausgiebig genug, um das Verständnis dafür zu entwickeln, was es auch heutzutage noch politisch bedeutet, für mehr Demokratie einzutreten. Die Revolution von 1789 in Frankreich war, wie wir skizziert haben, eine weitgehend bürgerliche Revolution, die ihre grundlegende demokratische Ausrichtung in ihrem Verlauf durch autoritäre und gewaltförmige Elemente stark einbüßte. Die industrielle Entwicklung Frankreichs stand zu der Zeit hinter derjenigen Englands zurück und somit auch das Interessenbewusstsein der unteren Klassen. Es gab in Frankreich keine chartistische Bewegung, sondern das Bürgertum hat seine Interessen gegenüber dem Adel begründet und durchgesetzt. Die revolutionären Entwicklungen sowohl in Frankreich als auch in England sind dabei nicht „voluntaristisch", also als nur willentlich entstanden zu verstehen. Sie sind vielmehr sozialer Ausdruck einer allgemeinen gesellschaftlichen Entwicklung der aufkommenden kapitalistischen Ökonomie, mit ihren spezifischen Erfordernissen. Westliche Demokratien der Neuzeit sind allesamt eng verbunden mit kapitalistisch ökonomischen Entwicklungen, sie sind sozusagen das politische Gegenstück einer technologisch-ökonomischen Entwicklung – das muss nicht immer so sein, wie uns beispielsweise aktuell die unterschiedlichen autoritären staatskapitalistischen Entwicklungen in Russland und China zeigen.

Frankreichs zweiter Anlauf zur Demokratie

In Frankreich waren allerdings ebenfalls Bestrebungen im Gange, die einer Ausweitung demokratischer Regulierungen entgegentraten. Hier wurden am 22. Februar 1848 ebenfalls die öffentlichen „Bankette" (Protestkundgebungen) zur Modernisierung der demokratischen parlamentarischen Vertretung eingerichtet. Dies führte dazu, dass zwei Tage später in ganz Paris ein Aufstand stattfand, in dem erweiterte demokratische Rechte gefordert wurden. Die Aufständischen setzten eine vorübergehende republikanisch-sozialistische Regierung ein. Somit wurde die alte, auf dem Zensuswahlrecht basierende parlamentarische Form beendet und ein republikanisches System etabliert. Im Folgenden wurde dann am 23. April 1848 die verfassunggebende Nationalversammlung gewählt, eine erstmalig in Europa stattfindende Wahl mit allgemeinem Stimmrecht.[9] Allgemeine demokratische Wahlen gibt es also erst seit etwas mehr als 150 Jahren in der Menschheitsgeschichte. Das ist eine sehr kurze Zeitdauer und wenn man bedenkt, wie lange es noch dauert, bis weltweit demokratische Systeme die Mehrheit

---
[9] Vgl. ebenda, S. 111ff.

bilden, so staunt man. Derzeit gibt es 117 parlamentarische Demokratien in der Welt, das sind 60% aller Staaten (195) auf diesem Globus.[10] Dabei konzentrieren sich die parlamentarisch-demokratisch verfassten Staaten immer noch auf die „westliche Welt", hier insbesondere Nord- und Südamerika und Europa. Der arabische Raum, ausgenommen Tunesien und Israel, viele Länder Asiens und große Teile Afrikas sind noch immer überwiegend „demokratiefrei".

Die französische Entwicklung im Jahr 1848 nahm noch an Dramatik zu und im Juni wurde ein großer Arbeiteraufstand niedergeschlagen. Die Demokratie war trotz Beteiligung von Arbeiterführern, eine bürgerliche Errungenschaft, in der in erster Linie die Interessen der Besitzbürger Berücksichtigung fanden. Die unteren sozialen Klassen waren nach wie vor gar nicht oder nur sehr wirkungslos im Parlament vertreten. Die sogenannte „zweite Republik", des demokratischen Parlamentarismus in Frankreich, dauert nur von 1848 bis 1852. Von 1852 bis 1870 war Napoleon III., ein Sohn des Bruders von Napoleon I., nach einem Staatsstreich 1851 Kaiser von Frankreich und demokratische Träume erst mal wieder ausgeträumt, obwohl Napoleon III. das Wahlrecht reformierte und eine gerechtere Verteilung der Wahlbezirke und Stimmenanteile erwirkte. Napoleon III. festigte allerdings mit dem neuen Wahlrecht seine Macht, weil es so gestaltet war, dass die Exekutive einzig ihm gegenüber verpflichtet war.[11]

Die deutschen Anfänge demokratischer Entwicklungen

Im Deutschen Bund, ein Zusammenschluss von 35 Fürstentümern und vier freien Städten ab 1815, war die demokratische Entwicklung bis 1919 noch sehr zurückgeblieben. Vorher bestand das „Heilige römische Reich" seit dem 10. Jahrhundert bis 1806, als jahrhundertealte Herrschaft adliger Machtgruppen über Mitteleuropa. Der Deutsche Bund wurde 1866 im „Prager Frieden" in der Folge des Deutschen Krieges, einem Krieg zwischen dem Deutschen Bund und Österreich gegen das Königreich Preußen wieder aufgelöst. Es folgte ihm das „Deutsche Reich" bis zu seinem Niedergang

---
[10] Zahlen aus Bundeszentrale für politische Bildung: www.bpb.de/internationales/weltweit/menschenrechte/38794/demokratische-staaten, abgerufen am 17.06.2013.
[11] Vgl. ebenda, S. 143.

1919. Erste demokratische Entwicklungen gab es im März 1848, als sich in Heidelberg Liberale für die Einberufung einer Nationalversammlung aussprachen. Das erste „Vorparlament", ein Ausschuss aus Abgeordneten der Ständeversammlung, versammelte sich dann Ende März 1848 in der Paulskirche in Frankfurt am Main. Das „Paulskirchenparlament", das insgesamt vom 18. Mai 1848 bis 31. Mai 1849 tagte, scheiterte allerdings daran, die dort verabschiedete erste Verfassung gegenüber den deutschen Fürsten durchzusetzen. Das Paulskirchenparlament war eine nationalstaatliche und liberale Bewegung in der Folge der politischen Ereignisse von 1815 (Wiener Kongress) und der autoritären und antidemokratischen Politik des Fürsten von Metternich. Im deutschen Bund gab es eine starke Verfolgung demokratisch gesinnter Personen, viele kamen wegen ihrer demokratischen Gesinnung in das Gefängnis. Die restriktive Politik des Kaiserreichs und die mangelnde Stärke sowohl einer bürgerlichen als auch proletarischen demokratischen Bewegung verhinderte im ganzen 19. Jahrhundert im Deutschen Reich den nennenswerten Fortschritt demokratischer Entwicklung, wie sie in England und Frankreich schon mehr als einhundert Jahre früher eingesetzt hatte. Das Deutsche Reich war in demokratischer Beziehung rückständig und noch bis nach dem Ersten Weltkrieg ein sehr antidemokratischer Obrigkeitsstaat. Die sogenannten „Karlsbader Beschlüsse" von 1819, die der deutsche Staatenbund erließ, richteten sich klar und deutlich gegen nationalstaatliche und demokratische Tendenzen im Deutschen Bund. Die Beschlüsse verboten die öffentliche Meinungsfreiheit, die Burschenschaften, Universitäten wurden überwacht und national und demokratisch gesinnte Professoren wurden entlassen und bekamen Berufsverbot, ebenso fand eine Zensur der Presse statt. Im Deutschen Reich wurde so eine reaktionäre Politik etabliert, die auf Jahrzehnte die demokratischen Entwicklungen massiv behinderte. Die „Karlsbader Beschlüsse" wurden erst am 2. April 1848 im Zuge der Märzrevolution wieder abgeschafft. Die deutsche demokratische Entwicklung war im 19. Jahrhundert gekennzeichnet von einer starken Bekämpfung demokratischer Tendenzen seitens der adligen Machtapparate, insbesondere Preußen und Österreich waren außerordentlich reaktionär eingestellt – vielleicht ein erstes Anzeichen dafür, dass später im 20. Jahrhundert in diesen beiden Staaten sich die autoritäre Ordnung des Faschismus besonders gut etablieren konnte. Die demokratischen Bestrebungen in damaligen deutschen Bereichen wurden von Frankreich inspiriert. Die Februarrevolution von 1848 in Frankreich gab eindeutige Ideen für eine demokratische Entwicklung im Deutschen Bund. Dennoch blieb die politische Entwicklung bis zum Ende des 19. Jahrhunderts hin eher schwach. Im so genannten deutschen „Vormärz" waren es insbesondere Literaten des „Jungen Deutschlands", deren bekanntester Vertreter *Heinrich Heine* war, die sich gegen die restaurative und reaktionäre Politik zur Wehr setzten. Eine Sonderrolle spielte in diesem Zusammenhang der Schriftsteller *Georg Büchner*. Er war zwar ein Kritiker des „Jungen Deutschlands", teilte allerdings dessen Abneigung gegen den Idealismus, die Klassik Schillers und die Literatur der Romantik, erhoffte sich aus einem Literatenaufruhr aber keine nachhaltige Umgestaltung der politischen Verhältnisse. Der deutsche „Vormärz" war eine von Intellektuellen getragene Zeit, welche die demokratischen Entwicklungen im damaligen Europa aufgriffen und versuchten auf die deutschen Bedingungen zu übertragen. Diese demokratischen Bestrebungen sind allerdings in der „Revolution" von 1848 gründlich gescheitert. So wie in Frankreich letztlich 1851 durch das Scheitern der demokratischen Bedingungen der Junirevolution 1848 durch Napoleon III. und der Etablierung eines autoritären Systems. Nach dem Scheitern der „deutschen Revolution" von 1848 setzten sich die reaktionären Kräfte wieder durch. Demokratische Errungenschaften blieben eher spärlich aber immerhin konnte die Auflösung der feudalen Ordnung, sowie die Abschaffung des Erbuntertanentums der Bauern und ebenso die Abschaffung der geheimen Inquisitionsgerichte sowie die Einführung von öffentlichen Geschworenengerichten immerhin als eine Errungenschaft der Märzrevolution 1848 in Deutschland gelten. Es waren kleine Schritte hin zu demokratischeren Verhältnissen, die aber mühsam gegen die Macht des Adels, der Junker und die Militärkaste durchgesetzt werden mussten. Stark vorwärts getrieben wurden demokratische Entwicklungen im Bereich des Kaiserreichs von den sich in unterschiedlichen Bereichen organisierenden Arbeiter. Es war eine Entwicklung der Zeit, dass demokratische Machtkritik nicht allein über Straßenkämpfe erreicht werden sollte, sondern dass der parlamentarische Weg beschritten wurde. Aber auch in Preußen waren noch ganz klar die Junker und die Militärkaste vom Wahlrecht bevorzugt.[12] Erst im Jahre 1906 wurden erstmalig zur Wahl des württembergischen Landtags in Stuttgart ein Verhältniswahlrecht durchgesetzt. Doch im übrigen Reich herrschte nach wie vor die preußische Ordnung vor, deren Macht sich im wesentlichen auf den Militärapparat stützte. Der sogenannte „deutsche Sonderweg" der gesellschaftlichen Entwicklung beruhte auf der Armee, der Bürokratie und dem Monarchismus. In diesem Zusammenhang gab es eine Ablehnung „westlicher" Demokratiemodelle, mit der klassischen Begründung der Korruptheit.[13] Demokratieverhinderung in Deutschland durch abstrusen Thesen seitens der Mächtigen hatte Tradition.

Der deutsche Weg zur Demokratie wurde erst im Jahre 1919 erfolgreich weiterentwickelt, nach der Katastrophe des ersten Weltkriegs, welcher unter anderem das Ergebnis von deutschem monarchistischem, reaktionärem Wahnsinns war. Am 29. September 1918 trat der letzte deutsche Kaiser, Wilhelm II., im Beisein der Kriegstreiber und Antidemokraten aus der Heeresleitung in Person von Generalfeldmarschall Paul von Hindenburg, General Erich Ludendorff, Admiral Paul von Hintze und des Reichskanzler Graf von Härtling offiziell zurück. Die sogenannten „Eliten" der Kaiserzeit hatten das Land in ihrer autoritären Selbstgefälligkeit in einen absurden Krieg geführt, der erstmals in der Geschichte Millionen von Opfern forderte; es starben insgesamt über 9 Millionen Soldaten, davon 2 Millionen aus Deutschland. Der Adel, an seiner Spitze ein unfähiger Kaiser Wilhelm II. und seine Kamarilla, das Militär und reaktionäre Kreise aus der Wirtschaft hatten Deutschland in ein absolutes Chaos gestürzt. Die fatale Lage nach Ende des ersten Weltkriegs brachte es mit sich, dass sich notwendigerweise, nach dem ausgewiesenen Desaster, verursacht von den Schergen der herrschenden Klassen des „Kaiserreichs", republikanisch-demokratische Vorstellungen entwickelten. Dies allerdings auf eine eher merkwürdige Art, nämlich über die „Arbeiter- und Soldatenräte". Diese waren in der sogenannten „Novemberrevolution 1918" die ersten Selbstverwaltungsinstitutionen in den Städten. Die Novemberrevolution führte zur notwendigen Abschaffung der Monarchie und war ein Ver-

---

[12] Vgl. ebenda, S. 157ff.
[13] Vgl. ebenda, S. 167f.

II REFLEXIONEN ZUR GESCHICHTE EINER HERRSCHAFTSORDNUNG

such, republikanisch-demokratische Entwicklungen zu befördern. Zurückzuführen ist die Novemberrevolution auf den „Kieler Matrosenaufstand", in dem Matrosen der kaiserlichen Flotte sich dagegen wehrten, in einem letzten unsinnigen Gefecht gegen die Royal Navy Großbritanniens verheizt zu werden. Der Aufstand griff schnell um sich, nicht zuletzt auch aufgrund der sich klar abzeichnenden Niederlage Deutschland. Die Räte waren maßgeblich von SPD und USPD Mitgliedern besetzt. Die Arbeiter- und Soldatenräte forderten die sofortige Abschaffung der Heeresverfassung, die Einsetzung eines Volksheeres mit gewählten Offizieren und die Etablierung einer Räterepublik. In Berlin setzte sich der noch berühmt-berüchtigt werdende SPD-Politiker Gustav Noske an die Spitze der Bewegung und versuchte eine Mäßigung der Bewegung zu erreichen. Der Reichsrätekongress beschloss schon im Dezember 1918 Wahlen für eine verfassungsgebende deutsche Nationalversammlung durchzuführen und so den Weg für eine parlamentarische Demokratie zu ebnen. Die alten Eliten aus Wirtschaft und Militär versuchten, trotz des Desasters des Weltkriegs, welches sie mitverschuldeten hatten, die Rätebewegung zu stoppen. Sie schufen eine Propagandaorganisation, den „Antibolschewistenfond", der mit massiven Geldmitteln ausgestattet war und maßgeblich von dem Ruhrindustriellen Hugo Stinnes gefördert wurde. Mit den Geldern aus dem Fond wurde die Gegenpropaganda massiv gefördert und die sogenannten „Freikorps" bezahlt, sozusagen Privatarmeen welche sich gegen die Arbeiter- und Soldatenräte wandten. Die Eliten des deutschen Katastrophe hatten also nicht vor klein beizugeben und ihre Mitschuld am katastrophalen Desaster der deutschen Entwicklung zum Ausgangspunkt von demokratischen Veränderungen zu nehmen. Sie waren fest entschlossen ihre Pfründe zu verteidigen und alles daran zu setzen, auch paramilitärische Gewalt, um demokratischen Entwicklungen Einhalt zu gebieten. Die entstehende Räterepublik wurde seitens der alten Eliten stark bekämpft, zur Seite sprangen ihnen Leute wie der SPD-Politiker Noske, der in Berlin Freikorpsverbände losschickte und auf die „Aufständischen" schießen ließ. Im Zuge dieser bürgerkriegsähnlichen Zustände wurden auch die beiden kommunistischen Politiker Rosa Luxemburg und Karl Liebknecht feige hinterrücks ermordet. Ebenso erging es dem Münchner Ministerpräsidenten Kurt Eisner, der von einem monarchistischen Offizier ermordet wurde. Noske schickte zur Niederschlagung der

Münchener Räterepublik starke Freikorpsverbände dorthin, welche die Räte nach intensiven Kämpfen und 606 Toten auflösten. Schon damals zeichnete sich eine Tendenz in der SPD ab, die, wenn es darauf ankam, eher die Macht der Herrschenden unangetastet lässt, als wirklich die Verhältnisse zu ändern – an dieser Politikausrichtung der SPD hat sich bis heute nichts wesentlich geändert. Nach dieser ersten stürmischen Zeit des Versuchs einer „nachholenden Demokratisierung" durch das Volk in Deutschland sollte durch die Aktivitäten der Eliten eine möglichst schnelle „Revolution von oben" entstehen, so Admiral Paul von Hintze. Ziel war es, die Flucht nach vorne anzutreten, um immer wieder entstehende Unruhen zu befrieden und den Eliten die Gelegenheit zu geben, von ihrer ursächlichen Mitschuld an dem Krieg und dem allgemeinen Desaster für das Land und die Menschen geschickt ablenken zu können. Ein besonders infames Ablenkungsmanöver war die von Hindenburg am 18. November 1919 öffentlich vor dem Ausschuss der Nationalversammlung gemachte Anschuldigung, das deutsche Volk wäre dem Militär quasi in den Rücken gefallen – diese sogenannte „Dolchstoßlegende" geisterte dann noch lange Zeit in den Köpfen der Menschen umher. Hindenburg kam gar nicht auf die Idee die Schuld des Krieges bei sich und den anderen Konsorten der Machtelite zu suchen – und nach solch einem Lügner, Kriegsverbrecher und Antidemokraten sind in Deutschland heute immer noch Straßen benannt. Die entstehende demokratische Gesellschaft der Weimarer Republik gründete sich unter anderem auch auf dem Versagen der alten Eliten und deren Flucht aus der Verantwortung für das Desaster des 1. Weltkriegs. Sehr deutlich macht das eine Aussage des Generals von Ludendorff am 1. Oktober 1918 vor der Obersten Heeresleitung: *„Ich habe aber seine Majestät gebeten, jetzt auch diejenigen Kreise an die Regierung zu bringen, denen wir es in der Hauptsache zu verdanken haben, dass wir soweit gekommen sind. (...) Die sollen nun den Frieden schließen, der jetzt geschlossen werden muss. Sie sollen die Suppe jetzt essen, die sie uns eingebrockt haben."*[14] Gemeint waren damit die USPD, MSPD, die Fortschrittliche Volkspartei und die Zentrumspartei. Jene politischen Gruppierungen die spätestens ab 1916 mehr oder weni-

---

[14] Vgl. Sturm, R.: Weimarer Republik in *Informationen zur politischen Bildung 261 (2011)* Hrsg. bpb – Bundeszentrale für politische Bildung.

ger deutlich Kritik am Krieg formulierten, obschon sie sich allesamt am Anfang für den Krieg ausgesprochen haben, einzig die Kommunistische Partei hat dagegen gestimmt. Am 3. Oktober 1918 wurde im Kaiserreich die erste parlamentarische Regierung unter dem eingesetzten Reichskanzler Max von Baden, einem Cousin Wilhelm II., etabliert. Ein, wie schon erwähnt, Fluchtreflex aus der Verantwortung der bis dahin verantwortlichen Führungseliten der Nation. Diejenigen, welche für die europäische Katastrophe des Krieges mit haftbar waren, stahlen sich so geschickt aus der Verantwortung. Es war sozusagen von der Elite des Militärs, des Adels und der Verwaltungsbeamten die „Karre an die Wand gefahren" und nun versuchte man, seinen Kopf und insbesondere seine gesellschaftliche Stellung zu retten. Spätestens am 9. November 1918, als Philipp Scheidemann, SPD Staatssekretär unter Max von Baden, eigenmächtig von einem Fenster der Reichskanzlei die Republik ausrief, war es Zeit, dass Teile der Elite ihr Heil in der Flucht suchten. So floh der Kaiser via Spa (Belgien) ins Exil nach Holland und der feige General Ludendorff floh verkleidet, mit falschem Pass nach Schweden. Die Ausrufung der Republik erfolgte dann von politisch linker Seite durch Karl Liebknecht als freie sozialistische Republik. Die heraufziehende Veränderung der Herrschaftsordnung mobilisierte die MSPD und einen ihrer obersten Repräsentanten, Friedrich Ebert. Um „linksradikalen" Ordnungsvorstellungen eine frühzeitige Absage zu erteilen, war Ebert bereit, den SPD-Abspaltlern der USPD Zugeständnisse zur Machtteilung zu machen. In Deutschland verbreitete sich trotzdem ein Netz aus Arbeiterräten in vielen Betrieben und Kommunen. Durch geschickte Machtpolitik von Reichspräsident Friedrich Ebert vereinte er die Veränderung der Herrschaftsordnung von oben mit den revolutionären Bewegungen der Arbeiter- und Soldatenräte und verhinderte somit eine wirkliche Veränderung der Machtverhältnisse durch die sogenannte „Novemberrevolution" zugunsten des Volkes. Die MSPD war also auf dem Weg in eine demokratische Republik mehr der Steigbügelhalter der etablierten Machteliten, denn die Kraft für eine grundlegende demokratische Veränderung nach dem Desaster der Kaiserzeit. Die neue Regierungsform des Rates der Volksbeauftragten, welcher von Ebert geleitet wurde, hatte schon zu Beginn dieses Demokratisierungsprozesses denkbare schlechte Startchancen. Die Katastrophe des ersten Weltkrieges und dessen Folgen waren fast nicht zu bearbeiten. Hinzu kam, dass die alten wilhelminischen Machteliten, wie Industrielle, Großgrundbesitzer, Offiziere, Richter, hohe Verwaltungsbeamte und die Kirchen letztlich gegen das aufkommende neue demokratische System waren. Jene Eliten, die maßgeblich das Kriegsdesaster mit ausgelöst hatten, waren nun für einen demokratischen Umbau der Gesellschaft nicht bereit, sie arbeiteten sogar von Anfang an dagegen.

Der demokratische Prozess musste also von den Teilen der Gesellschaft vorangetrieben werden, der nicht in die monarchistisch-autoritären Machenschaften der Kaiserzeit verstrickt war. Es war letztlich ein politischer Kampf derjenigen, die das Leid ertragen hatten, gegen die Verursacher dieser katastrophalen gesellschaftlichen Zustände. Wobei die Machteliten in weiten Teilen keinerlei Schuldbewusstsein entwickelten. Eine notwendige Enteignungen und Entmachtung zentraler Gruppen der alten Machtelite wurde nicht realisiert, beziehungsweise konnten diese geschickt umgehen, so wie die Oberste Heeresleitung (OHL), da sie sich formal dem Rat der Volksbeauftragten unterstellte, was die Auflösung des Militärs und die Absetzung der Führungsriegen verhinderte. Auch die rheinischen Industriellen wurden von einer Enteignung und Entmachtung verschont, obwohl sie wesentlich die kaiserliche chauvinistische und reaktionäre Politik unterstützt hatten. All dies führte dazu, dass die Weimarer Republik, als der Versuch eine demokratisch organisierte Gesellschaft zu etablieren, von vornherein wenig Chancen hatte, sich zu einer wirklichen Demokratie zu entwickeln.

Die einzigen wirklichen demokratische Errungenschaft in dieser Anfangsphase war die Durchsetzung der Tarifautonomie zwischen Gewerkschaften und Arbeitgeberverbänden, die gewerkschaftliche Demokratisierung der Betriebe und das eingeführte Frauenwahlrecht 1918. Dies war aber auch nur ein Zugeständnis der Industriellen im sogenannten „Stinnes-Legien-Pakt", welches die Industriellen vor einer Enteignung und der Vergesellschaftung der Betriebe bewahrte. Die Industrieelite machte schnell Zugeständnisse, um ihre Haut und ihr Kapital zu retten. Es stand dahinter keine wirklich demokratische Gesinnung, wie sich noch im Verlauf der Entwicklung innerhalb der Weimarer Republik zeigen wird. Die Gewerkschaften realisierten diesen Deal mit den Arbeitgebern auch deswegen, weil sie die spontane Rätebewegung, als eine Demokratieform von unten, ablehnten und gegen sie agierte – Gewerkschaften hatten ihre eigenen Interessen und Vorstellungen von Demokratie. Der Rätekongress, der von der Bevölkerung erstmals gewählt war, tagte vom 16.-21. Dezember 1918 das erste Mal im Reichstag. Es war interessant, dass während dieser Tagung zwei Beschlüsse gefasst wurden, einer zur Sozialisierung der Großindustrie und einer zur Übernahme der Befehlsgewalt über das Militär durch den Rat der Volksbeauftragten. Beide Beschlüsse wurden von der MSPD nicht umgesetzt, sondern sie torpedierte die grundlegenden Demokratisierungsbestrebungen, indem sie nach wie vor mit den alten Eliten kooperierte. In der weiteren Entwicklung der Republik gab es einen deutlichen Schnitt in der Zusammenarbeit basisdemokratisch eingestellter USPD und den Kräften um die MSPD. Die letztlich darin gipfelten, dass die MSPD die Etablierung von Freikorps, antidemokratisch und monarchistisch orientierte bezahlten Söldnergruppen, akzeptierte. Diese Entwicklung verhieß nichts gutes für die sich erst im Anfangsstadium befindliche Demokratie. Das ganze gipfelte in dem sogenannten Januaraufstand 1919, bei dem revolutionäre Arbeiter, USPD Leute und KPD Anhänger das Berliner Zeitungsviertel besetzten und diese versuchten den Sturz der Regierung Ebert/Scheidemann zu realisieren. Dies führte zum sofortigen Zerwürfnis der linken Kräfte mit der MSPD. Die junge demokratische Entwicklung hatte so ihre ersten Märtyrer und es war ersichtlich, wie viel autoritäre, antidemokratische Orientierung nicht nur bei den alten Eliten vorhanden war, sondern auch bis in die MSPD hinein. Am 19. Januar 1919 wurde dann als grundlegende demokratische Institution die erste verfassunggebende Nationalversammlung gewählt. Bei diesen Wahlen waren erstmals Frauen wahlberechtigt, was ein Novum war. Die erste Nationalversammlung tagte allerdings nicht in Berlin, sondern am 6. Februar 1919 im Weimarer Nationaltheater – daher rührt der Name „Weimarer Republik" für den ersten Versuch in der Geschichte Deutschlands eine demokratische legitimierte Herrschaftsform zu etablieren. Das Ganze ist also noch keine hundert Jahre her und wurde zudem noch unterbrochen von dem verbrecherischen und antidemokratischen Regime der Nationalsozialisten. Demokratieentwicklung in Deutschland kann also insgesamt auf einen Zeitraum von etwas über 80 Jahre zurückblicken, wahrlich kein sehr langer Zeitraum. In der Anfangsphase hatte die Weimarer Republik allerdings mit starken Unruhen zu kämpfen, gerade die Arbeiter waren meistens auf Seiten der USPD und forderten eine weitere Demokratisierung und Entmachtung der alten Eliten. Die neue Verfassung brachte schon einige wesentliche Verbesserungen nach den Jahrhunderten autoritärer und oft von Willkür geprägten Herrschaft des Adels. Grundprinzipien waren nun Volkssouveränität und Gewaltenteilung, sowie die Einführung der Gleichstellung der Frau. Die parlamentarische Demokratieform der Weimarer Republik war so der Versuch, die autoritäre, von Machteliten dominierte quasi ständische Ordnung durch eine erstmalig demokratische Form der Organisation von Herrschaftsverhältnissen zu etablieren. Hintergrund dafür waren neben sozialen Problemen auch das Totalversagen der bisherigen Machtelite und die Schrecken des ersten Weltkriegs, der ausgelöst wurde durch unverantwortliche Demagogie und Größenwahn der Militär-, Verwaltungs- und Politikeliten. Der erste Weltkrieg war auf allen Gebieten eine Zäsur in der Geschichte Europas. Es war der erste Krieg neuer Art, der Tod nicht nur für einige tausend Kämpfende bedeutet, sondern für Millionen, es war ein Massenschlachten mit weitreichenden Folgen auch für die Zivilbevölkerung.

Die Einführung der Demokratie war insofern kein „politischer Kampferfolg" von bisher machtlosen Klassen, sondern war dem Versagen der bisherigen Eliten geschuldet. So wie es bisher war, ging es nicht mehr weiter und die Entstehung einer demokratischen Ordnung „von unten" wurde quasi aus den Legitimationsdefiziten und dem desaströsen Zustand der alten Machtelite geboren. Die erste Demokratie in Deutschland war somit eher eine Verlegenheitslösung in einem Machtvakuum. Letztlich sind es die in der Katastrophe des ersten Weltkriegs endenden politischen Fehler einer Kaste aus Größenwahn, Machtversessenheit und ökonomischem Großspurigkeit, die es erlaubten, eine erste demokratische Ordnung zu etablieren. Allerdings darf man nicht verkennen, dass es auf Seiten politisch links zu verortender Akteure eine Vielzahl von sehr basisdemokratischen Bestrebungen gab, welche allerdings von den teilweise reaktionären Kräften in der MSPD konterkariert wurden. Die alte Machtelite und deren Ideologie hatten doch noch so viel Einfluss, dass eine grundlegende Änderung der politischen Verhältnisse nicht durchsetzbar war. Die parlamentarische Demokratie der Weimarer Republik war deshalb auch nur ein „zartes Pflänzchen", das sein Entstehen der prekären Situation der alten Machteliten eher zu verdanken war, als dem politischen Kampf. Die Verfassung der neuen parlamentarischen Demokratie hatte allerdings einige basisdemokratische Grundzüge, wie das Recht auf Volksplebiszite, Verfahren der direkteren Demokratie, bei denen etwa 5% der Wahlberechtigten einen Volksentscheid über bereits beschlossene Gesetze bewirken konnten. Ebenso war es möglich, dass 10% der Wahlberechtigten den Reichstag dazu zwingen konnten, über ein ihm zugeleiteten Gesetzentwurf zu beschließen oder darüber ein Volksentscheid durchzuführen. Allerdings stand dagegen der vom Volk direkt gewählte Reichspräsident, der eine so große Machtfülle besaß, dass man ihn mit dem Kaiser verglich. Er konnte Gesetzesbeschlüsse blockieren, ernannte den Reichskanzler, hatte den Oberbefehl über die Reichswehr, konnte auch ganz allein militärisches Eingreifen befehlen, Grundrechte vorübergehend außer Kraft setzen und er konnte innenpolitisch Notstandsregelungen ausrufen.[15] Die Machtfülle des Reichspräsidenten war also enorm und stand im Kontrast zu der parlamentarisch verfassten Demokratie. Allerdings waren sozialstaatliche Regelungen weitaus besser, wie noch zu Zeiten des Kaiserreichs und die Überbleibsel der Rätebewegung waren in dem Gesetz zu Koalitionsfreiheit zu finden, welches den Gewerkschaften erstmalig eine verfassungsmäßiges Existenzrecht beschied. Die neue Demokratie musste allerdings erst ihre Bewährungsprobe bestehen und die erste schwierige Phase war die Anerkennung des „Versailler Friedensvertrages", welchen die alliierten Siegermächte, USA, Frankreich und England formuliert hatten. Dieser Vertrag sollte zukünftig noch eine große Rolle in der reaktionär-nationalistischen Ideologie der Gegner der neuen Republik spielen. Die Bedingungen des Friedensvertrages waren sicherlich für die Deutschen hart, aber nicht zuletzt hatte das Deutsche Reich den Krieg initiiert und somit Millionen Tote in Kauf genommen. Die Bedingungen des Friedensvertrages brachten die Regierung Scheidemann (MSPD) dazu zurückzutreten und der Reichspräsident Friedrich Ebert (MSPD) erkundigte sich bei der obersten Heeresleitung danach, ob es möglich wäre, gegen diese Bedingungen militärisch vorzugehen, was dieser verneinte. Scheinbar hatte man auch in der MSPD immer noch nichts dazugelernt und strebte schon wieder gewaltsame Lösungen an, wie die SPD auch zu Kriegsbeginn munter für das Desaster mitgestimmt hatte.

---

[15] Vgl. ebenda, S. 18ff.

Ein weiteres Problem der entstehenden Demokratie in Deutschland waren die Inflationsfolgen aufgrund der enormen Verschuldung des Staates durch die Kriegskredite in Höhe von 153 Milliarden Reichsmark, eine für damalige Verhältnisse außerordentlich hohe Summe. Die alte Machtelite, die den Krieg angezettelt hatte, hinterließ dem Land nicht nur ein politisches und menschliches Desaster, sondern auch ein finanzielles. Die Startbedingungen für eine Demokratie waren also alles andere als gut. Insbesondere von Bayern gingen die Angriffe auf die junge Demokratie aus, einerseits durch den „Völkischen Schutz- und Trutzbund" und andererseits die aufkommende NSDAP, die zudem seit 1921 eine eigenen „Kampfverband", die SA besaß. Die Weimarer Demokratie stand somit von Anfang an sowohl unter ökonomischem Gegendruck als auch unter politischem, durch gewaltbereite rechte Schlägertrupps. Die rechten Gegner der Demokratie etablierten zugleich den Antisemitismus und krude völkische Rassenlehren zur Begründung der Probleme in der neuen politischen Gesellschaftsordnung. Linke Gegner aus USPD und Kommunistischer Partei waren für die Beibehaltung der Rätedemokratie und strebte eine eher basisdemokratische Ordnung an. Es gab so eine Reihe von Aufständen gegen die Demokratie, wovon der sogenannte „Kapp-Lüttwitz-Putsch" zur Errichtung einer Militärdiktatur der wohl bekannteste war. Führende Mitglieder dieses Putschversuches waren alte Militärs, wie Ludendorff, von Lüttwitz, Pabst, der Berliner Polizeipräsident Traugott von Jagow und DNVP Mitglied Wolfgang Kapp. Große Teile der Reichswehr lehnten ein militärisches Eingreifen gegen die Putschisten ab und der Reichsregierung blieb nur die Wahl nach Stuttgart zu flüchten. Die junge Demokratie war ernsthaft bedroht und es galt sich zur Wehr zu setzen. Kapp und seine Kamarilla besetzten das Regierungsviertel und er rief sich als Reichskanzler aus. Die demokratische Republik wurde nur gerettet, weil ein Aufruf aus der Reichskanzlei zum Generalstreik bei SPD und Gewerkschaften große Resonanz fand. Der Putsch scheiterte nach fünf Tagen und die Anführer flüchten aus Deutschland. Die junge demokratische Republik war kurz vor ihrem Scheitern noch einmal gerettet. Die Verbindungen zu den Gegnern der Demokratie zeigten insbesondere nach Osten, zu den Großagrariern, den Junkern, den Offizieren und den Landräten östlich der Elbe. Es gab allerdings auch weitere massive Gegenwehr gegen die Antidemokraten, so verteidigte beispielsweise die „rote Ruhrarmee", eine Art „Arbeiterarmee" die demokratischen Errungenschaften gegen die auch im Ruhrgebiet einziehenden Freikorpsverbände erfolgreich. Dieser auch „Märzrevolution" genannter linke Arbeiteraufstand im Jahr 1920 gegen reaktionäre Demokratiefeinde war die größte „Revolution" auf deutschem Boden. Es war ein Kampf für Demokratie und gegen die alten Machteliten, die im Hintergrund versuchten ihren Einfluss gegen die demokratischen Entwicklungen geltend zu machen. Die Reichsregierung unter der MSPD Führung bekämpfte allerdings den Arbeiteraufstand, weil sie Angst vor dem „Bolschewismus" in Deutschland hatte und akzeptierte das gewalttätige Eingreifen von Freikorps und Militär gegen den Arbeiteraufstand, was 1000 Tote auf Seiten der Aufständischen zur Folge hatte. Die auf die Ereignisse folgenden vorgezogenen Reichstagswahlen 1920 brachten dem regierenden Bündnis aus MSPD, DDP und Zentrum Verluste ein, sie errangen weniger als 50% der Stimmen und die politische Rechte DVP und DNVP errang mehr Stimmen, ebenso wie die politisch Linke der USPD. Es zeichnete sich eine politische Spaltung der Gesellschaft ab, in die Befürworter der Revolution und die Gegner des Versailler Vertrages. Die Zentrumspartei, DDP und DNVP bildeten eine Minderheitsregierung und die MSPD ging in die Opposition. Immerhin wurden die Freikorps auf Druck der Alliierten aufgelöst, ebenso die Bürgerwehren, was aber zur Folge hatte, dass sich diese Klientel den politisch rechten Parteien um die NSDAP und deren Gewalttruppe SA zuwandten. Es entstand so eine Klima aus extrem verfeindeten Lagern, die eine demokratische Entwicklung in der Gesellschaft äußerst erschweren. Dies führte dazu, dass regionale Spaltungen der Gesellschaft entstanden. So wurden in Preußen alle Beamten, die republikfeindlich waren, aus dem Dienst entfernt und Preußen wurde somit ein Vorreiter der Demokratie. Bayern entwickelte sich hingegen ganz anders, hier erstarkten rechtskonservative Parteien, wie die Bayrische Volkspartei und es entwickelte sich ein reaktionäres politisches Klima, das gegen die aufstrebenden demokratischen Entwicklungen gerichtet war. Die gerichtliche Aufarbeitung der Unruhen um die „Märzrevolution" 1920 zeigt eine absolute Einseitigkeit in der Bestrafung. So wurde so gut wie niemand der Täter des Kapp-Lüttwitz-Putschs bestraft, hingegen wurden gegen zahlreiche Teilnehmer des Aufstandes im Ruhrgebiet hohe Haftstrafen verhängt. Der Justizapparat war immer noch antidemokratisch und durchdrungen von reaktionären Kräften, welche die demokratische Entwicklung in Deutschland mit Argwohn betrachtete. Dies hat auch ein paar Jahre später zur maßgeblichen Unterstützung der Nazidiktatur durch diesen geführt.[16] Obwohl man antidemokratisch gesinnte Beamte aus den preußischen Behörden entfernt hatte, blieben die Machteliten in Militär, Justiz, Wirtschaft im Wesentlichen davon unberührt. Es gab so eine Kontinuität der antidemokratischen Reaktion, welche der Entwicklung eines demokratischen Gemeinwesens zuwiderlief. Begleitet wurde diese politische Spaltungsentwicklung von tödlichen Attentaten auf Politiker, wie Mathias Erzberger (Ex Finanzminister), Walter Rathenau (DDP Außenminister), Kurt Eisner (USPD Ministerpräsident von Bayern), Luxemburg, Liebknecht (beides KP-Funktionäre). Die Täter waren allesamt in einem rechten, militärischen Freikorpshintergrund zu finden und wurden für ihre Taten relativ milde oder aber gar nicht bestraft. Diese Taten sind letztendlich auch durch antidemokratische Hetze der aus Kreisen der rechten Presse beflügelt worden. Nicht zuletzt war es der Pressezar Hugenberg, DNVP Unterstützer, der ein reaktionäres Klima beförderte. Allerdings waren auch ganz klare rechtsterroristische Verbände, wie die „Organisation Consul" des ehemaligen Marinekapitäns Erhardt. Dieser wurde, von dem NSDAP nahen Münchner Polizeipräsidenten Pöhner, gedeckt und konnte sich ungehindert in München aufhalten und seine Terrorgruppe aufbauen. Das antidemokratische Klima wurde zusätzlich durch die nationalistische Propaganda gegen die Reparationszahlungen, die Deutschland an die Siegermächte zu zahlen hatte, befördert. Die Stimmung im Land war eher autoritär deutsch-national ausgeprägt und war so für die Entwicklung der jungen Demokratie wenig förderlich. Gleichzeitig geriet die junge Demokratie unter Druck der alliierten Siegermächte, die nach wie vor auf der Bezahlung der Reparationen für die Kriegsschäden bestanden. Hier war Deutschland sehr unter Druck, was dazu führte, dass das Ruhrgebiet besetzt wurde. Die Kriegsschuldprobleme, welche auf das politisch verantwortungslose Handeln der alten wilhelminischen Eliten zurückzuführen waren, brachte die entstehende neue demokratische Ordnung in arge Bedrängnis. Daraus folgte auch eine wirtschaftliche Problematik, die schließlich in der Hyperinfla-

---

[16] Vgl. Kolb, E.: Die Weimarer Republik, München 2002.

tion im Jahre 1923 in Deutschland endete. Ausgelöst durch die immensen Kosten der Reparationszahlungen betätigte die Reichsregierung immer öfters die Notenpresse und verschuldete sich hoch, sodass die Geldwertinflation massiv zunahm. Die immensen wirtschaftlichen Probleme der jungen Demokratie wurden noch durch politische Angriffe auf sie verschlimmert. Es war insbesondere das Land Bayern, welches massiv gegen die Weimarer Republik und die Demokratie arbeitete. Die reaktionäre Staatsführung Bayerns unter Ministerpräsident Eugen von Knilling verhängte den Ausnahmezustand und begann eine Rechtsdiktatur zu etablieren. Liberale und linke Zeitungen wurden verboten, hunderte jüdische Bewohner wurden des Landes verwiesen, und die Machtgruppe um Eugen von Knilling, Gustav von Kahr, General Otto von Lossow und Oberst Hans von Seißer, der Chef der bayrischen Landespolizei, wollten einen „Marsch auf Berlin" organisieren, ganz ähnlich wie Mussolini seinen „Marsch auf Rom" organisierte hatte. Die Demokratie der Weimarer Republik war durch diese rechtsreaktionäre Entwicklung in Bayern stark gefährdet und musste reagieren. Reichspräsident Friedrich Ebert verhängte den Ausnahmezustand über Deutschland, aber der Chef der Heeresleitung, General von Seeckt, lehnte es ab, militärisch gegen die Putschisten vorzugehen. Die Kommunistische Partei reagierte auf der anderen politischen Seite ebenso konsequent gegen die Demokratie und versuchte mit sowjetischer Hilfe eine Revolution zu entfachen. Dies endete allerdings in der militärischen Niederschlagung des Aufstandes in Thüringen und Sachsen. Die zu der Zeit noch politisch relativ schwache NSDAP profitierte von der Krise und wurde zu einer ernsthaften politischen Kraft. Hitler als führende Kraft in der NSDAP inszenierte am 8. November 1923 unter Mithilfe des Generals Ludendorff einen Aufstand im Münchener Bürgerbräukeller und einen Umsturzversuch mit einem Marsch auf Berlin. Das wurde allerdings von der bayrischen Regierung vereitelt und Hitler festgenommen. Die Rädelsführer wurden von der bayrischen Justiz mit nur geringen Strafen belegt und konnten im Prozess noch antidemokratische Reden schwingen. Die bayrische Machtelite war deutschnational und antidemokratisch eingestellt und hat im Verlauf Wesentliches zum Scheitern der demokratischen Republik beigetragen. Die Regierung Stresemanns (Deutsche Volkspartei) unternahm allerdings gegen die rechte Regierung in Bayern nicht viel im Gegensatz zum harten Vorgehen gegen die linken Unruhen in Sachsen und Thüringen.

So war die deutsche Demokratieentwicklung in den ersten Jahren geprägt von den massiven Angriffen rechter Kreise und der Gegenwehr linker Gruppierungen. Hatten die alten Eliten aus Adel, Militär, Großagrariertum und gehobenem Bürgertum zwar offiziell ihre Macht verloren, so arbeiteten sie aber im Hintergrund gegen die Demokratie. Offiziell hatten sie wieder mehr Einfluss, als der alte Generalfeldmarschall Paul von Hindenburg am 26. April 1925, nach dem überraschenden Tod von Friedrich Ebert, zum Reichpräsident gewählt wurde. Hindenburg war der Kandidat der politisch Rechten und durch seinen überraschenden Wahlsieg bei der Reichspräsidentenwahl wurde der Einfluss demokratiefeindlicher Gruppierungen wieder größer. Der neue Reichspräsident war bekennender Monarchist, gehörte zur ehemaligen Obersten Heeresleitung, die sich konsequent ihrer Verantwortung für das Kriegsdesaster und Millionen von Toten entzogen hatte, ebenso war er einer der Urheber der sogenannten „Dolchstoßlegende". Das so ein Reichspräsident die Demokratie nicht tatkräftig fördern würde, war absehbar und gipfelte dann später in der Ernennung des Rechtsradikalen Hitler zum Reichskanzler. Das Jahr 1925 war also eine tiefgreifende politische Wende in der Demokratieentwicklung und die ersten Zeichen des aus politisch rechten Kreisen herbeigeführten Scheiterns der Weimarer Republik zeichneten sich am politischen Horizont schon ab. Was eindeutig zu beobachten war, ist die unmerkliche Verschiebung der Schwerpunkte der Politik durch den neuen Reichspräsidenten hin zu mehr präsidialer Machtfülle. Hindenburg war so eindeutig ein Antidemokrat und nutzte die Macht seines Amtes, um die Demokratie zu schwächen.[17] Seine Devise war es „mehr nach rechts zu regieren" und die Sozialdemokratie und noch weiter links stehende Kräfte von der Regierung fern zu halten. Eine weitere große Konfliktlinie war erkennbar, als die Volksabstimmung über die entschädigungslose Enteignung der Fürsten scheiterte. Hier sollten eine Machtelite mit einem größtenteils gestohlenen Vermögen enteignet werden, was zu heftigem Widerstand auf Seiten der alten Machtzirkel führte. Die Fürsten hatten ihren Landbesitz und sonstige Vermögen in

---

[17] Vgl. ebenda, S. 84ff.

Jahrhunderten zumeist aus Kriegsraub, Fronarbeit, Landraub und geschickten Heiratskonstellationen erlangt. Dass sie nun dieses Vermögen hergeben sollten, war an der Zeit und wäre ein deutliches Zeichen für die sich entwickelnde Demokratie gewesen. Dies scheiterte nicht zuletzt auch an der rechten Propaganda und dem Schüren der Angst vor einem vermeintlichen „Bolschewismus". Im Jahr 1928 trat der Reichswehrminister Geßler zurück und dafür ernannte Hindenburg den Generalquartiermeister a. D. Wilhelm Groener zum Reichswehrminister. Nun waren zwei Schlüsselstellen, das Reichspräsidialamt und die Reichswehr unter der Führung von politisch rechtsgerichteten Personen, eine fatale Veränderung der demokratischen Einflussbereiche. Zwar erlangte bei den Reichstagswahlen im Mai 1928 die SPD wieder die Regierungsmehrheit, doch eher bedenklich war der Wegfall der politisch bürgerlichen Mitte durch große Stimmenverluste. Bei DNVP und Zentrumspartei bewirkten diese Wahlniederlage Entwicklungen hin zu einer stärkeren Orientierung zum politisch rechten Rand. Es wurde dann im Oktober 1928 der deutschnationalistisch, antidemokratisch eingestellte Großverleger Alfred Hugenberg Parteivorsitzender der DNVP. Damit kam ein stark rechts gerichteter Politiker an eine herausragende parteipolitische Stelle, der zukünftig den gesamten Rechtsruck der öffentlichen Meinung über seine Presseorgane propagandistisch mit bewirkte. Auch in der Zentrumspartei, der zweiten großen Rechtspartei verschoben sich die Kräfteverhältnisse durch eine neue Parteiführung unter Ludwig Kaas deutlich weiter nach rechts. Es waren nunmehr sowohl Hindenburg, als auch die beiden Vorsitzenden großer rechter Parteien, Hugenberg und Kaas politisch einflussreiche Personen, die nicht die Weiterentwicklung der Demokratie anstrebten, sondern deren Vorstellung eine autoritäre Führerdemokratie war. Die wirklichen demokratischen Kräfte gerieten nun propagandistisch unter Druck, sowohl seitens der Deutschnationalen Volksparten (DNVP) der katholischen Zentrumspartei als auch von Seiten der Staatsführung durch Hindenburg. Der neue Reichspräsident gab auch jenen Kräften Auftrieb, welche die in der Weimarer Republik erfolgte demokratische Sozialgesetzgebung rückgängig machen wollten. Insbesondere der RDI (Reichsverband der deutschen Industrie) und der ADGB (Allgemeiner Deutscher Gewerkschaftsbund) gerieten zunehmend in Fragen der Wirtschaftsdemokratie in Konflikt miteinander. Die Industrieführer wollten die demokratischen Errungenschaften in den Betrieben und auf der Tarifebene zurückdrehen und beispielsweise keine Flächentarifverträge mehr zulassen, sondern sie durch Einzelvereinbarungen ersetzen. In diesem antidemokratischen Klima unter Hindenburg und seiner Kamarilla entfachte die politisch Rechte, mit der starken Unterstützung des Großverlegers Hugenberg, eine riesige Propagandaaktion gegen den Young-Plan. Jenem Vertrag des US-Wirtschaftsexperten, der die Reparationszahlungen Deutschlands begrenzte und erträglicher machte. Hugenbergs Zeitungen druckten aufwiegelnde Artikel gegen die Reparationszahlungen und die Alliierten und lobten die Politik der NSDAP nachdrücklich. Hier braute sich eine Politikkultur zusammen, die zusätzlich durch unmerkliche Unterstützung seitens der alten Machteliten und dem Wirken Hindenburgs ein gefährliches antidemokratische Potential entstehen ließ. Der Anfang vom Ende der ersten deutschen Demokratie begann damit und es waren eindeutig die politisch rechten Kräfte, die Altmonarchisten und die Netzwerke der alten Machteliten, welche die demokratische Republik schließlich zu Fall brachten. Die rechten Kreise und die nationalkonservative Klientel hielten die Weimarer Republik ehedem für eine von den Alliierten aufgezwungene politische Ordnung. Sie beförderten diesen Mythos stark und mit Lügen, Verdrehungen und rechter Propaganda und so entstand eine politische Kommunikation, welche die demokratische Ordnung der Weimarer Republik als Ursache allen Übels ansah. Insbesondere auf kultureller Ebenen begannen die reaktionären Kreise einen Kulturkampf gegen die in den 1920er Jahren unter den demokratischen Entwicklungen sich stark entwickelnde Kunstszene. Besonders die erstarkende NSDAP etablierte eine deutschtümelnde und naive Kunstvorstellung, die sie auch an den Stellen in die Praxis umsetzte, wo sie politischen Einfluss gewinnen konnte. Der dumpfe antidemokratische kulturalistische Sumpf wurde von einigen reaktionären Literaten unterstützt, so Ernst Jünger und Oswald Spengler. Der Staatsrechtler und Antidemokrat Carl Schmitt war es insbesondere, der die Gedanken des Kampfes Freund gegen Feind in die politische Diskussion einbrachte. Ein ideologischer hoch brisanter Roman von Hans Grimm „Volk ohne Raum" lieferte die notwendige kommunikative Grundlage für die spätere Nazi-Ideologie. Von politisch rechter Seite wurden mit der Unterstützung von Literaten und Philosophen die angebliche „Volksgemeinschaft", die Pseudo-Naturromantik und das „Führertum" zum Gegenpart einer politisch republikanisch demokratischen Entwicklung. Nicht die aufkommende Weltwirtschaftskrise lieferte den alleinigen Grund für die Kritik an der Demokratie, sondern der Hass auf die demokratische Ordnung wurde schon viel früher von Seiten der alten Machtelite in Militär, Oberschicht und Hochschulen durch die Unterstützung von Emporkömmlingen in der politischen Parteienlandschaft maßgeblich geprägt. Hinzu kam, dass seitens der kommunistisch orientierten linken Politik ebenso eine antidemokratische, prosowjetische Politik betrieben wurde, die sich gegen eine parlamentarische Demokratie richtete. Der 24. Oktober 1929, der berühmte „Schwarze Freitag" an der New Yorker Börse, wird allerorts als der Beginn der Weltwirtschaftskrise genannt. Diese weltwirtschaftlichen Turbulenzen von Überproduktion und Unterkonsumtion in einer kapitalistischen Ökonomie, durch die ihre Verwertungsbedingungen gefährdet wurden, war der Auftakt zu einer weltumspannenden Wirtschaftskrise, durch welches insbesondere die USA und Deutschland stark betroffen waren. Durch diese Krise fiel der Ruf nach „dem starken Mann" in der Weimarer Republik auf fruchtbaren Boden, der zuvor ja propagandistisch von deutschnationaler, politisch rechter Seite vorbereitet worden ist. Die ab 1929 grassierende Massenarbeitslosigkeit und der wirtschaftliche Niedergang nicht nur der Industrie, sondern auch der Kleingewerbe und Bauern ebnete den ideologischen Weg für antidemokratische politische Umtriebe. Ganz absurd und hinterlistig wurde die Sache um die Ablösung der SPD-geführten Koalitionsregierung unter dem Reichskanzler Müller im März 1930. Aufgrund der großen Arbeitslosigkeit, verursacht durch die Weltwirtschaftskrise, war die Arbeitslosenkasse arg belastet, trotz des relativ geringen Arbeitslosengeldes. Nun stellte sich die Frage, sollte man das Arbeitslosengeld kürzen oder die Beiträge für die Arbeitgeber erhöhen? Die regierende SPD war kompromissbereit aber die DVP lehnte eine Erhöhung der Beiträge ab und wollte die Arbeitslosenbeträge kürzen. Im Hintergrund wirkte der Reichspräsident Hindenburg und nach dem Koalitionsbruch zwischen SPD und DVP ernannte er sehr schnell den neuen Reichskanzler Heinrich Brüning (Zentrumspartei) zum Regierungschef und tauschte die drei SPD-Minister aus. Hindenburg und seine Kamarilla hatten sich das Scheitern der SPD-Regierungskoalition zum Ziel gesetzt und tatkräftig hinter den Kulissen daran gearbeitet.[18] Die Einsetzung Brünings war der Beginn vom Ende der Weimarer Republik, da sich zunehmend rechte Tendenzen in der politischen Landschaft breit machten. Die neue Regierung war an kein Parlament gebunden und konnte notfalls gegen dieses agieren, was die Notverordnung zuließ. Hindenburg und die reaktionären Kreise hatten mit dem Coup einen guten Schritt dahingehend getan, eine autoritäre Präsidialregierung zu etablieren, mit deren Hilfe Hindenburg als Reichspräsident die Ziele der Regierungsarbeit definieren konnte. Es war der erste Schritt in ein diktatorisches System, welches nach 1933 durch den Diktator und Schlächter Hitler perfektioniert wurde – und diesen hob der Reichspräsident Hindenburg auch ins Amt. Die SPD wurde also gezielt aus der Regierung gedrängt, da Hindenburg mit der Anwendung des Artikels 48 die Möglichkeit einer Präsidialregierung hatte und dies auch nutzen wollte. Es war sozusagen ein abgekartetes Spiel seitens Hindenburg und den hinter ihm stehenden Interessengruppen, um endlich die ungeliebte demokratische Republik beseitigen zu können. Brüning war gleichsam der Strohmann für dieses Manöver, aber auch er war antidemokratisch, monarchistisch und revanchistisch orientiert. Sein Ziel war es, den Versailler Friedensvertrag zu torpedieren, die Militarisierung Deutschlands wieder zu erlangen und die demokratischen Errungenschaften zurückzudrehen. Er war ganz und gar ein Handlanger der autoritären Machtcliquen, die sich nach dem Desaster des Ersten Weltkriegs nun langsam wieder aus der Deckung wagte und unverhohlen revanchistische Politik machte. Das politische Programm der Regierung Brünings war alles andere als auf die Bewältigung der herrschenden Wirtschaftskrise ausgerichtet, welche die junge Demokratie stark forderte. Seine wesentlichen politischen Ziele waren die Beseitigung der Reparationszahlungen, die Einhaltung internationaler Verpflichtungen nach dem Young-Plan, Vermeidung einer Inflation und ganz hinten in seiner politischen Agenda stand die Bekämpfung der Arbeitslosigkeit mit geeigneten Maßnahmen.[19] Man ist sich heute in der Bewertung der Brüningschen Politik weitgehend einig. Eine antizyklische Wirtschaftspolitik zum Abbau der Arbeitslosigkeit hät-

---

[18] Vgl. ebenda, S. 229ff.
[19] Vgl. ebenda, S. 235; Vgl. Bracher, K. D.: Die Auflösung der Weimarer Republik, Königstein/Ts. 1978.

te die kommende Katastrophe der Nazidiktatur unter Umständen vermeiden können, da die Bürger so nicht in ihrer materiellen Not alleingelassen und darum solchen Ideologen wie Hitler auf den Leim gegangen wären. Was auch schon zu damaliger Zeit führende Ökonomen forderten, aber an der Starrköpfigkeit Brünings im Krisenmanagement scheiterte. Viele Anzeichen deuten darauf hin, dass man die Verhältnisse auch so prekär hat werden lassen, damit eine autoritäre, diktatorische Lösung des Problems als einziger Ausweg erscheinen konnte – insofern ist die Rechnung der Reaktionäre um Hindenburg und Brünings Regierung aufgegangen. Die Einführung der Präsidialregierung im März 1930 war somit eine zentrale Weichenstellung gegen die Demokratie. Hier wurde der politische Richtungswechsel auf dem Weg in ein diktatorisches Regime gestellt, der Weg der Demokratieentwicklung war damit praktisch schon zu Ende. Die Reichstagswahl am 14. September 1930 brachte für die SPD herbe Verluste und die faschistische NSDAP erhielt zum Ersten Mal über 18% Wählerstimmen. Wer waren die hauptsächlichen Mitglieder der NSDAP? Wenn man hier in die Statistik schaut so eröffnet sich, dass es 25,6% Angestellte, 28% Arbeiter, 14,1% Landwirte und 9,1% Handwerker/Gewerbetreibenden waren. Überproportional gegenüber ihrem Anteil an der Gesamtbevölkerung waren Landwirte (6,7% d. Bevölkerung) und Angestellte (15,9% d. Bevölkerung) als Parteimitglieder der NSDAP vertreten.[20] Die Zustimmung kam also aus allen Bevölkerungsschichten, welche durch die desaströse Krisenpolitik in ihrer wirtschaftlichen Zukunft völlig verunsichert waren. Hinzu kam die nationalistische Propaganda der Hugenberg Gazetten, welche ein Klima der chauvinistischen Selbstüberschätzung Deutschlands begründeten. Die Brüningsche Regierungszeit war der Endpunkt der jungen Demokratie. Das Regime Brüning regierte aufgrund der zunehmend stärker werdenden ökonomischen Probleme vermehrt mit Notverordnungen. Brünings Regierung war allerdings eine Marionette der reaktionären Kräfte um Hindenburg, den es sichtlich störte, dass Brünings Kabinett nur unter Duldung der SPD regieren konnte. So war es letztlich Hindenburg der Brüning fallen ließ, und somit der jungen Demokratie den Todesstoß versetzte. Den Eliten aus Militär, Wirtschaft und Verwaltung war Brüning schon lange verhasst,

---

[20] Vgl. Broszat, M.: Der Staat Hitlers. München 1969, S. 55 zitiert nach R. Sturm (2011).

da er zu eng mit der SPD kooperierte. Hindenburg erwirkte den Rücktritt der Regierung Brüning zum 30. Mai 1932. Darauf erfolgte eine kurze Interimszeit unter Franz von Papens Regierung, die überwiegend aus Adligen bestand. Die Papen-Regierung betrieb eine konservativ-reaktionäre Politik im autoritären Sinne Hindenburgs und die erste deutsche Demokratie wurde weiterhin gezielt demontiert. Toleriert wurde dies durch eine Opposition unter der Führung der SPD, deren Handlungsspielraum zunehmend kleiner wurde. Im der Reichstagswahl September 1930 waren zudem die Nationalsozialisten erstarkt und bildeten mit 18,3% die zweitstärkste Parlamentsfraktion hinter der SPD. Die Wähler der NSDAP waren zumeist protestantische, nationalkonservative Personen aus der ehedem liberalen Mittel- und Oberschicht. Es waren nicht unbedingt die „Ökonomieverlierer", sondern Gesellschaftsgruppen, die glaubten, dass nur eine autoritär ordnende Macht ihren gesellschaftlichen Status sichern könnte. Die Nationalsozialisten richten sich in ihrer politischen Agenda nicht gegen das Kapital aus, sondern nur gegen das „raffende" Kapital, die Banken und Börsen mit ihren teils undurchschaubaren Gewinn – und Verlustchancen.[21] Hier kann man durchaus Parallelen zur heutigen Krisenrhetorik sehen, wenn von raffgierigen Bankern und undurchsichtigen Spekulationsgeschäften gesprochen wird – die Nähe zu einer Ökonomiekritik kann heute bis tief hinein ins bürgerliche Politiklager verfolgt werden. Insbesondere die Rhetorik der neuen Partei AfD (Alternative für Deutschland) lässt verblüffende Parallelen erkennen, wenn u. a. davon die Rede ist, „ ... *Sparkonten normaler Bürger müssen geschützt werden...* " und „... *unfähigen Bankern...* ".[22] Diese Verunsicherung konservativer „Ökonomiegewinner" führte dazu, wie auch ein gehöriger Anteil an Jungwählern, dass die NSDAP erstarkte und die junge Demokratie ihrem Ende entgegenging.

Der Niedergang der jungen Demokratie kann aber nur bedingt mit der Angst vor dem ökonomischen Überleben erklärt werden, denn dann hätte es auch zu anderen Zeiten diese Entwicklung schon gegeben. Wir sehen das Ende der jungen Demokratie in diffizilen machtpolitischen Interessen-

---

[21] Vgl. ebenda 2011.
[22] Vgl. Wahlflyer der AfD zur Europawahl am 25. Mai 2014, www.alternativefuer.de/wp-content/uploads/2014/05/AfD_Handzettel_A4_Europawahl_RZ_Kopiervorlage.pdf, abgerufen am 21.02.2015.

lagen, ökonomischen Entwicklungen und durch massive Propaganda begründet. Die machtpolitischen Hintergründe haben wir weiter oben schon mehrfach skizziert, auf der kommunikativen Ebene wurde von den einflussreichen Hugenbergschen Medien eindeutig die Ausrichtung hin auf eine autoritäre Lösung für die vorhandenen politisch-ökonomischen Probleme forciert. Hier waren es die in vielfacher Weise auch bei anderen Parteien vorhandenen nationalistischen, antikommunistischen, vorbürgerlichen Ressentiments und Vorurteile welche die NSDAP Propaganda wirkmächtig bediente und welche durch große Teile der Medien verbreitet wurden. Die Auflösung der Demokratie kann sicherlich nicht auf eine Ursache zurückgeführt werden.[23] Dennoch war die insgesamt mangelnde gesellschaftliche Entwicklung hinsichtlich demokratischer Verhältnisse sicherlich ein gewichtiger Grund. Das Deutschland der Weimarer Republik ist zu seiner Demokratie aus dem Chaos des Ersten Weltkriegs gekommen. Die Menschen hatten traumatische Erlebnisse zu verarbeiten, die bisherige Machtelite hatte total versagt und es bestand so ein „Sinnvakuum" für viele. So wie es war, konnte es nicht weiter gehen, also hatten demokratische Kräfte in der Gründungszeit der Demokratie eine Chance. Diese Chance war aber aus dem Chaos geboren und keiner grundlegenden Entwicklung hin zu demokratischen Verhaltensweisen geschuldet. Die erste Demokratie auf deutschem Boden war eine Demokratie, welche aufgrund der politischen Katastrophen, verursacht von der alten Machtelite aus Adel und Großgrundbesitzern, entstanden war. Sie führte unter anderem durch den Einfluss dieser alten Machtelite direkt in die Katastrophe des deutschen Nationalsozialismus und des zweiten Weltkriegs. Dass die Demokratie so fatal scheiterte ist sicherlich nicht monokausal zu erklären, sondern in den Bedingungen und Prozessen der krisenhaften Entwicklungen der ausgehenden 1920er Jahre und den Nachkriegsbedingungen im Deutschland nach 1918 zu erklären.

Das Scheitern der ersten deutschen Demokratie ist auf verschiedene Gründe zurückzuführen, wie die Geschichtswissenschaft heute betont[24]:

1. Die Verfassung und die umfassenden Rechte des Reichspräsidenten
2. Ökonomische Entwicklungen und ihr Einfluss auf die Gesellschaft

---
[23] Vgl. Kolb, E.: Die Weimarer Republik, München 2002, S. 241ff.
[24] Vgl. ebenda, S. 250; Büttner, U.: Weimar. Die überforderte Republik 1918-1933, Stuttgart 2008, S. 507ff.

3. Eigentümlichkeiten der politisch autoritär gefärbten Kultur
4. Starker Nationalismus befördert durch große Teile der Machtelite
5. Massenpsychologische Effekte der Propaganda
6. Die Rolle einiger führender Personen wie Hindenburg

Der zweite Versuch einer deutschen Demokratie

Nach dem katastrophalen Wüten und den unsäglichen Verbrechen des nationalsozialistischen Faschismus in Deutschland, willig mit ausgeführt von großen Teilen des deutschen Volkes, gab es eine gesellschaftliche Zäsur. Das besiegte Deutschland wurde unter den Siegermächten USA, Sowjetunion, England und Frankreich in seinen drei westlichen Besatzungszonen, nach der Konferenz von Jalta 1945, einem extern begründeten Demokratisierungsprozess unterzogen – der östliche Teil wurde unter sowjetischer Herrschaft zur DDR, einer autoritären Diktatur sowjetischen Gepräges. Die Zäsur nach 1945 war noch weitaus rigoroser als die nach 1918.[25] Es gab keinen funktionierenden deutschen Staat mehr nach Kriegsende. Die staatliche Macht ging über an die vier Besatzungsmächte (USA, Sowjetunion, Großbritannien, Frankreich). Am 30. August 1945 wurde von diesen Mächten der sogenannte „Alliierte Kontrollrat" eingesetzt, welcher die oberste „Staatsgewalt" über Deutschland ausübte. Deutschland hatte verdienterweise kein Selbstbestimmungsrecht mehr. Der Gründung einer neuen, zweiten Demokratie auf deutschem Boden, ging eine in dem Westteil Deutschland durchgeführte „Entnazifizierung" voraus – im sowjetischen Einflussbereich des Ostens Deutschland wurden Nazis und Nazikollaborateure in Lager verfrachtet, wobei es wiederum über 40.000 Tote gegeben hat. Die Nazidiktatur wurde durch die sowjetische Diktatur nahtlos ersetzt. Im Westteil des besetzten Deutschland wurden nach der „Entnazifizierung", die angesichts des beginnenden Ost-West-Konflikts nur halbherzig umgesetzt wurde, weitere Bereiche der Nazi-Administration übernommen. Keine Beamten wurden aufgrund ihrer Mittäterschaft oder ihrer aktiven Unterstützung aus dem System entfernt. Ebenso wenig wurde der Justizapparat

---

[25] Vgl. Winkler, A.: Der lange Weg nach Westen. Deutsche Geschichte II – Vom „Dritten Reich" bis zur Wiedervereinigung, München 2010.

grundlegend verändert und auch nicht die Standesvertretungen der deutschen Ärzteschaft, ebenso wenig wurden Hochschullehrer, die an der Naziideologie mitgewirkt hatten geschasst. Es gab keine „Stunde Null", wie gerne bildlich gesprochen behauptet wurde. Viele der Führungselitenkreise verstanden es ausgezeichnet, schnell wieder zu Amt und Würden zu kommen.[26]

Die Errichtung einer „neuen Demokratie" auf der gesellschaftspolitischen und realen Trümmerlandschaft der Nazidiktatur seitens der Besatzungsmächte sollte dazu dienen, die Wiederholung der Zerstörung der Demokratie, wie sie am Ende der Weimarer Republik stattfand, möglichst zu unterbinden. Man versuchte die Schwächen der Weimarer Demokratie zu vermeiden, indem man den Gesetzgeber stärker dem Grundgesetz verpflichtete und den Wählerwillen mehr einschränkte als es in anderen demokratischen Verfassungsstaaten der Fall war.[27] Die Erfahrungen der Weimarer Zeit waren Grundlage für die Ausarbeitung des Grundgesetzes und einer neuen staatlichen Ordnungspolitik. Diese zeichnete sich nach den totalitären Erfahrungen dadurch aus, dass die Gewaltenteilung besondere Aufmerksamkeit erfuhr und das föderale Prinzip der Bundesländer Einzug hielt und somit die Mitbestimmung der Länder bei Gesetzgebungsverfahren. Darüber hinaus wurden sozialstaatliche Regelungen festgelegt und das Mehrparteienprinzip mit seiner 5%-Hürde für die Beteiligung am Parlamentarismus. Die Beschränkungen des Rechts für undemokratische politische Gruppen wurden zur Grundlage der „wehrhaften Demokratie". Eine weitere wichtige Aufgabe zur Sicherung der neuen Demokratie kamen dem starken Bundesverfassungsgericht zu, sowie der von politischen Weisungen unabhängigen Bundesbank. Die zentrale Veränderung des Grundgesetzes gegenüber der Weimarer Verfassung war die größere Distanz zu den Wählern, beziehungsweise dass der Wählerwille nur indirekt über die Parlamente und die Parteien „repräsentiert" wird. Dies ist nicht zuletzt auch auf Erfahrungen mit der Weimarer Verfassung zurückzuführen und erschwert zudem heutzutage die Einführung verstärkt plebiszitärer Elemente, mit einem Totschlagargument. „Die Weimarer Erfahrungen schlugen sich in Bindungen des Gesetzgeber

---

[26] Vgl. Winkler, A.: Der lange Weg nach Westen. Deutsche Geschichte II – Vom „Dritten Reich" bis zur Wiedervereinigung, München 2010, S. 116ff.
[27] Vgl. ebenda, S. 134.

und Einschränkungen des Wählerwillens nieder, wie sie es wohl in keiner anderen demokratischen Verfassung gibt."[28] Eine zentrale Veränderung war ebenfalls, die ehemals zentrale Machtstellung des Reichspräsidenten und jetzigen Bundespräsidenten zu brechen, sodass er nicht mehr in selbstherrlicher Willkür politisch agieren kann. Dies hatte aber zur Folge, dass die demokratische Verfassung der neuen Bundesrepublik so „sicherheitsbewusst" konstruiert wurde, dass das Volk, vor sich selbst geschützt, auf Distanz gehalten wurde. Die Ablehnung von direkteren Elementen der Demokratie wurden durchweg nicht nur aus den Erfahrungen der Weimarer Zeit getätigt, sondern man wollte sich dadurch sicherlich auch allzu kritische politische Beteiligung ungeliebter Gruppen erwehren. Die Gestaltung der neuen Demokratie auf deutschem Boden sollte „wehrhaft" sein. Sie sollte der in der Weimarer Republik gemachten Erfahrung, der Funktionalisierung durch antidemokratische Kräfte und insbesondere dem Missbrauch großer Machtfülle durch den Reichspräsidenten entgegenwirken. Die Grundrechte des Grundgesetzes binden heute alle Organe des Staates. Ebenso wurde die Macht des Bundespräsidenten stark eingeschränkt und dem Parlament und der Bundesregierung dafür mehr Rechte gewährt. Der Artikel 79 Absatz 3 des Grundgesetzes verbietet sogar die Änderung des Grundgesetzes:

„Eine Änderung dieses Grundgesetzes, durch welche die Gliederung des Bundes in Länder, die grundsätzliche Mitwirkung der Länder bei der Gesetzgebung oder die in den Artikeln 1 und 20 niedergelegten Grundsätze berührt werden, ist unzulässig."

Am 23. Mai 1949 wurde das deutsche Grundgesetz veröffentlicht, welches vorher von den vier alliierten Militärgouverneuren abgesegnet worden war. Das Grundgesetz war das Ergebnis einer vom „parlamentarischen Rat", den 65 Ländervertretern abgesegneten, von einer Expertenkommission auf Bitten der Landespräsidenten erarbeiteten Vorlage. Das Grundgesetz ist nach wie vor eine Übergangsregelung, wie der Artikeln 146 GG sagt, bis eine allgemeine deutsche Verfassung vorliegt. Mit diesem „Provisorium" hat sich das demokratische Deutschland aber bisher arrangiert. Die erste Bundestagswahl fand dann am 14. August 1949 statt – eine neue Demokratie wur-

---

[28] Vgl. ebenda, S. 134.

de per Wahl geschaffen. Am 7. September 1949 konstituierten sich der neu gewählte Bundestag und der Bundesrat und somit war eine neue, westliche Demokratie entstanden, wenn auch noch unter der Kontrolle der alliierten Militärgouverneure im Westen.[29] Der östliche Teil des ehemaligen Deutschlands stand unter sowjetischer Befehlsgewalt. Die Sowjetunion versuchte die Truppenpräsenz der USA in Europa zu minimieren, beziehungsweise sie ganz hinauszudrängen. Bei der Etablierung der DDR gab es keine Gewaltenteilung, das höchste Organ war die Volkskammer und somit war eine rechtstaatliche Gewaltenteilung, wie sie in Westdeutschland gestaltet wurde, ausgeschlossen.[30] Nach der Wahl im Mai 1949 wurde am 11. Oktober 1949 Wilhelm Pieck als erster Präsident der DDR gewählt und Otto Grotewohl zum ersten Ministerpräsidenten. Die Machtverhältnisse waren eindeutig zugunsten der SED verteilt. Die DDR war in ihrem Selbstverständnis eine „Aufbruchgesellschaft" auf dem Weg in eine demokratische, sozialistische Gesellschaft. Sie orientierte sich zwar „antifaschistisch" aber nicht „antitotalitär", nach den Erfahrungen des Niedergangs der Demokratie in der Weimarer Zeit.[31]

Die im Westen beginnende funktionierende repräsentative oder indirekte, parlamentarische Demokratie war der zweite Versuch eine wirkliche Demokratie in Deutschland zu etablieren. Die DDR-Variante trug eigentlich nur den Namen Demokratie ohne wirklich unabhängige politische Parteien zu etablieren, welche die Interessen der Bevölkerung vertreten konnten. In der repräsentativen Demokratie ist das Volk nach wie vor der „Souverän", die letzte Instanz aller demokratischen Entscheidungen. Es hat allerdings in der deutschen Variante dieses Demokratiesystems kein Vetorecht bei Entscheidungen. Die Funktionsweise der parlamentarischen, repräsentativen Demokratie, wie sie in Westdeutschland seit 1949 besteht, begründet sich nicht zuletzt auf einem „technokratischen" Argument. Es wird vielfach die

---

[29] In der deutschen Nachkriegsdemokratie waren allerdings viele ehemalige Nazis aktiv, in allen Bereichen. Die Aufarbeitung der Nazi-Terrorherrschaft fand nur schleppend statt und dauert bis heute an – einen wesentlichen _Beitrag dazu leistete die sogenannte 68er Bewegung.
[30] Vgl. Winkler, A.: Der lange Weg nach Westen. Deutsche Geschichte II – Vom „Dritten Reich" bis zur Wiedervereinigung, München 2010, S. 141.
[31] Vgl. ebenda, S. 142.

Meinung vertreten, dass in großen Nationalstaaten keine Formen der direkten Demokratie bestehen können.[32] Aus Handhabbarkeitsgründen – was also ein technologisch-normatives Argument wäre, kein demokratietheoretisches – wird die Form der repräsentativen, parlamentarischen Demokratie bevorzugt. Dies bedeutet, dass von den wahlberechtigten Bürgern des Staates jeweils Vertreter gewählt werden. Diese können entweder über die Parteien für die Wahl aufgestellt werden oder aber sich als Einzelkandidaten bewerben. Aus diesen Kandidaten wählen die Bürger ihre „Volksvertreter" für die jeweiligen Parlamente (Kommunal- und Länderparlamente sowie Bundesparlament).

---

[32] Vgl. Meyer, T.: Demokratie, Wiesbaden 2009, S. 81ff.

III Muße ist aller Lösung Anfang: Vom Ende der Industriegesellschaft und dem Beginn wirklichen Wohlstands

„Nicht arbeiten = Wissen. Arbeiten = nicht wissen."
John Cage

„Sich total anstrengen ist totaler Quatsch", so bringt es der Kabarettist Helge Schneider auf den Punkt. „Schlendern ist Luxus", tönte es im Schlager. Ein Fluss mäandert zur Mündung, um möglichst viele Felder mit Wasser und Lebenskraft zu versorgen. Somit ist der Fluss eine Negation der Linearität, der Eindimensionalität oder der Kanalität. Der Mäandernde schweift ab, windet und dreht sich, verweilt und pausiert, um dann wieder los zu stürmen, zu strömen und wiederum in Seen zu ruhen. Erst das schweifende, behutsame, alle Windungen auskostende Leben wird reichhaltig und gehaltvoll. „Nur wer überlegen kann, kann sich aus eigenem Antrieb verändern. Nur wer überlegen kann, ist in seinem Tun und Lassen frei", sagt der Philosoph Martin Seel[1]. Wer rennt, nimmt weniger wahr. Es gibt wohl keine gute Idee oder Erfindung, die aus Eile entstanden ist. Vielmehr ist die Muße (lat. scola, altgr. scole) aller Lösung Anfang. Die Industriegesellschaft (von industria lat. Betriebsamkeit, Fleiß) hingegen hat schon früh eine Kultur des Rennens und Rasens etabliert. Es ist eine schier endlose Steigerungsspirale entstanden, die anfangs scheinbar ein Ziel anpeilte, den Fortschritt zu einem Wohlstand für möglichst alle. Daraus ist ein materieller Wohlstand für wenige auf diesem Planeten geworden, der

---

[1] Seel, M: Aktive Passivität. Über den Spielraum des Denkens, Frankfurt 2014.

auf Kosten der meisten Menschen und der Natur realisiert wurde und wird. Mittlerweile geht es nur noch um Expansion, das „Mehr desselben", die Ausweitung der Kampfzone, eindimensional und mittlerweile ohne erkennbares Ziel. Die Messgrößen wie Produktivität, Wachstum und Gewinn sind zu eigentlichen „leeren" und „kalten" Zielen mutiert. Es entstand ein Rennen im Kreis, immer mehr immer höher und insbesondere schneller, egal wie, womit, wozu und auf welche Kosten. Das Rasen wird Totalität wie Hartmut Rosa schreibt.[2] Man kann sich den Anforderungen des Steigerungsspiels kaum noch entziehen. Es herrscht nicht nur in der Wirtschaft, sondern auch in Schulen, Familien, Museen, Theatern, Universitäten – auf jeder Ebene. Diese Raserei hat einen großen Nachteil, weil sie kein Warten mehr ermöglicht. Wer nicht wartet, kann nichts mehr erwarten. Die Beschleunigung führt zu Ungeduld, es passiert viel, aber es läuft an einem vorbei. Das Sein ist Potentialität, doch muss sich der Mensch für das mögliche Andere auch öffnen, gelassen, geduldig, lauschen, schmecken und schauen. In der Eile ändert sich nichts, es ist ein rasender Stillstand, eine hysterische Langeweile. Dabei steht es auf der Uhr der Welt längst nicht mehr 5 vor Zwölf. Wir befinden uns am Nachmittag, wir können uns nicht mehr entscheiden, ob wird den Klimawandel oder das Artensterben begrenzen, ob wir die Verelendung und die Armut vieler beenden, ob wir die Zerstörung großer Teile der Natur revidieren. Wir befinden uns mitten in einer exponentiellen Entwicklung, deren tragische Eigenschaft es ist, dass man die Auswirkungen des Handelns erst viel zu spät merkt. Insofern müssen wir wirklich bremsen, Halt suchen und uns auf extrem andere Bedingungen vorbereiten. Die Wissenschaft nennt das Resilienz. Es ist eine Widerstandsfähigkeit, die uns hilft negative Überraschungen abzufedern. Wir müssen insofern schon heute Reserven an Wissen und Ressourcen schaffen und wohl mehr als nachhaltig, nämlich vorsorglich handeln. Das westliche Wohlstandsmodell führt in die Irre. Wir wissen doch längst, dass mehr materieller Statuskonsum uns nicht glücklicher macht. Der wahre Wohlständige ist der „Zeithaber". Dennoch wird uns Schnelligkeit und Effizienz als Allheilmittel verkauft. Das Gegeneinander, die permanente Konkurrenz soll Wohlstand erzeugen. Nur, was ist das für ein Leben? Ein Wettlauf bis

---

[2] Vgl. Rosa, H: Beschleunigung und Entfremdung, Berlin 2013, S. 89ff.

zum Tod? Wer als erster ankommt oder wer am meisten an Geld und Macht gesammelt hat gewinnt? Der tägliche Wettlauf erschöpft uns. Noch mehr erschöpft er diejenigen, die die Produkte und Dienste erstellen müssen, die wir glauben, haben zu müssen. Zudem beklagen wir uns über die Staus auf der Autobahn, ordern aber im Internet. Wir meckern über den Lärm der Flugzeuge und fliegen mit dem Billigflieger auf Inseln im Süden. Wir beklagen uns über die Energiepreise und lassen die viel zu vielen Geräte im Stand-by-Betrieb surren. Wir essen Fleisch und wundern uns über die Massentierhaltung usw. usf. Erste Anzeichen für den Irrsinn gab es schon viel früher:

„Man schämt sich jetzt schon der Ruhe; das lange Nachsinnen macht beinahe Gewissensbisse. Man denkt mit der Uhr in der Hand, wie man zu Mittag isst, das Auge auf das Börsenblatt gerichtet, man lebt wie einer, der fortwährend etwas versäumen könnte. »Lieber irgendetwas tun als nichts«"[3]

Albert Camus, der uns schon in seinen ersten Büchern die Liebe zum Leben und der Natur nahebrachte, formuliert in seinem Roman „La Peste": „Unsere Mitbürger arbeiten viel, aber immer nur, um reich zu werden. Sie interessieren sich hauptsächlich für den Handel und befassen sich in erster Linie damit, was sie Geschäftemachen nennen."[4]

Wir führen Krieg gegen die Welt, gegen die Natur und unsere Mitmenschen. Wir sind alle Beobachter in diesem Spiel, spüren es, verdrängen es zuweilen und werden doch immer mehr mit den Folgen konfrontiert. Die Krisen der Armut, des Hungers, die Naturkatastrophen können wir nicht mehr aus der Position des Beobachters verfolgen, sondern wir werden zu Betroffenen. Die Gefahren werden offenbar. Die Organisation der Gesellschaft, die Verteilung von Reichtum und Armut, die Architektur und Siedlungsweise, die Mitwirkung oder Ausgrenzung bestimmen über die Auswirkungen auf Menschen. Es wird deutlich, dass eine Konkurrenz- und Gewinnwirtschaft diese Krisen noch verstärkt statt sie zu bändigen. Krieg gegen die Natur und Krieg unter den Menschen finden in der Krise ein Ende. Wenn die Menschen in Not kommen, wenden sie sich einander zu und unterstützen sich. So wächst das Rettende. Wir in den Wohlstands-

---

[3] Nietzsche, F.: Die Fröhliche Wissenschaft, 1886, S. 203.
[4] Camus, A.: Die Pest, 1947, S. 6.

ländern müssen den Fuß vom Gas nehmen. Es ist ein Skandal und sollte einen mit Scham erfüllen, allein glücklich sein zu wollen. Einige Autoren betonen immer wieder die Bevölkerungsexplosion als Hauptursache der Mitweltprobleme. Dabei verursachen die Menschen in den Industrieländern die wesentlichen Mitweltschäden. Für die Wohlstandsmenschen werden im Kongo die seltenen Erden unter menschenunwürdigen Zuständen aus den tiefen Stollen geholt. In den USA und Westeuropa werden die Textilien, Spielzeuge und Elektronikartikel geordert. Wir erzeugen extrem viel Müll, wir rauben das Land, wir erzeugen die Umweltverschmutzung am anderen Ende der Welt. Auf dieser Erde könnten bei nachhaltiger Produktionsweise bis zu 10 Mrd. Menschen gut ernährt werden.[5] „Von den gut 530 Millionen bäuerlichen Betrieben auf der Erde bewirtschaften mehr als 96% weniger als 10 Hektar Land. Das sind insgesamt etwa 21% der gesamten landwirtschaftlichen Nutzfläche – und auf diesen werden Lebensmittel für 57% der Menschen in den ärmeren Ländern erzeugt. Wer also heutigen Hunger, Unter- und Mangelernährung dauerhaft beseitigen will, muss genau bei diesen 515 Mio. Betrieben ansetzen. Dies war eines der wichtigen Ergebnisse des ersten globalen Agrarberichtes (IAASTD)."[6] Die industrialisierte Landwirtschaft, die Wegwerfmentalität, die aufwändigen Fertigprodukte und der horrende Fleischkonsum sind wohl eher als Krisenursachen anzusehen. Die Bevölkerungsexplosion als Ursache zu nennen und besonders den Ländern Asiens und Afrikas das Problem zuzuschieben, ist ein perfider Akt der Verdrehung und Abspaltung. Es wird vom eigentlichen Problem abgelenkt, dass wir uns in einem entfesselten Kapitalismus befinden, der alle zur Hast und zum ruinösen Wettbewerb antreibt. Dabei können gerade wohlhabende Menschen sofort aus dem Wahnsinn aussteigen und sind im Prinzip dazu verpflichtet. Es gibt keinen Grund, nicht auch heute schon langsam mit dem Auto zu fahren oder gar nicht, auf Fleisch und Billigprodukte zu verzichten, seine eigene Lebendigkeit wieder zu entdecken, sich zu versöhnen mit der Mitwelt. Schnelligkeit gefährdet die Wahrnehmung der Beobachter und damit geraten die Beziehungen zu uns selbst, den Dingen, der Natur und vor allem zu anderen Menschen unter Druck. Ein großes

---

[5] Vgl. Albrecht, S./Braun, R./Heuschkel, Z./Marí, F./Pippig, J. (Hg.): Future of Food: State of the Art, Challenges and Options for Action, München 2013.
[6] www.tanjabusse.de/wp-content/uploads/2013/12/Flyer_15.1.14.pdf.

Sausen und Schwirren in dem wir umherirren. Feiern, Spektakel und Erlebnisse. Eine unerträgliche Leichtigkeit des Seins, ein unendlicher Spaß mit bitteren Folgen. Die Menschen werden mit Versprechungen und Erlebnissen bei Laune gehalten, um immer wieder in den Zirkus der Maximierung und Optimierung einzutreten. Es wird eine Konsumneigung zu falschen Bedürfnissen erzeugt, die aus der Schnelligkeit und der Unverbindlichkeit der Geschehnisse resultiert. Müll entsteht ja besonders deshalb, weil keine Zeit mehr vorhanden scheint, etwas sorgsam zu reparieren, zu pflegen, zu gestalten oder zuzubereiten. Fortschritt ist ein Phänomen, welches zum Beispiel in Peking dafür sorgt, dass man heute in der Stadt langsamer vorankommt als vor 20 Jahren. Allerdings heute mit gigantischem Aufwand, mit Autos statt mit Fahrrädern und in schlechter Luft.

Muße oder Fleiß? Scola oder Industria?

Muße hat nicht die Bedeutung von Nichtstun. Vielmehr ist Muße wohl eher ein zweckfreies, selbst bestimmtes Tun, die leidenschaftliche Betätigung. Müßiggang kann mit großer Aktivität gepaart sein. Der Mensch beschäftigt sich aus innerer Motivation mit seinen Neigungen, seinen Wünschen und Träumen, verliert im Flow die Zeit, fühlt sich eins mit seiner Mitwelt. „Nicht Untätigkeit, sondern die Möglichkeit, über seine Arbeit selbstständig zu bestimmen, galt den Griechen als wahrlich erstrebenswert und damit als Tugendhaftes Verhalten. Odysseus soll laut Homer stolz gewesen sein, sein Bett selbst gezimmert zu haben".[7] Große Müßiggänger haben wahrlich bedeutsame Dinge geschaffen: John Lennon, John Cage, Oscar Wilde oder David Thoreau – um nur wenige zu nennen. Wirklich Bedeutsames wird wohl immer schon aus der Muße gewonnen. Im Lateinischen und altgriechischen haben wir die Begriffe Scola und Scholé für Muße. Es sind die Worte, aus dem unser Wort für Schule (engl. School) geschaffen wurde. Die Schulen sind also als Orte der Muße gedacht, wo insbesondere Kinder die Ruhe finden, sich zu bilden und zu entwickeln. Selbst Hochschulen müssten demnach Orte der höchsten Ruhe sein, wo der Mensch zu seinen Neigungen finden kann, seine Talente entwickelt, zweckfrei probiert

---

[7] Füllsack, M: Arbeit, Wien 2009, S. 27f.

und sich ausprobiert. Mit der unternehmerischen Universität, der Business School (ein innerer Widerspruch: busy at school), der Drittmitteleinwerbung und den Scheinbildungsprogrammen im Zuge der Bologna Reform, dem G8-Abitur und der Noten- und Testorientierung entfernen wir uns von diesem Mußezustand jedoch deutlich. Muße gilt schon als Provokation in der Industriegesellschaft. Dabei ist Muße aller Lösung Anfang. Die großen Erfinder und Denker waren und sind eher Sesshafte, die große Ruhe ausstrahlen und ihren Ideen leidenschaftlich folgen. Immanuel Kant, Leonardo da Vinci, Gerhard Richter oder Phillip Roth sind nicht gerade für Rastlosigkeit und Umherschwirren bekannt.

Industria ist der andere Begriff, sozusagen das Gegenteil von Muße. Industria bedeutet Betriebsamkeit oder auch Fleiß. Im Zuge der Industrialisierung der Welt hat man die Menschen zur Betriebsamkeit erzogen. Man hat den Menschen die Pünktlichkeit mit der Werkssirene beigebracht. Mit der Zeiteinteilung eröffnete man sich Herrschaftsmittel und Kontrollmöglichkeiten. Im Industriesystem muss man immer geschäftig wirken. Menschen sind, je mehr sie sich industrialisierten Prozessen aussetzen müssen, zur Betriebsamkeit gezwungen. Denn diese Fleißsysteme sind mit extremer Arbeitsteilung, damit auch Entfremdung, Kontrolle und Fremdorganisation verbunden. Die Selbstbestimmung wird in Industriesystemen weitgehend aufgehoben. Repetitive Tätigkeiten, Fertigung in Teilschritten, daraus resultierende zweifache Entfremdung vom Produkt und von sich selbst. In weiteren Formen von Entfremdung werden auch die Beziehungen zu anderen und zur Natur behindert. Der Mensch ist in der Industrie eingebaut in ein System der Effizienzzwänge und der Naturverachtung. Das hohe Maß an geforderter Betriebsamkeit, das effiziente Arbeiten, verhindert zudem die Reflexion, das Lernen und Erfinden. Der Mensch verblödet und gerät in zunehmende Abhängigkeit. In modernen Industrieprozessen sind zum Teil anspruchsvolle Fähigkeiten erforderlich. Dann tendiert die industrielle Produktion aber nur zu einer Ausbildung im gerade noch ausreichenden Maße einer Qualifikation und lässt kaum Spielräume zur Bildung und Weiterentwicklung des Menschen über seine konkrete Tätigkeit hinaus. Die Tendenz in Schulen und Hochschulen zur Ausbildung und Qualifizierung statt zur freien Bildung folgt dieser Tendenz der Industrialisierung. Ein weiteres Anzeichen erscheint uns die erschöpfte, ermüdet und gestresste Gesellschaft, mit gewaltig ansteigenden Fällen von Depression, Mobbingfolgen, Burn-out etc. Der rasende Stillstand, das Rattenrennen, das Plündern und Hetzen mindern Erfindergeist und Wohlbefinden.

Hannah Arendt hat am Ende ihres Buches *Vita Aktiva* mit einem Zitat von Cato in Erinnerung gerufen, dass die Betriebsamkeit nicht unbedingt sinnvoll ist: „Niemals ist man tätiger, als wenn man dem äußeren Anschein nach nichts tut, niemals ist man weniger allein, als wenn man in der Einsamkeit mit sich allein ist."[8] Leider ist sie zu dem geplanten Buch zur Vita Kontemplativa nicht mehr gekommen. Vielleicht hätte sie dort die Wunder der Meditation beschrieben, wenn der Mensch den Einklang mit der Welt wieder findet. Vielleicht hätte sie uns auch in den epikureischen Garten eingeladen, wo man die wahre Seelenruhe im Genuss findet. Apropos Epikur, dieser Philosoph der asketischen Sinnlichkeit war schon in der Antike ein toleranter und moderner Denker, der Frauen und Sklaven in seinen Garten einlud und sie als Gleichberechtigte und Gleichwertige, eben als Menschen ansah.

Schon in den ersten Anfängen der Industrialisierung kritisierten viele Philosophen die Tendenz zur Betriebsamkeit. Henry David Thoreau hat besonders bemerkenswerte Texte dazu verfasst, die alle noch sehr aktuell erscheinen:[9] „Ich habe keine Zeit zu hetzen.", schrieb er in seinem Buch Walden. „Wenn ein Mensch einmal einen halben Tag lang in den Wäldern spazieren geht, weil er sie liebt, dann besteht die Gefahr, dass er als Tagedieb angesehen wird; wenn er dagegen den ganzen Tag als Unternehmer zubringt und diese Wälder abhackt und die Erde vorzeitig kahl werden lässt, so wird er als fleißiger und unternehmungslustiger Bürger betrachtet." Dies formulierte er in seinem Buch Ungehorsam. Und weiter: „Wer einen Beruf ergreift, ist verloren." „Es genügt nicht, nur fleißig zu sein – das sind die Ameisen. Die Frage ist vielmehr: wofür sind wir fleißig?" Man kann das mit Konfuzius ergänzen und sagen: „Wähle eine Aufgabe, die du liebst, und du brauchst keinen Tag in deinem Leben mehr zu arbeiten." „Die meisten Menschen sind, selbst in unserem verhältnismäßig freien Land, aus lauter Unwissenheit und Irrtum so sehr durch die unnatürliche, überflüssige, grobe

---

[8] Arendt, H., Vita Activa, Frankfurt 1981, S. 317.
[9] Thoreau, D.: Über die Pflicht zum Ungehorsam gegen den Staat und andere Essays. Zürich 2010, Walden oder Leben in den Wäldern. Zürich 1971.

Arbeit für das Leben in Anspruch genommen, dass seine edleren Früchte von ihnen nicht gepflückt werden können. Von der anstrengenden Arbeit sind ihre Finger zu plump geworden und zittern zu sehr. Der arbeitende Mensch hat heute nicht die Muße, Tag um Tag wahrhaft sinnvoll zu erfüllen; es gelingt ihm nicht, zum Nebenmann manneswürdige Beziehungen aufrechtzuerhalten; das könnte ja dem Marktwert seiner Arbeit Abbruch tun. Anders als eine Maschine zu sein, hat er keine Zeit."[10]

„Das Reich der Freiheit beginnt in der Tat erst da, wo das Arbeiten, das durch Not und äußere Zweckmäßigkeit bestimmt ist, aufhört; es liegt also der Natur der Sache nach jenseits der Sphäre der eigentlichen materiellen Produktion. (...) Die Freiheit in diesem Gebiet kann nur darin bestehen, dass der vergesellschaftete Mensch, die assoziierten Produzenten, diesen ihren Stoffwechsel mit der Natur rationell regeln, unter ihre gemeinschaftliche Kontrolle bringen, statt von ihm als von einer blinden Macht beherrscht zu werden; ihn mit dem geringsten Kraftaufwand und unter den ihrer menschlichen Natur würdigsten und adäquatesten Bedingungen vollziehen. Aber es bleibt dies immer im Reich der Notwendigkeit. Jenseits desselben beginnt die menschliche Kraftentwicklung, die sich als Selbstzweck gilt, das wahre Reich der Freiheit, das aber nur auf jenem Reich der Notwendigkeit als seiner Basis aufblühen kann. Die Verkürzung des Arbeitstages ist die Grundbedingung."[11]

Der Schwiegersohn von Karl Marx, Paul Lafarque, sah auch die erbärmliche Situation der Arbeitenden. Er beschrieb anschaulich, was sich heute planetar als brutaler Kapitalismus zeigt. Besonders in seinem Essay „Recht auf Faulheit"[12] formuliert er auch heute noch sehr aktuelle Klagen: „Die kapitalistische Moral, eine jämmerliche Kopie der christlichen Moral, belegt das Fleisch des Arbeiters mit einem Fluch; ihr Ideal besteht darin, die Bedürfnisse des Produzenten auf das geringste Minimum zu drücken, seine Freude und seine Leidenschaften zu ersticken und ihn zur Rolle einer Maschine zu verurteilen, aus der man pausenlos und gnadenlos Arbeit her-

---

[10] Thoreau; D.: Walden. Oder das Leben in den Wäldern, Zürich 1971.
[11] Marx, K.: Das Kapital. Kritik der politischen Ökonomie. Dritter Band, Berlin 1988. S. 828.
[12] Lafarque, P.: Das Recht auf Faulheit: Widerlegung des „Rechts auf Arbeit", Hottingen-Zürich: Verlag der Volksbuchhandlungen, 1887.
Download von www.wildcat-www.de/material/m003lafa.htm.

ausschindet." Und bald danach schreibt er: „In der kapitalistischen Gesellschaft ist die Arbeit die Ursache des geistigen Verkommens und körperlicher Verunstaltung." Er beschreibt auch, wie die Arbeiter in inhumanen Verhältnissen arbeiten müssen. Er beklagt, dass selbst Kinder sechs Tage die Woche 12 Stunden arbeiten müssen und die Arbeiter in miesen Hütten zusammengepfercht werden. Genau dieselbe Beschreibung trifft aktuell auch auf die Arbeitsbedingungen in vielen Billigproduktionen Asiens und Afrikas zu.[13] Selbst die Versklavung, die Lohnsklaven arbeiten auch heute weiter für uns. Lafarque sieht auch schon die ewige Suche nach Absatzmärkten und die Externalisierung von Kosten, die Ausbeutung von Arbeitern und die Plünderung der Natur. So schreibt er: „Die ganze Produktivitätssteigerung hat paradoxerweise nicht dazu gedient, die Maschinen für uns arbeiten zu lassen, sondern sie führt zur weiteren Arbeit, zur weiteren Expansion, es wird immer mehr produziert, dass dann in neue Märkte gepumpt wird, wo die Menschen auch auf Pump konsumieren sollen, was das Zeug hält." Lafarque beschreibt auch die Wohlstandsverwahrlosung, die Flucht der Couponschneider in immer perverseren Luxus, wie wir es auch heute in den Gated Communities und Luxusreservaten finden. St Moritz, Dubai, Monaco, um nur einige zu nennen. Sublimierter Luxuskonsum, dreist beworben als „Lebe Deinen Traum", „Faszination für Alphatiere", „Folge dem Instinkt" etc. Für das einfache Volk kreiert man unentwegt neue Mogelprodukte. Markenware, die niemand braucht und widernatürliche Bedürfnisse bedient: Heute heißen diese Produkte bei Verbrauchsgütern bspw. Red Bull (Chemiebrühe für 6 Euro der Liter), nespresso (konventioneller Kaffee für den zehnfachen Preis), Capri Sonne als gesüßtes Wasser mit 7 Stück Zucker pro 25ml und Orangenaroma, Actimel (süßer, hochpreisiger Joghurt verkauft als Gesundheitsvorsorge). Diese Liste der Werbelügen und nutzlosen Produkte könnte man unendlich verlängern und sie wird durch Scheininnovationen jedes Jahr erheblich länger. „Eine seltsame Sucht beherrscht die Arbeiterklasse aller Länder, in denen die kapi-

---

[13] Zur Zeit wird gerade die elende Situation in Indien in kritischen Medien beschrieben. Dort, wo massenweise Kinder an Fabriken verkauft werden. Sie werden zudem geschlagen, misshandelt, um sie zu entmenschlichen und dann um so mehr zu auszubeuten. Es ist eine grausige Realität im Jahre 2013 und die unterste Ebene des globalen Kapitalismus.

talistische Zivilisation herrscht. Diese Sucht, die Einzel- und Massenelend zur Folge hat, quält die traurige Menschheit seit zwei Jahrhunderten. Diese Sucht ist die Liebe zur Arbeit, die rasende Arbeitssucht, getrieben bis zur Erschöpfung der Lebensenergie des Einzelnen und seiner Nachkommen. Statt gegen diese geistige Verirrung anzukämpfen, haben die Priester, die Ökonomen und die Moralisten die Arbeit heiliggesprochen. Blinde und beschränkte Menschen, haben sie weiser sein wollen als ihr Gott; schwache und unwürdige Geschöpfe, haben sie das, was ihr Gott verworfen hat, wiederum zu Ehren zu bringen gesucht. Ich, der ich weder Christ, noch Ökonom, noch Moralist bin, ich appelliere von ihrem Spruch an den ihres Gottes, von den Vorschriften ihrer religiösen, ökonomischen oder freidenkerischen Moral an die schauerlichen Folgen der Arbeit in der kapitalistischen Gesellschaft."[14]

Alle diese Betrachtungen findet man auch schon bei Thomas Morus, einem Philosophen der englischen Renaissance, dem das arbeitsame Streben suspekt vorkam.[15] In seinem Utopia sollen die Menschen höchstens sechs Stunden am Tag arbeiten und sich ansonsten den Leidenschaften, also der Muße hingeben. Er glaubte auch schon daran, dass sich bei der Konzentration auf das Lebensnotwendige, die Menschen genug Waren fertigen können, deren sie bedürfen. Er schlug vor, dass alle an der Werte schaffenden Produktion teilnehmen, eben auch Adelige, Frauen, Priester und schon allein deswegen genügend produziert werden könne, um allen wirklichen Bedürfnissen gerecht zu werden. An heutige Fertigungsautomaten, die uns viel Arbeit ersparen könnten, die immense Überproduktion an purem Nonsens und Statusartikeln konnte er ja noch nicht denken. Thomas Morus sah im Mittelpunkt die Faulheit der herrschenden Klasse. Dies hat sich heute scheinbar geändert. Allerdings sind ja viele Beschreibungen von der Belastung, der Arbeitszeit und dem Risiko der „Leistungsträger" weit übertrieben und zum Teil schlicht erlogen. Zudem denken sich viele dieser Eliten eben die nutzlosen, täuschenden und schädlichen Produkte aus, die ja nur dazu dienen, den Konsum anzuheizen, Menschen auszuplündern oder sie in Verschuldung zu treiben. Das nennen sie dann Arbeit. Wir empfinden als kaum

---

[14] Vgl. Lafarque, P.: Recht auf Faulheit, S 10.
[15] Vgl. Morus, Th: Utopia, Leipzig 1982, S. 60.

nachvollziehbar, wie sich Menschen für dieses durchschaubare Spiel hergeben können. Hoch intelligente Menschen entwickeln Verführungskonzepte in der Reklamewirtschaft, denken sich betrügerische Finanzprodukte aus, entwickeln schwere Rennlimousinen, statt wirklich wichtige Dinge zu entwerfen, wie Kleinkraftwerke, Elektromobile oder genossenschaftliche Organisationen. Für ein wenig Glorie und Luxus lassen sich geistreiche Menschen kaufen. Selbst wenn sie nur einen einfachen Arbeitsplatz errungen haben, wird der vor kurzem noch abgelehnte vehement mit Inbrunst verteidigt. Es erscheint uns als dumm verbrauchte Lebenszeit. Sie entfernen sich von dem, was sie einst liebten und schätzten und verwirken Lebensglück nur, um ein kleines Stück vom Reichtum zu erhaschen.

Die Krise des Planeten zu wenden wird oft mit dem Aufruf zum Verzicht versucht. Es hagelt dann moralische Appelle an Einzelne. Wir sollen verzichten, asketisch leben, wenig Müll erzeugen, nur sinnvolle Dinge kaufen usw. Ja, wir sind es, die die Order geben, Menschen und die Natur weiter auszuplündern. Wir bestellen die billige Textilie, den fetten Braten, das neueste Smartphone und die Rennlimousine. Wir erzeugen Naturzerstörung und Versklavung. Doch sind die Forderungen an das Individuum wirkungslos, weil sich jeder als winzig kleines Glied in der Kette des Bösen sieht. Was soll das schon bewirken? Die anderen machen es doch auch! Wir sortieren doch den Müll. Wir wissen oft nicht was wir tun. Wir wissen noch nicht einmal, was uns am meisten nutzt oder am wenigsten schadet. Kein Konsument kann wirklich souverän entscheiden. Wir spüren auch kaum noch, was wir wirklich wünschen oder wessen wir bedürfen. „We want it, we buy it, we forget it", so bringt es die Künstlerin Barbara Krueger auf den Punkt. Und die Ökonomin Juliet Shor erklärt uns, warum wir kaufen, was wir nie brauchen.[16] Wir haben unbewusst gelernt, die Dinge zu lieben, zu begehren und zu erstreben, die den größten Gewinn versprechen. Wir lieben Autos und Fastfood. Der Wohlständige kauft sich 2 Tonnen Hybridauto, der Ärmere glaubt nur im Discount günstig einkaufen zu können. Andere Öko-Gesinnte fallen auf den Reboundeffekt herein. Weil sie grün wählen und im Bioladen einkaufen, dürfen sie sich auch den Thailandtrip genehmigen.

---

[16] Vgl. Shor, J. B.: The Overspent American: Why We Want What We Don't Need, New York 1998.

Wir sind auch zur Arbeit erzogen. Wir ersehnen den Arbeitsplatz, entwickeln eine Welt der Arbeit, sind erzogen, fleißig zu sein. Auf diese Weise erzeugen wir gewaltige Stoffströme, lösen Transporte um den ganzen Planeten aus, sehen uns gezwungen weiter zu arbeiten, um dann die Dinge zu kaufen und die Reise zu tätigen, die wir permanent als unser Bedürfnis eingeredet bekommen. Es ist ein zerstörerischer Irrsinn. Gestaltwandel durch die Beschleunigung, rennen und rasen. Ungeduld, wenn ein Zug fünf Minuten Verspätung hat. Es entsteht ein Schieben und Zerren. Beim Einstieg in die U-Bahn oder den Bus ziehen fast alle ihre Smartphones aus der Tasche und exkludieren sich. Jeder lebt in seiner Kapsel.

Was wir brauchen ist Muße, um zu erkennen, was wir können und wollen. Freie selbstbestimmte Arbeit eines homo aestheticus. Befreiung von der Arbeit, die uns verzehrt und unser Leben verdirbt. Automation könnte Freiheit bedeuten. Die Produktivität könnten wir nutzen, weniger zu arbeiten. Doch die kapitalistische Maschine will immer mehr und bedarf der Steigerung. Eine Poetisierung des Lebens, das Wabi-Sabi, sinnliche Askese und der Genuss wären Ansatzpunkte, um aus dem wohl organisierten Wahnsinn zumindest zeitweilig auszuscheren. Aber wir sollen, so scheint es, gar nicht zur Ruhe kommen. Wir sollen gar nicht genießen, sondern verzehren. Wir sollen gar nicht so viel wahrnehmen, werden in Trab gehalten durch Belastung, Zeitdruck, Bürokratismus, Betriebsamkeit, Überprüfung, Verunsicherung.

Muße ist ein tätiges Nichtstun, entspricht dem Prinzip *wúwéi* aus der asiatischen Kultur. Sie ermöglicht das Werden zu beobachten und Erlebnisse zu genießen. Muße erscheint uns als eine Möglichkeit, den Sinn des Lebens zu entdecken, sich zu besinnen und am sozialen Leben aktiv teilnehmen zu können. Menschen in Muße finden zu sich und zu den anderen. Sie sind liebenswürdiger und kreativer weil weniger gedrängt. Langsamkeit intensiviert die Erfahrung; sinnliche Erlebnisse, Kleinigkeiten werden sichtbar.

Die Globale Industriegesellschaft

Der ganze Planet leidet unter der Betriebsamkeit des Menschen. Der Ausbeutung der Natur, der Rastlosigkeit, dem gieren nach mehr vom selben.

Selbst viele Teile Europas gelten weiter als Industrieregionen. Rein statistisch gesehen sind über 40% der Arbeitsplätze industrieller Natur – eine überaus innovative Industrie mit zahlreichen „Hidden Champions". Das Gerede vom Ende der Industriegesellschaft erscheint als unzutreffend. Es scheint hier in erster Linie um das Schaffen, Werken und Schuften zu gehen. Es schickt sich nicht in Cafés zu hocken und über Boulevards zu flanieren. Alle Menschen scheinen unentwegt zu arbeiten. So haben auch Veränderungsprojekte, die wir mit Unternehmen versuchten, teilweise sehr viel Mühe gekostet. Mit wenigen Ausnahmen wollte man nicht substanziell verändern, meistens nur so viel wie eben notwendig.[17] Die Industriegesellschaft hat nicht aufgehört zu existieren, entgegen der populären und immer wieder nacherzählten These vom Anbruch der Dienstleistungsgesellschaft. Seit Daniel Bell wird diese These immer wieder zitiert und unterstrichen oder aber als selbstverständlich bezeichnet.[18] Bell behauptete, dass die Dienstleistungen dominieren und uns die neuen Technologien reine Wissens- und Kreativitätsarbeit bescheren. Diese Chance auf einen anderen Wohlstand haben wir bis heute nicht genutzt. Die Industrie ist ein Fleißsystem, wobei meist seriell gefertigt wird. Von einer Abschaffung kann kaum die Rede sein – weder hier und schon gar nicht in der sogenannten Dritten Welt. Es wird schnell vergessen und verdrängt, dass wir im Weltmaßstab ein Höchstmaß an Industrie und zum großen Teil auch in Form von Ausbeutungssystemen vorfinden. Zudem sind viele Dienstleistungen auch als Industriesystem organisiert. Die Arbeit in McJobs und die Fertigung für Discounter bedeuten für die meisten Menschen schweißtreibende Arbeit zum Hungerlohn.

Industriegesellschaften sind gefräßig, maßlos, grenzenlos. Im Kapitalismus sind alle auf den Finanzmarkt orientierten Unternehmen auf Wachstum und Expansion gepolt. Neben diesen strukturellen Wachstumstreibern existieren noch mentale und sozio-kulturelle Treiber, die durch Reklame, Einschüchterung und Konkurrenzdenken evoziert werden. Es kann hier von stofflich-ökologischer und sozio-kultureller Entropie gesprochen werden. Es entsteht eine Tendenz zur Vereinheitlichung, Trivialisierung und Zerstreuung. Die über Jahrmillionen entstandenen natürlichen Rohstoffe wer-

---

[17] Diese Forschungs- und Beratungsprojekte sind teilweise in unseren Büchern dokumentiert. Vgl. Bergmann, G./ Daub, J.: Das Menschliche Maß, München 2012.
[18] Vgl. Bell, D.: Die nachindustrielle Gesellschaft, Frankfurt 1975.

den in extrem kurzer Zeit entwertet. Kohle, Öl, Gas und Uran werden in wenigen Jahrzehnten pulverisiert bzw. unbrauchbar gemacht. Dabei wird die Erde verschmutzt, zum Teil für extrem lange Zeit. Soziale Entropie (Wertezerstörung) entsteht parallel durch das zerstörerische Konkurrenz- und Ausbeutungssystem, das die Menschen gegeneinander positioniert. Die Reklame- und Eventindustrie erzieht die Menschen zudem zur Eindimensionalität und redet ihnen ein, sie benötigten Konsumartikel. Wenn man alle Menschen nach ihrem Einkommen auflistet, dann befinden sich die Menschen mit einem Jahreseinkommen von netto 18.000 € unter den ersten 3%. (Vgl. globalrichlist.com) Eine extrem kleine Gruppe von Menschen bestimmt also über die Produktionsbedingungen in der Welt, bestimmt über die Urwaldrodung und die Energievergeudung, über die Kinderarbeit und die Lohnsklaverei. Die globalen Unternehmen verhalten sich in der Regel wenig verantwortlich. Sie sind strukturell auf Externalisierung und Expansion fixiert. Sie überschwemmen den Markt mit Einheitsware, versuchen die Wertschöpfungsketten zu verzerren. Lokale Produktion könnte helfen, die Arbeit wieder interessanter zu machen. Es würden dann auch mehr Arbeitsplätze entstehen und die negativen ökologischen Folgen reduziert.[19]

Die Hauptprobleme: Perspektivlosigkeit und mangelnde Verantwortung

Alles sieht nach Arbeit aus. Wer aber immer arbeitet, kann nicht sonderlich erfinderisch sein, heißt es. Für das Lernen und die Kreativität braucht man Muße. Wir sind in der Region Siegerland tätig, wo sich die Industrieorientierung noch deutlich zeigt und auf einer langen Tradition fußt. Sieger- und Sauerländer haben sich trotz ihres Fleißes als erfinderisch erwiesen. In zahlreichen Unternehmen werden und wurden wichtige Ideen und Innovationen entwickelt. Nur sind diese Novitäten und Patente sehr funktionsorientiert und an konkrete Unternehmensprojekte gebunden. Auch ist man noch auf veraltete Technologien und Märkte ausgerichtet und zum Teil auf die Rahmenaufträge aus internationalen Konzernen angewiesen. Nur wird im alten Wachstumsparadigma weiter agiert. Wir müssen aus diesem Steigerungs-

---

[19] Vgl. dazu www.economiesofhappiness.com und Bergmann / Daub 2012.

spiel des Irrsinns austreten und andere Wohlstandsmodelle entwickeln. Diese arbeitswütige Industriegesellschaft führt absehbar in den Untergang. Allein mit der Entwicklung von mehr Energieeffizienz lässt sich das Problem nicht lösen. Bis wir alle ökologische Autos fahren und aaa- klassifizierte Kühlschränke und Flachbildschirme angeschafft haben, ist die Welt schon untergegangen. Es ist eine Illusion, dass es so weiter gehen kann, nur mit anderer Technik. Im Zeitalter des Anthropozäns beherrscht der Mensch die Welt, er bestimmt direkt ihr Schicksal. Es gibt kaum noch Flecken auf dem Planeten, die nicht ökonomisch genutzt werden. Auch die Erde findet keine Muße mehr. So benötigen wir Räume der Besinnung und Neuorientierung, also Mußeräume zur Erfindung des anderen.

Erfinderische und zukunftsfähige Regionen: Heterotope und Utopien

Es hat schon immer und an verschiedenen Orten besonders erfinderische, künstlerisch und wissenschaftlich herausragende Sphären gegeben. Dies waren, um mit Foucault zu sprechen, Heterotope, also Orte, an denen etwas anders sein darf, wo die Normierung, der Zwang zum Normalen und Konformen nicht gilt. Wir brauchen Utopien, also Noch-Nicht-Orte, wo der Geist auf Reise gehen kann, um das Repertoire der Möglichkeiten zu erweitern. So gilt die Renaissance in Norditalien als ein besonderes Beispiel einer Epoche der Erfindungen und zugleich kulturellen Erneuerungen. In der Region Norditalien hat es im 14. bis 16. Jahrhundert besonders förderliche Bedingungen gegeben. Der Historiker Peter Burke hat insbesondere die relative Gleichheit, den Zugang zu Bildung, die enge Vernetzung, die Friedenszeiten, das Interesse und die Förderung durch die Mächtigen sowie die relative Freizügigkeit ausführlich beschreiben. Ein weiteres Beispiel ist das „Haus der Weisheit" in Bagdad als Zentrum der arabischen Wissenschaften des Mittelalters. Auch hier war es wahrscheinlich kein Zufall, dass sich markante Persönlichkeiten entfalten konnten.[20] In der mo-

---

[20] Vgl. Burke, P: Die Renaissance, Berlin 1990 und Al-Khali, J.: Im Haus der Weisheit, die arabischen Wissenschaften als Fundament unserer Kultur. Frankfurt 2011. Al-Khali zeigt eine musterhafte Verbindung zwischen den verschiedenen erfinderischen Zentren über die Jahrhunderte: Es herrschten immer Frieden und Freiheit, es gab Mäzene, ein

dernen Wohlstandsgesellschaft haben sich immer wieder solche kreativen Zentren und Regionen gebildet. Heutige Regionalforscher kommen zu ähnlichen Beschreibungen bei der Beobachtung von innovativen Regionen wie dem Silicon Valley. Auch in Deutschland sind erfinderische Agglomerationen bekannt, wo sich in enger Nachbarschaft zahlreiche Unternehmen mit heutiger Weltgeltung entwickelt haben. Diese Hidden Champions sind sowohl in Baden Württemberg und weiteren Regionen, als auch im Siegerland und Sauerland entlang der heutigen A 45 zu beobachten.[21] Im Anschluss an Paul Krugman und Robert Lucas mit ihren Forschungen zu Regionen, Standorten und Agglomerationen im Rahmen der „New Economic Geography"[22] hat Michael Porter einen weiteren Schritt von der infrastrukturellen zu einer eher auf Lernen und Wissen sowie Netzwerke ausgerichteten regionalen Innovationsförderung begangen.[23] Spillover-Effekte und positive externe Effekte sowie gegenseitige Inspiration (mutual fertilization) gelten als positive Wirkungen einer solchen Regionalförderung. Vor allem der kanadische Forscher Richard Florida hat die Diskussion zur so genannten „Creative Class" angeregt.[24] Es handelt sich hierbei um das kreative Milieu der Künstler, Erfinder, Forscher, Gründer, Unternehmer und Innovateure. Solche Akteure beschäftigen sich mit non-trivialen, ergebnisoffenen Prozessen und Problemstellungen, entwickeln Lösungen in komplexen Umfeldern mit hoher Ungewissheit. Sie agieren in erster Linie außerhalb

---

Zusammentreffen heterogener Akteure oft mit ganz unterschiedlichem kulturellen und religiösem Hintergrund und es existierten Foren des Austausches. Vgl. bes. S. 354ff.

[21] Vgl. Darstellung bei Piore, J.M./ Sabel, CF: Das Ende der Massenfertigung, Berlin 1985, die die flexible Spezialisierung als Kooperationsform von Unternehmen beschrieben. Nähere Ausführungen auch in unserem Essay 5 in diesem Band.

[22] Krugman, P.: Geography and Trade. Leuven / Cambridge / London 1991. Vgl. Lucas L., Robert E.: On the mechanics of economic development, in: Journal of Monetary Economics 1988/22 Issue 11, S. 3-42.

[23] Vgl. Porter, M. E.: ‚Clusters and the new economies of competition', in: Harvard Business Review 1988/11/12, S. 77-90.1998.

[24] Vgl. Florida, R.: The Rise of the Creative Class. And How It's Transforming Work, Leisure and Everyday Life. New York 2002. Nach der scharfen Kritik am Konzept und einer unseres Erachtens auch einseitigen Auslegung des Konzeptes in manchen Regionen (Stichwort Gentrifizierung) präzisiert der Autor seine Vorstellungen in seinem neuen Buch The Great Reset. Hier versucht er darzustellen, wie wir unseren Lebensstil kreativ in Richtung Zukunftsfähigkeit umgestalten müssen.

des „ökonomischen" Denkens, sind aber sehr bedeutungsvoll für die zukunftsfähige Entwicklung von Regionen und für die mitweltgerechte Lösung anspruchsvoller Zukunftsfragen. In der neuen Realität der Globalisierung haben Regionen eine große Chance, an wesentlichen Prozessen von Zukunftslösungen, von Innovation, Design und Technologie teilhaben zu können. Der Wohlstand der Zukunft bildet sich dabei zunehmend weniger auf Rohstoffen und Massenproduktion als wesentlich aus Know-How, intellektuellen Fähigkeiten und einer engen Vernetzung unterschiedlicher Sphären. Die wettbewerbsfähigen Regionen der Zukunft werden sich zu „kreativen Sphären" entwickeln, die sich durch kulturelle Offenheit und eine neue Form interaktiver Innovationen auszeichnen. Der Zukunftsforscher Leo Nefiodow beschreibt in seinem Buch zum sechsten Kondratieff wichtige Entwicklungsfaktoren. Er meint, die seelische Gesundheit und die aus ihr hervorgehenden sozialen Fähigkeiten und produktiven Kräfte wie Zusammenarbeit, Menschenkenntnis, Kreativität, Motivation und Lernbereitschaft werden in der Arbeitswelt immer wichtiger.[25]

Die Anziehung dieser talentierten und qualifizierten Kräfte ist der Schlüssel, um die innovative Entwicklung von Regionen zu ermöglichen. Diese gesellschaftliche Entwicklung zu erreichen, wird davon abhängen, wie die Schaffung neuer Ideen, neuer Technologien und hilfreichen Wissens ermöglicht wird. Deutliche Entwicklungsfortschritte sind kaum durch Technologie zu erreichen. Vielmehr entstehen zum Teil extreme Produktivitätsfortschritte durch Kooperation und Vernetzung und durch ein Lernen voneinander.[26] Der Wohlstand der Zukunft hängt insofern von der Kultur unseres Zusammenlebens ab. In vielen Regionen Deutschlands und Europas existieren hilfreiche Konstellationen mit hoher Interdisziplinarität, einer Ausrichtung auf Entrepreneurship und Familienunternehmen. Oft hat man mit Problemen zu kämpfen (struktureller Umbau der klassischen Industrie, geringe Attraktivität für Hochqualifizierte, Demographieentwicklung, Fachkräfteproblem). Der Rolle der lokalen Akteure und Institutionen kommt eine wichtige Funktion in der Gestaltung, Umsetzung und Forschung sowie im Bereich der Kreativitäts- und Innovationsförderung zu.

---

[25] Neofidow, L.: Der sechste Kondratieff: Wege zur Produktivität und Vollbeschäftigung im Zeitalter der Information. Sankt Augustin 2006 [1996].S. 89.
[26] Vgl. Ebenda, S. 87.

Auch und gerade in Regionen ist daran zu denken, Vielfalt zu erhöhen oder nur die vorhandene Heterogenität der Menschen sichtbar zu machen und zu nutzen. Dies kann über einen vereinfachten Zugang für alle Akteure geschehen, also die Mitwirkung neben den formalen demokratischen Gremien und Parteien zu ermöglichen. Gemeinsame Feste und Orte der zufälligen Begegnung und Projekte für bürgerschaftliches Engagement wirken zudem sehr förderlich. Es wird zudem viel vom Fachkräftemangel und dem demographischen Wandel erzählt. Der Fachkräftemangel wäre in vielen Bereichen schon allein dadurch zu beheben, wenn ältere Mitarbeiter in den Betrieben gehalten würden, wenn mehr Frauen eine Chance bekämen und die Menschen mit Migrationshintergrund vorurteilsfreier engagiert würden. Nach der Definition der Bundesagentur für Arbeit liegt ein Fachkräftemangel vor, wenn es 150 Bewerber auf 100 Stellen gibt. In unseren Forschungen identifizieren wir zudem „gläserne Wände"[27] für Menschen mit ausländischer Herkunft und für Frauen- besonders in Kombination.

Es erscheint uns wichtig, auf die Aufrechterhaltung der Offenheit, Gleichheit und der Vielfalt zu achten. Oft ist den regionale Verwaltungen und Initiativen die Steigerung der kulturellen Attraktivität nur Mittel zum Zweck. Sie nutzen Künstler als Agenten für die Erhöhung der Immobilienwerte und der „Standortqualität". Sie degradieren Kunst zur Dekoration und Künstler zu Kleinunternehmern. Es folgt dann oft die so genannte Gentrifizierung (von engl. *gentry* niederer Adel) mit der Vertreibung der ursprünglichen Bewohner durch die Edelsanierung und die daraus folgende Mietpreiserhöhung und den Zuzug von gehobenen Mittelklassebürgern. Dauerhaft erhält man eine erfinderische Sphäre nur, wenn die genannten Merkmale ausgebaut werden und nicht wieder auf rein kurzfristige ökonomische Ziele verengt werden. Das ökologische und ökonomische Maß wird eingehalten durch eine dezentrale Energieversorgung, den Schutz der Allmende (Commons) und eine vorsichtige Haushaltpolitik. Die Menschen in solchen Zentren engagieren sich für die Region, sind als Mäzene oder im Ehrenamt tätig. Es gibt eine Reihe von Gemeinschaftsprojekten und besonders interkulturelle Toleranz. Mit der alten Arbeitskultur und interna-

---

[27] Wir haben in unseren Forschungen festgestellt, dass Frauen zwar immer häufiger Zugang zu Management-Positionen finden, sie aber wie durch gläserne Wände von den Positionen getrennt sind, die „nach ganz oben führen".

tionalen Ausbeutung ist eine Gesellschaft nicht zukunftsfähig. Es widerspricht allen Elementen, die Resilienz, Zukunftsfähigkeit und Responsivität ermöglichen. Überlebensfähige Systeme sind nicht auf quantitatives Wachstum angewiesen und entwickeln sich erfinderisch sowie qualitativ weiter. In einem solchen System werden Regeln für ein gutes Zusammenleben gemeinsam entwickelt. Es ist ein System, in dem Menschen gegenseitig resonant wirken, sich anregen, unterstützen und sich auch im Zaume halten. Wo jeder nach seiner Fasson selig werden kann, alle gleiche Rechte haben und die Maxime des jeweiligen Handelns mit anderen Lebensweisen harmoniert. Es ist ein System der Freiheit in Verantwortung. Auf allen Ebenen menschlichen Handelns sind wohl drei Bereiche zu erweitern. Menschen und mit ihnen die sozialen Systeme müssen erfinderischer werden, um andere, exnovative Lösungen zu kreieren. Dazu müssen Fähigkeiten zur Kooperation und Verständigung verbessert werden. Alle Gestaltungen sollten zudem zukunftsfähig im Sinne von durchhaltbar, ökologisch und fair sein.

Wir brauchen geeignete Umstände, die eine Koevolution ermöglichen. Wir brauchen eine gegenseitige Zähmung des Menschen im immer wieder eingeforderten, ja verpflichtenden Diskurs. Nur gemeinsam treffen wir gute Entscheidungen. Das Ich entsteht am Du, sagte Martin Buber. Es sind die Anderen, die uns entwickeln. Der Mensch verirrt sich in seiner solitären Freiheit. Er braucht Resonanz auf sein Verhalten durch andere, die Natur und die Dinge. Die Asymmetrien der Kommunikation erzeugen eine extreme Schieflage zwischen Bürgern und Experten und zwischen Konsumenten und Produzenten. Die Dezentralisierung und Relokalisierung der Wirtschaft kann hier einen sehr positiven Beitrag leisten. Menschen werden befähigt, sich selbst zu versorgen, Dinge zu erstellen und zu pflegen. Auch ist dabei eine intensivere Zusammenarbeit wahrscheinlich. Die Menschen wenden sich wieder gegenseitig zu.[28] Der aktuelle und der historische Kontext spielen eine enorme Rolle. Diese Kontexte kann man jedoch förderlich gestalten, also die Wahrscheinlichkeit für gute Entscheidungen erhöhen.

---

[28] Vgl. Bergmann, F.: Neue Arbeit, Neue Kultur, Freiamt 2004; Bergmann, F.: Die Freiheit leben. Freiburg 2005;
Bergmann, F./ Friedmann, S.: Neue Arbeit kompakt. Vision einer selbstbestimmten Gesellschaft, Freiburg 2007.

Neben der Kreativität und Entwicklungsfähigkeit können auch Empathie und Kooperationsfähigkeit gefördert werden.

Besonders bedeutsam ist wohl, sich individuelle Spielräume zu erarbeiten, unabhängig und frei zu sein, indem man Entscheidungen nur aus purer Freude trifft und so Zugang zu seinen Träumen, Fantasien und Leidenschaften bekommt. Man schafft dadurch mehr Handlungsoptionen für sich und andere. Was uns fehlt ist nicht der Fleiß, das Streben nach Erfolg und die Betriebsamkeit, sondern eher das Gegenteil: eine Rückkehr zum Genuss, zur Liebe und Leidenschaft. Wir wurden zur Arbeit erzogen, mag sie auch noch so sinnlos, entfremdet und zerstörerisch wirken. Bestens ausgebildete Ingenieure und Techniker entwickeln und fertigen Rennlimousinen und anderen Unsinn. Diese geballten Kompetenzen könnten auch für sinnvolle, zukunftsfähige Produkte und Dienste eingesetzt werden. Als wir die schönen, guten Ziele aus den Augen verloren, ruderten wir umso schneller, so kann man in Anlehnung an Mark Twains Huck formulieren. Wir rudern mit großer Energie in die falsche Richtung.

Wir benötigen für die neuen Herausforderungen einen fundamentalen Umbau der Industriegesellschaft. In viel zu viele Bereiche ist die Ökonomisierung vorgedrungen. Wir haben die Chance auf einen anderen Wohlstand für alle; für einen Wohlstand im Einklang mit der Natur und der unseren Nachkommen eine lebenswerte Welt hinterlässt. Das geht mit mehr Miteinander, mehr Demokratie, mehr Kooperation, mehr Spaß, Genuss und Lebensfreude. Der große Ökonom John Maynard Keynes hat schon vor vielen Jahren von der Möglichkeit eines anderen Wohlstands gesprochen:

„Der Tag ist nicht weit, an dem das ökonomische Problem in die hinteren Ränge verbannt wird, dort, wohin es gehört. Dann werden Herz und Kopf sich wieder mit unseren wirklichen Problemen befassen können – den Fragen nach dem Leben und den menschlichen Beziehungen, nach der Schöpfung, nach unserem Verhalten und nach der Religion."[29] *J. M. Keynes 1948*

Zur musikalischen Abrundung empfehlen wir den Song Watching the Wheels von John Lennon. Hier nur drei Strophen:

---

[29] J. M. Keynes 1948, zitiert nach Weber, A.: ‚First Annual Report of the Arts Council (1945-1946)', in: ders.: Biokapital. Die Versöhnung von Ökonomie, Natur und Menschlichkeit, Berlin 2008, S. 7.

III Musse ist aller Lösung Anfang

People say I'm crazy
Doing what I'm doing
Well, they give me all kinds of warnings
To save me from ruin

I'm just sitting here
Watching the wheels go round and round
I really love to watch them roll

Ah, people asking questions
Lost in confusion
Well, I tell them, there's no problem
Only solutions

IV Wem gehört die Welt? Wem sollte sie gehören?

Eigentum in der Mitweltökonomie[1]

*„Die Welt ist eine Welt."; „Den Besitz
aufgeben und durch Nutzung ersetzen."*
John Cage

Die Schätze der Welt sind sehr ungerecht verteilt. Durch den Zufall der Geburt verfügen wir über sehr unterschiedliche Chancen, haben unterschiedliche Probleme zu bewältigen und Risiken zu ertragen. Sollte es jedoch nicht Aufgabe einer kultivierten menschlichen Gemeinschaft sein, diese extremen Unterschiede etwas auszugleichen, anstatt sie noch zu vergrößern? Man kann doch nicht wirklich glücklich sein auf Kosten anderer. Es geht darum, möglichst allen Menschen ein gehaltvolles Leben zu ermöglichen. Dabei steht die Frage des Eigentums im Mittelpunkt.

Eigentum und Mitwelt

Wir leben in einer absurden, teilweise obszönen (lateinisch obscenus: schmutzig, verderblich, schamlos) Welt. Das gemeinsame Eigentum Erde wird zunehmend von einigen wenigen für sich beansprucht. Die Schöpfung wird privatisiert, übernutzt, geraubt und ausgebeutet. Gemeineigentum wird durch Verschmutzung und Markierung entwertet und der Gemeinschaft entzogen. Selbst Menschen sind noch Eigentum als Sklaven oder ausgebeutete Arbeiter. Darf man alles den Märkten überlassen? Gibt

---

[1] Dieses Kapitel basiert auf einem Vortrag von G. Bergmann zu „Eigentum in der Mitweltökonomie" im Forum Siegen 2014.

es Bereiche, die besser nicht privatisiert werden? Ist Effizienz ein Ziel? Wenn alles privatisiert ist, kann man dann noch von Demokratie sprechen? Wenn über 80% des Vermögens einseitig vererbt wird, kann man dann noch von einer Leistungsgesellschaft sprechen? Eigentlich gehört alles allen. Doch können wir ohne privates Eigentum leben? Ist nicht die treuhänderische Verwaltung des Eigenen auch eine Möglichkeit friedlicher Koexistenz? Darf man besitzen ohne zu haften und Verantwortung zu tragen? Gerne wird von einigen liberalistischen Akteuren Joseph Schumpeter zitiert, der die wahre Demokratie in der Abstimmung mit dem Geldschein entdeckte. Ist es aber die Herrschaft des Volkes, wenn gewaltige Asymmetrien von Macht und Information auf den Märkten vorliegen, wenn sehr wenige das Vermögen besitzen, und damit die Abstimmungen beherrschen? Alles soll einen Preis bekommen: Menschen, Wasser, Land und Rohstoffe. Der Wert eines Menschen wird nach seinem Ertragswert in „Humankapital" gemessen.[2] Wasser und Saatgut werden privatisiert. Investorenschutz geht vor Menschen- und Umweltschutz. Wenn das Eigentum so extrem ungleich verteilt ist, kann man dann noch von der Gleichheit der Menschen sprechen?[3] Wem gehört die Welt? Wem sollte sie gehören? Im Folgenden werden wir uns auf die Suche nach einem sinnvollen Weg begeben. Zunächst dienen ein paar Zitate der Einstimmung auf das Thema:

„*Money makes a good servant, but a bad master.*" *(Francis Bacon)*

„*Ihr könnt nicht Gott dienen und dem Mammon.*" *(Jesus, Mt 6,24)*

„*Der sittliche Mensch liebt seine Seele, der gewöhnliche sein Eigentum.*" *(Konfuzius)*

„*Was du ererbt hast von deinen Vätern, erwirb es, um es zu besitzen.*" *(J.W. v. Goethe)*

---

[2] Vgl. Film von Was bin ich wert? von Peter Scharf. Die Angehörigen von 9/11 Opfern erhalten Enstchädigungen in Höhe des entgangenen Ertragswertes der Opfer: Also mehrere Millionen für einen Investmentbanker und einige Zehntausend Dollar für einen Feuerwehrmann, der ihn retten wollte.

[3] 1% der erwachsenen Weltbevölkerung verfügt über mehr als 50% des gesamten Weltvermögens. (Oxfam Bericht Working for the few oxfam.org)). 2,8 Milliarden Menschen auf der Welt leben in extremem Elend und Armut. (World Institute for Development Economics Research (WIDER).

IV Wem gehört die Welt? Wem sollte sie gehören?

„Etwas muß er sein eigen nennen oder der Mensch wird morden und brennen."
(F. Schiller)

„Was ist ein Dietrich gegen eine Aktie? Was ist der Einbruch in eine Bank gegen die Gründung einer Bank?" (B. Brecht)

„Eine tiefe, unbewußte Klugheit sagte ihnen, daß die Herrschaft des Privateigentums sich in dem Geist der Ausgebeuteten so tief verankert hatte, dass ihnen dieses System als göttliches Recht erschien." (M. Vargas Llosa)

„Wenn ein Mann dir erzählt er sei durch harte Arbeit reich geworden, frag ihn:

„Durch wessen?" (Don Marquis)

„Es herrscht Klassenkrieg, richtig, aber es ist meine Klasse, die Klasse der Reichen, die Krieg führt, und wir gewinnen." (Warren Buffet)

Wie kann es sein, dass wir alles unter Verwertungsgesichtspunkten betrachten? Was bringt mir die Beziehung zu dem oder der? Was kann man aus dem Grundstück herausholen? Wie erziele ich eine möglichst hohe Rendite aus meinem Investment? Was nützt mir das und dies? Man wird seinen Lebenssinn verwirken, wenn man alles nach Zweck und Nutzen beurteilt und alles instrumentalisiert. Wenn alles Kapital ist, gibt es keine Welt mehr. Wenn man Kapital aus etwas schlägt, bedeutet das, den Druck auf andere und oder die Natur zu erhöhen. Schauen wir uns aber zunächst an, was Eigentum überhaupt ist.

Was ist Eigentum?

Eigentum ist die rechtliche, Besitz ist die faktische Verfügung über etwas. Eigentum ist ein zentrales Element in der Wirtschaftsordnung. Es kann dabei zwischen Privateigentum und Gemeineigentum (Allmende, Commons) unterschieden werden. Die Verfügung über Kapital bestimmt ganz wesentlich über die Möglichkeiten aller Akteure. Allgemein begreift man Kapitalismus als eine Wirtschafts- und Gesellschaftsordnung, die auf Privateigentum an den Produktionsmitteln und einer Steuerung von Produktion und Konsum über den Markt beruht. Als Privateigentum werden sowohl durch

Leistung als auch durch fragwürdige Inbesitznahmen erworbene Rechte bezeichnet.[4]

Die Kehrseite von Vermögen oder Eigentum sind Schulden. Sie führen zur Verfügung über Menschen. Die Überschuldung einer Person oder eines Systems bedeuten Versklavung. Der Mensch, der seine Schuld dem Lehnsherrn nicht zurückzahlen kann, ist der abhängige Sklave. Ein wesentliches Machtinstrument ist es, die Menschen in die Verschuldung zu treiben, ihnen falsche Versprechungen zu machen. Dann begeben sie sich in zunehmende Abhängigkeit. Das Gleiche passiert mit Unternehmen oder ganzen Staaten, die sich in eine wie auch immer begründete Verschuldung haben treiben lassen. Sie können dann zu „Reformen" gezwungen werden, die ihren vorherigen Intentionen widersprechen.

Das Eigentum ist die Grundlage unseres Wirtschaftssystems. Die beiden Hauptsysteme sind der Kapitalismus und der Kommunismus. Sie unterscheiden sich insbesondere durch die Art des Eigentums. Im Kapitalismus sind die wesentlichen Produktionsstätten in Privateigentum organisiert, im Kommunismus sind sie verstaatlicht. Die Koordination der wirtschaftlichen Akteure ist im Kapitalismus der Markt, im Kommunismus der Plan. In beiden Bereichen gibt es natürlich alle Zwischenformen. So gibt es auch die Möglichkeit privater Wirtschaft im Kommunismus sowie planwirtschaftliche Elemente und staatliche Betriebe im Kapitalismus. In letzter Zeit erinnert man sich in Praxis und Forschung wieder an die Vorteile gemeinsamen Eigentums, den so genannten Commons.[5] Mit den Commons soll eine Zwischenform entstehen. Dazu später.

Im deutschen Grundgesetz ist das private Eigentum prominent gesichert:

„Das Eigentum und das Erbrecht werden gewährleistet. Inhalt und Schranken werden durch die Gesetze bestimmt." Es wird aber auch eine Verantwortung mit berücksichtigt: „Eigentum verpflichtet. Sein Gebrauch soll zugleich dem Wohle der Allgemeinheit dienen." (Art. 14/1,2)

---

[4] Vgl. Zu Definitionen und einer vielseitigen Diskussion des Themas: Eckl, A./ Ludwig, B.(Hg.): Was ist Eigentum? Philosophische Positionen von Platon bis Habermas, München 2005.
[5] Vgl. Hier den umfassenden Band von Helfrich, S. und Heinrich Böll Stiftung (Hg.): Commons- Für eine Politik jenseits von Markt und Staat 2012.

„Eine Enteignung ist nur zum Wohle der Allgemeinheit zulässig. Sie darf nur durch Gesetz oder auf Grund eines Gesetzes erfolgen, das Art und Ausmaß der Entschädigung regelt. Die Entschädigung ist unter gerechter Abwägung der Interessen der Allgemeinheit und der Beteiligten zu bestimmen. Wegen der Höhe der Entschädigung steht im Streitfalle der Rechtsweg vor den ordentlichen Gerichten offen." (Art. 14/3)

Im deutschen Grundgesetz ist ebenso ein Widerstandsrecht verankert, das aufgrund der schrecklichen Erfahrung in der NS-Diktatur entwickelt wurde (Art. 20/ 4). Es legitimiert den Gesetzesverstoß, bei legalem Unrecht, also, wenn die demokratische und soziale Ordnung bedroht ist. Danach dürften wir schon heute Widerstand leisten, denn es gibt große Kapitaleigner, die die freiheitliche Gesellschaft unterminieren. Hier wird das Wesen der „Privatisierung" deutlich (lat. privare „berauben"). Aber auch dazu später...

Grundsätzlich hat Privateigentum große Vorteile, es beseitigt die Vernachlässigung, es ermöglicht Verteilungsgerechtigkeit, es befriedigt die Freude an Haben und Besitzen, es gibt einen „Trost der Dinge"[6], es begrenzt die Geselligkeit auf ein zumutbares Ausmaß, es befriedet die Beziehungen der Nachbarn durch „Einfriedung" und es schafft persönliche Freiheit.

Auf der anderen Seite führt die Eigentumsgarantie ohne Haftungsregelungen und ohne Verantwortung zu einer Einschränkung der Freiheit der Meisten. Die einseitige Verteilung und die mangelnden Chancen Eigentum neu zu erwerben, lassen eine Gesellschaft zum Feudalsystem verkommen. Kapitalbesitz bedeutet, der Inhaber hat das Vermögen über etwas zu verfügen, er kann andere davon ausschießen. Das Eigentum über Produktionsmittel und Ressourcen macht dabei einen großen Unterschied. Auch die Inbesitznahme von Naturgaben durch Patentierung, die Privatisierung von öffentlichem Raum u.v.m. können das Leben der meisten sehr erschweren.

Werte werden nur durch Arbeit geschaffen, wenn aber Menschen Eigentumsrechte vornehmlich erwerben, ohne zu arbeiten, dann gibt es ein Problem. Der französische Ökonom Thomas Piketty hat heutige Statistiken mit Daten aus dem 19. Jahrhundert verglichen und so eine Formel gefun-

---

[6] Vgl. Dazu die anschauliche Schilderung zur Bedeutung persönlicher Dinge im Alltagsleben: Miller, D: Trost der Dinge, Berlin 2010.

den, die den vielleicht wichtigsten langfristigen Trend unserer Wirtschaft beschreibt: r > g. Die Rendite auf Privatvermögen (r) ist größer als das Wirtschaftswachstum (g). Wenn man dabei nicht gegensteuert, führt das zu extremer Ungleichverteilung und gefährdet den Zusammenhalt ganzer Gesellschaften.[7] Kapitaleinkommen schaffen selten Arbeitsplätze, wenn sie nicht mit Haftung verbunden sind, da der Kapitalbesitzer sein Kapital mehren möchte, ohne daran zu denken, unter welchen Umständen dies geschieht. Der Börsenwert von Unternehmen steigt mit der Reduktion der Arbeitsplätze beziehungsweise der Anzahl der Mitarbeiter. Die Konzentration des Vermögens in der Hand weniger ist eine geradezu logische Folge des kapitalistischen Systems. Durch *Land Grabbing* wird die Situation noch extremer. Kapitalbesitzer und Investoren können ganze Staaten unter Druck setzen und eine Landnahme als legalisierten Raub realisieren. In rohstoffreichen Ländern werden die Lebensbedingungen der dort lebenden Menschen dadurch extrem verschlechtert. Besonders das Verwertungsinteresse der Vermögensbesitzer erzeugt Druck auf alle, die über wenig Kapital verfügen und sich allein mit ihrer Arbeitskraft in den Dienst der Mehrung des Kapitals der wenigen stellen müssen. Mehr egalitäre Gesellschaften können durch Erbschaftssteuern, Finanzmarktregeln, die Umsatzsteuer auf Finanztransaktionen und eine umfassende Vermögenssteuer erreicht werden. Nur ist dies die absolute Ausnahme und in letzter Zeit fast nirgendwo mehr angestrebt oder realisierbar. Diese Relationen haben sicher wenig mit einer Mitweltökonomie zu tun.

---

[7] Vgl. Piketty, T.: Le Capitale au XXI. Siecle, Paris 2014 sowie Piketty, T./ Zucman, W.: „Wealth and Inheritance in the Long Run" 6/2014, in: Handbook of Income Distribution, vol. 2, Download (gabriel-zucman.eu/files/PikettyZucman2014HID.pdf). Piketty findet nun erwartbare Kritik, da er bedeutsame Zusammenhänge verdeutlicht. Die Vertreter der vorherrschenden Lehre werden alles unternehmen, solche Autoren zu diskreditieren. Dabei hat Piketty alles transparent gemacht, sich angreifbar gemacht und nur alte Erkenntnisse reaktualisiert. Illegales, verdecktes und unterbewertets Vermögen wird bei diesen Betrachtungen nicht mit berücksichtigt. Es ist zu vermuten, dass das volle Ausmaß der Ungleichverteilung dann noch viel extremer zutage träte.

Märkte und Eigentum

Märkte haben viele Vorteile genau wie Eigentum. Die Phänomene gehören ja auch zusammen. Märkte erzeugen Alternativen, dezentralisieren die Entscheidungsfindung und die Informationen. Damit können aufwändige und wenig effektive Planungen begrenzt werden. Märkte ergeben Möglichkeiten erzwungene Sozialbeziehungen zu beenden; sie geben Menschen die Möglichkeit mit neuen Produkten und Diensten zu experimentieren. Zudem wird das wechselseitige Eigeninteresse gefördert und es kann zu höherer Toleranz und respektvollem Umgang kommen, da alle Marktteilnehmer an einer vertrauensvollen und dauerhaften Beziehung interessiert sind.[8] Märkte sind an Eigentumsrechte gebunden und es bedarf wesentlicher Voraussetzungen, damit Märkte ihre positive Wirkung entfalten können. Es sollte Informationsfreiheit bestehen, die Asymmetrie der Information muss möglichst gering gehalten werden, Machtballungen sind zu begrenzen und es sollte sich Vertrauen ausbilden lassen auf der Basis einer Rechtsordnung und von Resonanzstrukturen. Auch wenn diese Bedingungen für Märkte gegeben sind, gibt es Bereiche, wo besser keine Märkte bestehen oder wo nur stark regulierte Märkte bestehen dürfen, um ein sinnvolles Ergebnis zu erzielen. Zu denken ist hier an Bereiche, wo einzelne Akteure in Abhängigkeit geraten, aus purer Not entscheiden, ihre Würde verlieren, ihre Gesundheit gefährden usw.; wo also die oben genannten Bedingungen nicht gegeben sind. Wir kommen später darauf zurück.

Mitweltökonomie?

Was heißt Mitwelt? Die Mitwelt bezieht zum einen die Natur, die anderen Menschen und die Dinge mit ein. Zum anderen rückt sie uns Menschen vom Zentrum gleich berechtigt zwischen alles andere. Eine Mitweltökonomie ist ein wirtschaftliches Konzept, das einen Einklang mit der Welt anstrebt. Es geht nicht gegen die Welt, sondern nur mit und für die Welt. Die Mitweltökonomie orientiert sich an einem maßvollen Handeln. Die Be-

---

[8] Vgl. Satz, D.: Von Waren und Werten – Die Macht der Märkte und warum manche Dinge nicht zum Verkaufstehen sollten, Hamburg 2013, S. 32.

grenztheit der Welt erfordert einen maßvollen Umgang mit den Gaben der Natur und eine solidarische Koexistenz der Menschen.

Ein menschliches Maß ist gegeben, wenn der Mensch an der Gestaltung seiner Mitwelt mitwirken kann und zugleich Response erfährt von seiner sozialen und natürlichen Mitwelt. Menschen sollten befähigt werden aktiv ihre Möglichkeiten zu entdecken und zu entfalten. Eigentum mit menschlichem Maß kann also nur in einem überschaubaren und verantwortbaren Ausmaß sinnvoll sein. Das meiste sollte allen gehören. Wir dürfen gar nicht so viel wollen können. Es bringt uns nur auf dumme Gedanken, immer mehr haben zu wollen. Wir Menschen sind zu allem fähig im Guten wie im Schlechten. Es ist möglich Kontexte zu schaffen, in denen wir uns entfalten können, die uns aber zugleich als Korrektiv dienen, Dummheiten zu vermeiden. Die vorherrschende Lehre der Ökonomie begründet ihre Thesen des freien Marktes auf der Basis von sehr fragwürdigen Modellen mit sehr fragwürdigen Annahmen.[9]

Wir beherrschen die Welt und führen Krieg

Der Mensch im Anthropozän frisst seinen Heimatplaneten. Wir haben Gesellschaftsverträge geschlossen, nur den Vertrag mit der Natur und der Zukunft aufgekündigt. „Wir so genannten entwickelten Nationen bekämpfen uns nicht mehr untereinander, wir wenden uns vereint gegen die Welt. Ein Weltkrieg im buchstäblichen und zweifachen Sinne, weil der Mensch ja der Welt der Dinge Verluste zufügt. Wir werden uns also bemühen, Frieden zu schließen. Beherrschen, aber auch besitzen. Die andere grundlegende Beziehung, die wir zu den Dingen der Welt haben, läßt sich im Eigentumsrecht zusammenfassen."[10] Wir sind die Parasiten auf diesem Planeten, mehr oder minder. Der französische Philosoph Michel Serres fordert deshalb neben einem Gesellschaftsvertrag auch einen Naturvertrag. In dem Gemälde

---

[9] Vgl. z. B. Ortlieb, C.P.: Methodische Probleme und methodische Fehler der mathematischen Modellierung in der Volkswirtschaftslehre, Hamburger Beiträge zur Modellierung und Simulation Heft 18, 1/2004 sowie Ortlieb, C.P.: Markt-Märchen – Zur Kritik der neoklassischen akademischen Volkswirtschaftslehre und ihres Gebrauchs mathematischer Modelle, in: EXIT! Krise und Kritik der Warengesellschaft, Heft 1, 166-183, Bad Honnef 2004a.

[10] Vgl. Serres, M.: Der Naturvertrag, Frankfurt 1994, S. 59.

„Duell mit Knüppeln" von Francisco di Goya hat er eine gelungene Metapher für diesen sinnlosen Kampf erkannt. Die Menschen bekämpfen sich und werden vom Treibsand verschluckt.

Wir stehen an der Schwelle zum Untergang. Wir gewöhnen uns daran, dass die Menschheit und die Welt untergeht. Wenn wir wüssten, dass uns eine Macht aus dem Weltall im Jahre 2075 angreift oder dann ein riesiger Meteorit unser Leben bedroht, dann würden wir Morgen damit beginnen, alles zu tun, um dieses Schicksal abzuwenden. Stattdessen wurschteln wir weiter: Der Tag, an dem alle Ressourcen, die die Erde in einem Jahr produziert, aufgebraucht sind, wird als Earth Overshoot Day[11] bezeichnet: Der erste Overshoot Day war der 19. Dezember 1987. 1995 war es der 21. November, 2006 der 09. Oktober, 2012 der 22. August und 2014 schon der 19. August. Wir leben von der Substanz, verbrauchen mehr, als die Erde regenerieren kann. Wir aber leugnen die Gefahr, verschlimmern sie weiter: Après nous le déluge! Es wird von Nachhaltigkeit geredet, mancher antiquierte Konzern möchte gerne „vorweggehen", läuft jedoch der Entwicklung um Jahre hinterher. Ein anderer Energiekonzern fabuliert vom Dialog, klagt aber wie alle anderen gegen das deutsche Volk vor dem Verfassungsgericht oder anderswo. Wir haben Besitz genommen von der Welt. Da wir Menschen das Schicksal bestimmen, können wir im Umkehrschluss auch alles ändern. Wir könnten uns so auf dem Raumschiff Erde einrichten, dass wir auf Dauer ein lebenswertes Leben führen und andere Menschen nach unserem Tod das Raumschiff weiter pilotieren können. Wir können das ökonomische System ändern, denn es existiert das besonders gefräßige Modell erst seit etwa 30 Jahren. Alles Sein ist geworden und kann insofern auch umgestaltet werden.[12] Noch geht die Expansion weiter, die mächtigen Konzernen betreiben weiter eine Ausweitung ihrer Machtgebiete und in auch außerhalb der westlichen Welt wird ein autoritärer Kapitalismus forciert, der den

---

[11] Vgl. footprintnetwork.org.
[12] Das kapitalistische System besteht sicher schon seit über 200 Jahren. Ohne Korrekturen wäre es wahrscheinlich schon länger an inneren Widersprüchen zugrunde gegangen. Doch seit 30 Jahren wird das System wurde das System schrittweise radikalisiert: Deregulierung, Senkung der Steuern, Freihandel, Abbau der Sozialstaaten etc.

Eliten weitere Macht verspricht und den meisten Menschen ein wenig gehaltvolles, oft sogar ein beschämend elendiges Leben beschert.[13]

Zweierlei Sorgen

Es gibt mindestens zwei extreme Positionen in der Mitwelt zu agieren. Es existieren sehr unterschiedliche Sorgen: Während sich einige Banker um die Sicherung von Riesenvermögen Sorgen machen, sorgt sich der Papst um die Armen.

„Wir gehen zurück zu einer Art Investmentbank der 90er Jahre, die auf Unternehmens-Investments und ultra-wohlhabende Kunden fokussiert ist", sagte z.b. Axel Weber. „Das passt sehr gut zu unserem Geschäftsmodell, und wir haben keine Pläne, sie abzuspalten. Warum sollte ein Modell geändert werden, das funktioniert?" „Ich bin immer noch besorgt."... „Die europäischen Politiker müssen Strukturreformen vorantreiben."[14] Der hoch intelligente Ökonom verwendet seine Kenntnisse, um Superreichen noch mehr Vermögen zu bilden, statt die wirklich wichtigen Probleme auf diesem Planeten lösen zu helfen. Der Banker steht hier nur stellvertretend für Akteure, die sich schamlos in den Dienst der Kapitalvermehrung und Machtbildung stellen.

Ganz andere Sorgen hat zum Beispiel Papst Franziskus: Die skandalösen Zustände wie Hunger, Elend und Ausbeutung sind offensichtlich. Franziskus spricht die Ungerechtigkeiten direkt an:[15]

„Ebenso wie das Gebot „du sollst nicht töten" eine deutliche Grenze setzt, um den Wert des menschlichen Lebens zu sichern, müssen wir heute ein „Nein zu einer Wirtschaft der Ausschließung und der Disparität der Einkommen" sagen." „Diese Wirtschaft tötet. Es ist unglaublich, dass es kein Aufsehen erregt, wenn ein alter Mann, der gezwungen ist, auf der Straße zu leben, erfriert, während eine Baisse um zwei Punkte in der Börse Schlagzei-

---

[13] Vgl. zum Aufstieg Asiens mit zumTeil fragwürdigen Entwicklungen Mishra, P.: Aus den Ruinen des Empires, Frankfurt 2013.

[14] Zitiert nach cash.ch/news/alle-news/axel_weber_europa_ist_noch_nicht-zurück-3164 239-448. Interview auf dem Wirtschaftsforum Davos 2014.

[15] Apostolisches Schreiben EVANGELII GAUDIUM des HEILIGEN VATERS PAPST FRANZISKUS, download (w2.vatican.va/content), S. 51f.

len macht. Das ist Ausschließung. Es ist nicht mehr zu tolerieren, dass Nahrungsmittel weggeworfen werden, während es Menschen gibt, die Hunger leiden. Das ist soziale Ungleichheit. Heute spielt sich alles nach den Kriterien der Konkurrenzfähigkeit und nach dem Gesetz des Stärkeren ab, wo der Mächtigere den Schwächeren zunichte macht. Als Folge dieser Situation sehen sich große Massen der Bevölkerung ausgeschlossen und an den Rand gedrängt: ohne Arbeit, ohne Aussichten, ohne Ausweg. Der Mensch an sich wird wie ein Konsumgut betrachtet, das man gebrauchen und dann wegwerfen kann. Wir haben die „Wegwerfkultur" eingeführt, die sogar gefördert wird. Es geht nicht mehr einfach um das Phänomen der Ausbeutung und der Unterdrückung, sondern um etwas Neues: Mit der Ausschließung ist die Zugehörigkeit zu der Gesellschaft, in der man lebt, an ihrer Wurzel getroffen, denn durch sie befindet man sich nicht in der Unterschicht, am Rande oder gehört zu den Machtlosen, sondern man steht draußen. Die Ausgeschlossenen sind nicht „Ausgebeutete", sondern Müll, „Abfall"." Es ist nur sicher, dass es so nicht weiter geht. Aber wie dann? Schauen wir uns zunächst einmal an, wie das Eigentum auf diesem Planeten verteilt ist.

Wem gehört die Welt?

Wem gehört die Welt? Wem sollte sie gehören? Monsanto, Bill Gates, George Soros, Goldman Sachs, dem englischen Empire, den Männern- oder vielleicht uns allen? 1% der Menschen verfügen über etwa die Hälfte allen Besitzes. Den Frauen gehören nur etwa 2% des Vermögens.

Wem gehören die Gaben der Natur? Den Menschen, die darüber geboren sind oder allen Menschen, den Tieren oder auch zukünftigen Menschen? Venezuela verfügt beispielsweise über 20% der Erdölreserven der Welt. Nach der Verstaatlichung der Erdölkonzerne unter dem Präsidenten Chavez hat die Armut etwas abgenommen, doch Korruption und schlimme Vernachlässigung der Anlagen haben neue Probleme ergeben. Treibstoffe werden extrem günstig verkauft und so Initiativen zur Energieeinsparung ad absurdum geführt. In Norwegen sieht es deutlich besser aus. Hier profitieren fast alle Mitglieder der Gesellschaft von den großen Rohstoffvorkommen. Norwegen ist somit eine glückliche Ausnahme. Fast in allen Ländern mit großen Rohstoffvorkommen leidet die Bevölkerung. Besonders im mittleren Afrika können auch hohe Wachstumsraten nicht darüber hinwegtäuschen, dass die Masse der Menschen unter erbärmlichen Bedingungen leben müssen, während nur eine winzig kleine Oberschicht die Taschen füllt und mit ausländischen Konzernen zusammenarbeitet, deren Eigner und Akteure am meisten profitieren.

Wem gehört die Kunst? Warum profitieren die Kindeskinder Picassos von seinen Werken? Wenn Kunst nur in Geld gemessen wird, hat sie dann noch Wert? Wem gehören die Ideen und Erfindungen? Sind sie nicht nur geschöpft aus dem Ganzen? Wem gebührt das Eigentum? Kann man privatisieren ohne zu rauben? Ist nicht alles nur geliehen, nur auf Zeit zur Verfügung? Warum darf man riesige Vermögen steuerfrei vererben? Vielleicht wäre es ratsam, alles nur auf Zeit zu gewähren, alles nach der Nutzung in mindestens gleichem Wertzustand zurückzugeben.

In Uganda und Äthiopien existieren zum Beispiel keine Eigentumsrechte. Das Land gehört dem Staat, also im Prinzip allen Einwohnern. Wenn aber Teile dieses über Jahrtausende von Halbnomaden bewirtschaftete Land an ausländische Investoren verkauft wird, zerstört es die Lebensgrundlage der Bauern und führt oft über monokulturellen und intensiven Anbau von zum Beispiel Rosen für den europäischen Markt und Pflanzen für Bio-Treibstoff zu einer ökologischen und sozialen Krise zugleich. Es handelt sich um *Land Grabbing*, denn wie bei fast allen Privatisierungen wird geraubt und verhökert, ist Lobbyismus im Spiel. Statt Getreide anzubauen und die Hungerkatastrophe zu bekämpfen, die gleich nebenan in Äthiopien, Somalia und Kenias Norden grassiert, werden hier Raubzüge unternommen. Es zeigt sich, dass kleine persönliche Eigentümer und deren Sicherung sinnvoll sind, jedoch nicht die Konzentration des Vermögens in wenigen Händen. Eigentum mit Haftung hingegen entfaltet seine positiven Wirkungen. Akteure können auf Märkten auftreten, es dient der Selbstversorgung und der Bedarfsdeckung in der sozialen Entourage.

Wie sieht es denn in Deutschland aus?

Die Bundesbank-Studie[16], für die rund 3.500 Haushalte befragt wurden, zeigt: Im Durchschnitt verfügen die Deutschen über ein Vermögen in Höhe

---
[16] Vgl. Website der Bundesbank: bundesbank.de/Redaktion/DE/Pressemitteilungen/BBK/

von 195.000 Euro. Fast drei von vier Haushalten liegen allerdings unter dieser Marke. Der Medianwert, also derjenige Haushalt, der genau reicher ist als die ärmere Hälfte der Bevölkerung, aber ärmer als die obere Hälfte, verfügt lediglich über ein Vermögen von gut 51.000 Euro. Dies ist die typische Konstellation. Die ärmsten sieben Prozent haben sogar ein negatives Nettovermögen – also Schulden statt Vermögen. Oben nimmt das Vermögen dann allerdings schnell zu: So besitzen die reichsten zehn Prozent der Bevölkerung mindestens 442.000 Euro, das reichste Hundertstel verfügt über mindestens mindestens 1,9 Millionen Euro. Über 40 % der Menschen werden in Deutschland im Alter auf Sozialhilfe angewiesen sein. Ihre Ersparnisse werden angerechnet. Etwa 7 Mio. Menschen können nicht von ihrem Einkommen allein leben oder sind arbeitslos. Darunter sind 3 Mio. Arbeitslose, so genannte Aufstocker und 1.7 Mio Sozialgeldempfänger. Dazu muss man auch noch alle rechnen, die sich nicht erwerbslos melden sowie alle Teilnehmer an Fördermaßnahmen. Man landet dann bei etwa einer Zahl von 13 Mio.[17]

Neofeudalismus

Das leistungslose Einkommen und die beschleunigte Vermögensvermehrung in einem relativ kleinen Kreis von Wohlhabenden führen zu einer Refeudalisierung der Gesellschaft.[18] Vermögensbesitzer und Investoren gebärden sich wie Landlords. Das meiste Vermögen wird durch Vererbung erworben. Der Adel dient auch als ästhetisches Vorbild. Die Zuteilung von Chancen läuft über Clubs, man lebt zunehmend unter sich und es werden Laufbahnen in Business Schools kreiert, wo vor allem das kulturelle Kapital gebildet wird. Selbst konservative Kreise haben zunehmend Bedenken, ob sich diese Entwicklung nicht sehr negativ für die Gesellschaft als Ganzes auswirkt.[19] Finanzkrisen sind bei Ungleichheit wahrscheinlicher, die Kon-

---

2013/2013_03_21_phf.html
Illegale Vermögen in Steuerparadiesen sind auch hier nicht berücksichtigt. Außerdem sind ja viele Vermögen extrem gering bewertet.
[17] Statistiken hierzu: statistik.arbeitsagentur.de.
[18] Vgl. Neckel, S.: Refeudalisierung der Ökonomie, (Download), MPIfG 10 Köln 2013.
[19] So z.B. M. Miegel, H. Geißler und die Bertelsmann Stiftung.

junktur wird weniger durch die Binnennachfrage stabilisiert und die Innovationskraft ist beeinträchtigt. Warum aber kritisieren diese Institutionen die Ungleichheit, die durch ihre Vorschläge und Forderungen doch vorher verschlimmert wurde? Der Soziologe Sighard Neckel beschreibt wie sich die Meritokratie zu einer Kultur des Erfolges gewandelt hat. Es kommt also nicht darauf an, was man geleistet hat, sondern es gilt nur noch irgendwie erfolgreich zu sein. Die hohen Gehälter der Manager, die extremen Renditen sind nicht Knappheitspreise für besondere Fähigkeiten, sondern wohl eher Gelegenheitspreise. Jeder Bereich menschlicher Existenz und der Natur wird auf seine Verwertbarkeit für Gewinnerzielung betrachtet. Alle Bereiche werden finanzialisiert.[20] Das löst dann auch einen verstärkten Verwertungszwang für alle anderen Menschen aus. Da immer mehr Erfolge erzielt werden müssen, gibt es Druck auf die Masse der Menschen. Irgendwer muss ja die Werte schaffen, die oben ausgekostet werden. Somit wurde ein Kapitalismus ohne bürgerliche Werte erschaffen. Die Mitwelt spielt keine Rolle mehr. In der öffentlichen Diskussion wird häufig unterschlagen, dass die wesentlichen Einnahmen des Staates über Verbrauchssteuern erzielt werden. Zudem sind die meisten anderen Ertragssteuern sowieso in den Preisen der Produkte eingerechnet. Lediglich 5,5 % Anteil haben die viel besungenen Einkommenssteuern der so genannten Besserverdienenden an den Einnahmen. Davon sind zudem noch große Beträge auf wirkliche Leistungsträger aus dem unterem Mittelstand zu rechnen. Große Vermögensbesitzer nutzen in extremer Weise Verrechnungsmöglichkeiten mit so genannten Verlusten, zahlreiche Konzerne zahlen fast keine Steuern und so fort. Jeder Asylant, jeder Arbeitslose, jedes Baby zahlt Steuern in Deutschland. Es ist dann auch noch zu betrachten, wofür die Steuern ausgegeben werden. Z.B. zur Sicherung von Großvermögen (Bankenkrise), zum Bau und der Renovierung von Autobahnen, dem Ausbau von Flughäfen und Edelbahnhöfen, die ja bekanntlich alle von Hartz IV Empfängern frequen-

---

[20] So werden private public partnership Projekte initiiert, die nachweislich höhere Kosten erzeugen. So wird die PKW Maut eingeführt, um Investoren neue Anlagemöglichkeiten zu bereiten, obwohl eine Erhöhung der Benzinsteuer viel mehr erbringen würde... Näheres unter Finanzkrise und Finanzialisierung von Marcel Heires und Andreas Nölke fb03.uni-frankfurt.de/43202676/finanzkrise_und_finanzialisierung.pdf.

tiert werden. Zahlreiche Ausgaben des Staates dienen dazu, die Erzielung von Gewinnen und Mehrwert zu unterstützen.

Erbschaftssteuer und Vermögenssteuer:

Wieviel bezahlt man für ein Erbe in Höhe von 1.000.000 €höchstens? Es sind lediglich 85T €, die aber in Wirklichkeit niemals gezahlt werden müssen. Wieviel Erbschaftssteuer zahlt man bei der Übergabe eines Betriebes? Wenig bis nichts. Eine Vermögenssteuer gibt es gar nicht. Durch die Einführung der Abgeltungssteuer werden zudem Gewinne aus Vermögen pauschal mit 25 % besteuert und nicht mehr nach dem individuellen Steuersatz. Dagegen greift die so genannte „kalte" Progression bei Menschen mit mittlerem Einkommen.

Der französische Ökonom Thomas Piketty bezeichnet die Konzentration des Vermögens als ein Naturgesetz des Kapitalismus.[21] Die Einkommen aus Arbeit können mit den Einkommen aus Vermögen kaum Schritt halten. Langfristig steigt der Return on Capital (r) etwas 3-4 % stärker als das Inlandsprodukt (r>g). Die Besteuerung der Vermögen und des Vermögensübergangs müsste also greifen, um dieser Tendenz entgegen zu wirken. Mit Vermögensverwaltung lässt sich in der Regel mehr Geld verdienen als mit Arbeit. Es ist ja auch logisch, weil sich Arbeit nicht anlegen, sparen lässt oder für einen arbeiten kann. Insofern ist es notwendig, um eine gerechte Leistungsgesellschaft zu etablieren, eine permanente Umverteilung zu organisieren, die wenigstens ansatzweise wieder Möglichkeiten schafft, durch Bildung, Kreativität und Engagement einen Anteil am Wohlstand zu erwerben. Gegenwärtig müssen einige wenige Ausnahmebeispiele für sozialen Aufstieg herhalten das Märchen der freien Leistungsgesellschaft aufrecht zu erhalten. Piketty macht zudem darauf aufmerksam, dass die Möglichkeiten des wirtschaftlichen Wachstums begrenzt sind. Somit können Umverteilungen nicht aus einem wachsenden Volkseinkommen bezahlt

---

[21] Vgl. Piketty, T./ Zucman, G.: „Wealth and Inheritance in the Long Run" 6/2014, in: Handbook of Income Distribution, vol. 2, Download (gabrielzucman.eu/files/PikettyZucman2014HID.pdf); Piketty, Thomas: Le Capital au XXI siècle Paris 2013.

werden.²² Arbeit verliert deutlich an Bedeutung, sodass es noch wichtiger wird, das Einkommen und Vermögen nicht aus der Arbeit zu erwerben bzw. zuzuteilen. Außerdem weißt Piketty daraufhin, dass die Konzentration des Kapitals zu weniger Innovationen und qualitativer Entwicklung führt. Mehr Gleichheit würde den Zusammenhalt von Gesellschaften ermöglichen und den Wohlstand mehren. Die Entwicklung der Eigentumsverhältnisse ist schon in einem entwickelten Wohlfahrtsstaat wie Deutschland so extrem ungerecht, dass man sich leicht vorstellen kann, wie es erst in den neuen Oligarchien oder in den libertinären Gesellschaften wie den USA aussieht. Belohnt werden im modernen Finanzkapitalismus vor allem listige bis skrupellose Geschäftemacher. Sie betreiben das Geschäft der schamlosen Kapitalvermehrung. Es lassen sich zudem zahlreiche Beispiele aufzeigen, wo die Beteiligung dieser Investoren den Untergang von erfolgreichen Familienunternehmen vorbereitet haben. Lassen sie uns deshalb einen kurzen Blick darauf werfen, wie Eigentum und Besitz erworben werden können.

Inbesitznahmen

Wie wird überhaupt in Besitz genommen? Welche Wege existieren, privates Eigentum zu bilden?²³ Die häufigste Form ist die pure Aneignung durch Gelegenheit, die Okkupation, das Abstecken von Claims. Bekannt sind die Formen aus dem „wilden Westen", der Kolonialisierung, aktuell besonders in den ehemaligen kommunistischen Ländern in ihren Umbruchphasen sowie durch eine Schock-Strategie wie sie Naomi Klein beschrieben hat. Die Erzeugung von Unsicherheit und Konflikten ermöglicht die Ausbeutung

---

[22] Piketty schlägt eine progressive Vermögensbesteuerung vor, die zwar schwierig zu verwirklichen ist, dennoch eine notwendige Korrektur ermöglichen würde. Zunächst einmal müssten die zahlreichen Steuerschlupflöcher und die Steuerhinterziehung in Steuerparadiesen verhindert werden. Eingeleitet durch den NRW Finanzminister hat sich ja eine erstaunliche Wende ergeben. Erstaunlich ist aber auch, wie sich ein EU Präsident halten kann, der maßgeblich an der Steuerverhinderung mitgewirkt hat. Neben den investigativen Erfolgen der kritischen Presse, sollten die Finanzbehörden deutlich besser ausgestattet werden.

[23] Vgl. Fricke, C.: Die Eigentumsfrage bei David Hume und Adam Smith, in A. Eckl/ Ludwig, B.: Was ist Eigentum, München 2005 S. 118ff.

und Plünderung.[24] Eine weniger konfliktäre, aber wirksame Methode ist die Ersitzung oder der Erwerb durch Gewohnheit. Eine interessante Variante dabei ist die Inbesitznahme durch Verschmutzung. Michel Serres hat das in seinem Buch „das eigentliche Übel" so anschaulich demonstriert.[25] Wer anderen in die Suppe spuckt, hat sie dann für sich allein, wer im Urlaubsort laut lärmt, gewinnt die Hütte oder den Strand für sich. Wer Waren markiert, hat sie sich angeeignet, inklusive der kostenlosen Werbefiguren, die damit durch die Welt schreiten. Raucher okkupier(t)en Kneipen oder Raucherecken. In traditionell religiösen Gemeinschaften nehmen Männer Frauen durch Sex in „Besitz". Ganze Landstriche werden durch Verwüstung und Raubbau (Atommülllager, Tagebau) in Besitz genommen. Selbst Müll und Abfall werden zu schützenswertem Eigentum (noch genießbare Lebensmittel landen in der Müll„verwertung").

Vielleicht gibt es ja wirklich zweckfreie, freiwillige Übertragungen sowie Schenkungen ohne Hintersinn. Die Erbschaft ist die Übertragung des Eigentums an die Nachfolger. Innerhalb der Familie können hierbei relativ problemlos Werte übertragen werden. Es ist notwendig, darauf noch einmal zurück zu kommen, denn die steuerfreie Übertragung verfestigt die Vermögensverteilung.

Grundsätzlich muss man von einer kontingenten, also zufälligen und sehr ungleichen Verteilung von Verfügungsrechten ausgehen. Eine gerechte Verteilung von Eigentum kann nur als Utopie gelten. Extreme Ungleichheiten müssen aber verhindert werden, um ein Zusammenleben zu ermöglichen. Zudem muss es wohl auch Chancen auf einen Erwerb von Eigentumsrechten und Belohnungen geben, wenn ein Mensch sich für die Gemeinschaft einsetzt und Leistungen erbringt. Andernfalls existieren ja keine ökonomischen Anreize für kreative Entwicklungen und Engagement.

Adam Smith sah eine Chance im freien Kapitalismus unter der Bedingung der Rechtsgleichheit und des *fair play*. In heutiger Sicht hätte er wahr-

---

[24] So werden Konflikte bspw. im Kongo geschürt, an der militärischen Aufrüstung verdient und die Ressourcen geplündert. So treibt die Krise in der Ukraine die Staaten des Westens unter amerikanische Kontrolle. So werden die mediterranen Staaten in ein Austeritätsprogramm gezwungen und dort der Sozialstaat abgebaut. Vertiefend: Klein, N.: Die Schock-Strategie: Der Aufstieg des Katastrophen-Kapitalismus, Frankfurt 2007.
[25] Vgl. Serres, M.: Das eigentliche Übel, Berlin 2009.

scheinlich die extremen Machtballungen und den weit gehenden Haftungsausschluss als Verstoß gegen seine Prinzipien gesehen. Bei David Hume wäre es eine Möglichkeit über Handel die ungerechte Verteilung gerechter zu machen. Nur durch Handel könne eine gerechtere Verteilung entstehen, als die jeweils vorliegende.[26] Eine Zuteilung nach Verdiensten findet fast nur in der Theorie der Leistungsgesellschaft statt. Eine faire Meritokratie ist nirgendwo verwirklicht. Der legale Raub und die legale Plünderung lassen sich am besten in einem libertinären Finanzkapitalismus realisieren. „Die Valorisierung des Kapitals beruht mehr und mehr auf Kunstgriffen und immer weniger auf der Produktion und dem Verkauf von Waren."[27] Werte werden eben nicht durch Finanzanlagen geschaffen, sondern ausschließlich durch Erfinder, Künstler, Unternehmer und insbesondere alle Arbeitenden, alle Dienstleistungen wie insbesondere Pflege, Naturschutz oder Heilung. Investoren schaffen weder Werte noch Arbeitsplätze.

Der Mythos von den Konzernen als Innovateuren

Es ist zudem ein Mythos, dass gerade große Unternehmen hoch innovativ agieren. Die meisten Innovationen wurden durch staatliche Forschungsförderung initiiert und bezahlt. Ob Nuklearforschung, Elektronik, Raumfahrt u.v.m., die Konzerne haben die Erkenntnisse oft verwendet, haben sich in der Grundlagenforschung fördern lassen und später die Gewinne aus den Inventionen privatisiert. Unternehmen wie *apple* verfügen über gar keine Forschungs- und Entwicklungsabteilung, sie bauen die Innovationen in in ihre Produkte ein, erzeugen eine phänomenale Gebrauchsfähigkeit (Usability) der Produkte und sind schlaue Marketingexperten. Gerade in de USA werden und wurden fast alle Innovationsfelder durch staatliche Programme finanziert. Zudem sind die Heldensagen der genialen Erfinder bei genuauerer Betrachtung deutliche Verfälschungen der wirklichen Situation.[28] Steve Jobs z.B. war kein großer Erfinder, jedoch ein großer Vermarkter. Heutige

---

[26] Vgl dazu vertiefend Fricke C.: Die Eigentumsfrage bei David Hume und Adam Smith, in: A. Eckl/ B. Ludwig: Was ist Eigentum?, München 2005, S. 118f.
[27] Gorz, A.: Auswege aus dem Kapitalismus, Zürich 2009, S. 83.
[28] Vgl. besonders Darstellung bei Mazzucato, M.: Das Kapital des Staates – eine andere Geschichte von Innovation und Wachstum, München 2014, S. 115ff.

Erfindungen basieren immer auf der Zusammenarbeit zahlreicher Akteure und die finanzielle Basis wird wird staatlich oder durch Staatenbündnisse getragen (EU, NASA, EADS etc.). Konzerne entwickeln vornehmlich Scheininnovationen. Die Konsumenten werden in allen Branchen jedes Jahr von so genannten Novitäten überrollt. Diese Pseudoinnovationen dienen lediglich zur Abschöpfung von Grenzrenditen und stellen keine Verbesserung des Angebotes dar.

Trotz aller Nebelkerzen, die von Finanzexperten verwendet werden, liegt dem Finanzkapitalismus ein einfaches Prinzip zugrunde, es geht einzig und allein um die Mehrung des Kapitals.[29] Das Kapital kann man als Vermögen oder Eigentumsrecht beschreiben. Das Kapital hat die größten Freiheiten, es kann für jemanden arbeiten und sich vermehren. Das an „realen" und finanziellen Märkten erworbene Kapital (durch Aufbau von Nutzenillusionen, realem Nutzen oder Plünderungen) wird renditeträchtig wieder angelegt. Hedgefonds, kurzfristig orientierte Aktionäre und Equity-Gesellschaften drängen auf weitere Rendite. Hedgefonds tragen ihre Absichten schon im Namen, sie wollen etwas für sich abgrenzen und abschotten. Extremer noch gebärden sich die Akteure im High-Frequency-Trading. Sie sichern sich mittels rein computergesteuerter Geschäfte Vorteile, indem sie sich technisch hochgerüstet direkt neben den Börsenrechner z.B. in New Jersey platzieren und aus winzigen Arbitragegewinnen einen in der Summe gewaltigen Vorteil ziehen. Sie halten nach Schluss des Börsentages keinerlei Aktien mehr, können aber während des Tages ihre Vorteile nutzen. Sie gewinnen immer und praktizieren an veralteten Börsenregeln vorbei eine neue Form von Insidergeschäft. Die Equity-Gesellschaften und Fonds fungieren formal als Teileigentümer eines Unternehmens, bieten also formal Eigenkapital. Dennoch stellt dieses Eigenkapital eigentlich sehr unsicheres Fremdkapital dar. Fremdkapital von einer Geschäftsbank mit einem klaren Kreditrahmen wirkt erheblich krisenfester und berechenbarer als wetter-

---

[29] Die Wandlung von Geld in Kapital und die darauf folgende Vermehrung von Kapital wurde schon von Karl Marx zutreffend beschrieben. Mit dem modernen Finanzmarkt sind diese Prozesse beschleunigt und weiter verschärft worden. Vgl. Marx, K.: Das Kapital, Berlin 1969, Teil I (1872) S. 119ff und 1974 (1894) Teil III, S. 104 und 266ff. Zur Aktualisierung vgl. Vogl, J.: Das Gespenst des Kapitals, Zürich 2012 sowie Piketty,T. 2013.

wendisches Kapital von Investoren. Der Kapitalbesitzer vermag Einfluss zu nehmen und kann seine Gewinne in Eigentumsrechte überführen. Das Kapital darf freizügig reisen (auch in Steuerparadiese), die Gewinne werden verschoben und gering versteuert (wenn überhaupt). Es geht um den Shareholder value, der durch Externalisierung besonders gesteigert wird. Die Deregulierung des Finanzmarktes ermöglichte zudem die Erfindung neuer Plünderungsmethoden. Erfinderische Akteure werden inkorporiert, die Freihandels- und Investitionsschutzsabkommen ergeben dann auch noch Klagemöglichkeiten bei jedweder Einschränkung von Gewinnmöglichkeiten. Überall muss verwertet und gewachsen werden, um weitere Gewinnen ohne reale Wertschöpfung zu ermöglichen. Daneben existieren noch zwei klassische Produktionsfaktoren: Die Arbeit und der Boden. Zur Arbeit gehören alle Menschen mit ihren produktiven, also Wert herstellenden Aktivitäten (inklusive der dispositiven Arbeit von Unternehmern und Managern). Sie schaffen die eigentlichen neuen Werte, indem sie die Rohstoffe (Boden) umformen und gestalten. Die Mitarbeiter sind die eigentlichen Arbeitgeber. Arbeit wird zuweilen durch Gewerkschaften und Betriebsräte vertreten oder durch soziale Bewegungen oder Parteien unterstützt. Die Arbeit darf aber nicht überall hinreisen. Zumindest nicht, wenn sie abhängige Arbeit ist. Der Faktor Arbeit wird möglichst günstig erworben.

Der Boden ist der Ausdruck für die Gaben der Schöpfung, alle Werte, die wir ohne zutun geerbt haben. Der Boden hat schwache Rechte und nur freiwillige Vertreter. Der Kapitalismus sieht die Natur als Boden, den es auszuschöpfen und zu plündern gilt. Damit die Rendite stimmt, wird unentwegt nach weiteren Ausbeutungen und Plünderungsformen Ausschau gehalten. Neben der materiellen Produktion, die ja zumindest noch irgendeinen Wert herstellt und damit eventuell wenigstens irgendjemand Nutzen stiften kann, gibt es noch die reine Finanzwirtschaft, die überhaupt keinen möglichen Wert erstellt, sondern nur noch mit Geld noch mehr Geld erzeugen will. Wenn es eng wird, transferieren die Finanzkapitalisten die Kapitalien in ganz reale Eigentumsrechte. Konkret heißt das bspw.: Kapitalbesitzer in Griechenland werden nebst den Finanzinvestoren aus ihren trudelnden Engagements „gerettet" und legen das erbeutete Kapital in Immobilien z.B. in London an. Der Kreislauf der Produktionsfaktoren Kapital, Arbeit und Boden wird durch die Kapitalbesitzer weiter temporeich beschleunigt. Damit wird zudem Verunsicherung bei den meisten Menschen ausgelöst, die dadurch noch erpressbarer werden. Niemand soll sich sicher sein können, alle sollen schneller arbeiten (Effizienz) und lernen (Turboabitur, Bachelorstudium). Die dadurch entstehende Angst fördert die Gefügigkeit und unterhöhlt die Demokratie, an der kaum noch jemand teilhaben kann. Die Konzerne als Träger des Kapitals und „Geldmaschinen" sorgen auch mit ihrer enormen Macht (Kapital, Vermögen) für den maßgeblichen Einfluss auf die Politik. Die Staaten werden so zu Reparaturbetrieben und Ausbeutungsagenten. Nachweislich beteiligen sich die armen Menschen weniger an Wahlen, und sind mehr mit Daseinsbewältigung beschäftigt als mit demokratischer Mitwirkung. Zudem beeinflussen Medienunternehmen die öffentliche Meinung einseitig, da sie selbst ja überwiegend Gewinn orientierte Unternehmen sind, die von Werbeeinnahmen und einer guten Kursentwicklung abhängig sind.[30] Obwohl nachweislich breite Mehrheiten für eine Begrenzung des Radikalkapitalismus votieren, werden dennoch andere Politiken betrieben.

Arbeit ist in der modernen Gesellschaft mehr als ein Einkommenserwerb. Arbeit verleiht Anerkennung, lässt einen dazugehören und fördert die soziale Integration. Im Umkehrschluss, werden Menschen aus der Gemeinschaft exkludiert, wenn sie arbeitslos sind. Betroffen von der Arbeitslosigkeit und der prekären Beschäftigung sind in jeder Gesellschaft Millionen von Menschen. In den ärmeren Ländern Europas hat die Arbeitslosigkeit gerade bei jüngeren groteske Ausmaße angenommen. So entstanden „Reservearmeen" der Arbeitssuchenden, eine gewaltige Inbalance. Die Arbeitslosigkeit soll schon seit Jahren nach Maßgabe der neoliberalen Ideologie mit einer Flexibilisierung des Arbeitsmarktes und einer Verbilligung der Arbeit bekämpft werden. Beides ist geschehen und die Arbeitslosigkeit ist nicht gesunken. Zusätzlich wurde ein großes Prekariat aufgebaut von Leiharbeitern, Minijobbern usw. Besonders soziale Arbeit wie Kindererziehung, Haushalt, Pflege und Jugendbetreuung, Hilfe für Schwache, usw. wird extrem schlecht bezahlt. Soziale Arbeit stellt einen notwendigen Reparaturbetrieb dar, bekommt aber wenig Anerkennung und wird als Kostenfaktor

---

[30] Beispiele dazu Übernahme der New York Times durch amazon, private Sender, Pressekonzentration.

unter Druck gesetzt. Diese Subsistenzwirtschaft stellt sich als „Draußen im Drinnen" dar, ist unverzichtbar, aber gesellschaftlich exkludiert. Besonders Frauen, die zahlreiche dieser Tätigkeiten übernehmen und oft neben ihrer eigentlichen Arbeit bewältigen, werden dadurch zusätzlich belastet.[31] Die Flexibilität der Arbeit"nehmer" in den Betrieben hat dagegen immer die Beschäftigung gesichert. Hier handelt es sich um die Fähigkeit von Belegschaften, sich auf neue Produktlinien und Innovationen einzustellen. Mindestlöhne müssen eine menschenwürdige Entlohung absichern, sie steigern die Qualität der Arbeit und stabilisieren die Nachfrage. Die extremen Zugewinne bei Kapitaleinkommen führt zur Verschärfung der Krise, da die Wohlhabenden einmal weniger prozentual von ihrem Einkommen konsumieren und sie über ihren Kapitalbesitz weitere Renditeforderungen stellen, die über Rationalisierung nicht erzielbar sind. „Die Wirtschafts- und Finanzkrise weist auf den Doppelcharakter der Arbeit hin: diese schafft nicht nur Gebrauchswerte, sondern ist Grundlage der Aneignung von Wert. Das Ausmaß der Überakkumulation ist gewaltig, die kapitalistischen Gesellschaften sind zu reich geworden, um diesen Reichtum immer noch weiter verwerten zu können. Zur Kapitalvernichtung gibt es keine Alternative."[32] Wir brauchen andere Produktionsweisen, eine Erhöhung der Entgelte für Arbeit. Austeritätsprogramme müssen gestoppt werden, weil sie das Gegenteil von Entwicklung erzeugen. Gespart wird in diesen „Reformprozessen" immer bei den unteren Schichten. Ausgegeben wird das Geld für Prestigeprojekte, Banken- und Investorenrettung und ähnliches. Einer der am höchsten verschuldeten Staaten sind die USA, wo zugleich extreme private Vermögen gebildet werden und gleichzeitig die einfachen Menschen schutzlos ihr „Glück" suchen müssen. Vielmehr benötigen wir Investitionen direkt vom Staat, besonders in die Bereiche Bildung, Innovationen und Infrastruktur. Wir sollten uns auf den Umbau zu einer „grünen" und solidarischen Wirtschaft vorbereiten.

---

[31] Vgl. besonders Biesecker, A./ Winterfeld, U. v.: Extern? Weshalb und wiefern moderne Gesellschaften Externalisierung brauchen und erzeugen, (Working Paper 2/2014, Jena 2014 (www.kolleg-postwachschstum.de) 2014.

[32] Demirovic, A./ Sablowski, T.: Finanzdominierte Akkumulation und die Krise in Europa PROKLA. Münster, Heft 166, 42. Jg. 2011, Nr. 1, 77 – 106, S. 101.

Probleme der Privatisierung

Ein weiteres Feld der ruchlosen Ausplünderung besteht im Bereich der Privatisierung vormals öffentlichen Eigentums. In geradezu unglaublicher Art und Weise wurden die Vorzüge der Privatisierung medial gepriesen. Dabei haben die Privatisierungen häufig zu Korruption, Verschlechterung des Service oder der sozialen Standards geführt. Woher soll die Rendite auch kommen? Durch Privatisierung werden die Unternehmen zu Externalisierungsmaschinen umgebaut, um Renditen zu erzeugen. Konzerne schieben die Verantwortung auf andere Wirtschaftsakteure ab, da sie Kosten und Risiken in Sinne der Eigentümer externalisieren müssen. Neuestes Thema dazu ist das Ansinnen der Energiekonzerne, die Altlasten und Entsorgungskosten aus den Nuklearkraftwerken in eine „Bad Bank" auszulagern, die im Wesentlichen die Kosten und Risiken dem Staat und somit allen Bürgern auflastet. Dieses Projekt kann als weiteres Beispiel dafür gelten, wie schamlos die Akteure vorgehen. Man fragt sich, ob die Konzerne nur deshalb privatisiert wurden, um in der Phase zwischen Entwicklung und Aufbau und Abbau und Entsorgung in der Normallaufzeit Gewinne abzuschöpfen. Die eigentlichen Kosten am Anfang und am Ende des Prozesses werden jedoch sozialisiert. Wo bleiben die Polis und die Piazza bei aller Privatisierung? Was entscheidet ein Stadtparlament noch, wenn alles privat ist? Darf man Theater, Rundfunk, Krankenhäuser, Schulen, Versorgung, Entsorgung privatisieren? Wollt Ihr den totalen Markt? Sollen alle öffentlichen Plätze und Gebäude „finanzialisiert" werden? Soll überall nur Privateigentum vorherrschen, nur Konkurrenz und Effizienz? Dann enden wir in der Diktatur der Gier. Jeder Mitmensch, jedes Feld, jede Pflanze, jedes Tier wird danach betrachtet, wie viel Gewinn man daraus schlagen kann. Wenn alles angeeignet ist, ist alles verschmutzt, enteignet und ironischerweise unbesitzbar. Dabei ist eine Markierung des Eigentums nicht unbedingt schädlich. Es kann sogar als „Einfriedung" dienen. „Etwas muß er sein eigen nennen, / oder der Mensch wird morden und brennen.", schrieb schon Friedrich von Schiller. Die Wortherkünfte von Wohnen und Haben deuten auf einen wichtigen Zusammenhang. Jeder Mensch möchte ein wenig für sich sein können, sein Kinderzimmer, wenigstens seine Ecke, seinen Schreibtisch haben und bewohnen. Wie in so vielen Bereichen ist das Maß verloren gegangen. Es ist ein wilder Kampf um immer mehr ausgebrochen. Die Schnellsten und Schlauesten wollen immer mehr haben. Die Markierungen sind überall. Es sind ortlose Territorien, Welt umspannende Markenimperien, die alles okkupieren. Den öffentlichen Raum in Form von Shopping malls enteignen, die Luft und die Meere verpesten. Nur wenn alles verschmutzt ist, gibt es selbst in der Gated Community keine Luft mehr zum atmen und die verseuchten Fische landen auf jedem Tisch. Auch die Killerkeime aus den Massentierhaltungen der Food Industrie verseuchen und gefährden alle Menschen. Die Plünderungsagenten haben die ganze Welt verschmutzt und bald vernichtet. Die „reine" Welt ist nur noch in kleineren Bereichen zu kaufen. Im Spa, in der Wellnessoase, im Fresh air Center in Tokio oder im Südsee Urlaub. Es sei denn, die Insel ist untergegangen oder der Tsunami droht. Die Rückzugsorte schwinden auch für Superreiche. Früher wohnte der Fabrikant neben seiner Firma, heute wohnt der CEO weit davon entfernt und interessiert sich nicht mehr für die Folgen seines Handelns. Die Segregation und die Privatisierung öffentlicher Räume sind überall zu beobachten.

Die Aneignungswelle geht noch weiter. Werden die Anrainer des Nordpolarmeers auf die Ansprüche am Nordpol verzichten? Bleibt irgendein Rohstoff unausgebeutet, wenn der Permafrost schwindet? Wir wohnen als Parasiten auf dieser Welt und haben das falsche Aneignungsmodell. Wir müllen uns zu und besudeln uns mit brüllender Werbung, mit Verkehrslärm und Atommüll. Gorleben war nur der Versuch, sich diese Erde anzueignen. Die Bewohner wehren sich zu recht. Warum werden Graffiti Sprayer mit SEKs verfolgt, während die Reklamefritzen unsere Innenstädte, Landschaften, Briefkästen und Ohren verseuchen dürfen?

Haben oder Sein?

Der Sozialphilosoph Erich Fromm hat vor vielen Jahren sein Buch „Haben oder Sein" präsentiert. Er unterscheidet dabei die Wesenstypen des Anhaftens bzw. Verfügens und des Teilens, der Mitwirkung und Gemeinsamkeit. Der Habentypus ist auf Beharren, Besitzen und Beherrschen ausgerichtet, während der Seinstypus eine Tendenz zur Entwicklung und Dynamik aufweist. Habenorientierte Typen und Gesellschaften können sich nicht wirklich weiterentwickeln, sie haben immer mehr vom selben und enden in einer sehr ungerechten Gesellschaft. Es kommt fast immer zur Revolution, zur Revolte und zum abrupten Wandel. Es kommt ja im Leben auf die guten Beziehungen zur Mitwelt an. Es gibt keinen Besitz in der Liebe, in Freundschaften und in Gemeinschaften. Das Haben trennt den Menschen von der Mitwelt. Das Sein ermöglicht die Verbindung, den Austausch und die Zusammenarbeit. „Mit >Sein< meine ich eine Existenzweise, in der man nichts hat und nichts zu haben begehrt, sondern voller Freude ist, seine Fähigkeiten produktiv nutzt und eins mit der Welt ist."[33] „Lebende Strukturen können nur sein, indem sie werden, können nur existieren, wenn sie sich verändern. Wachstum und Veränderung sind inhärente Eigenschaften des Lebensprozesses."[34] Am Ende seines Werkes arbeitet Fromm Gemeinsamkeiten derjenigen Denkweisen heraus, die sich vom Gedanken des Habens lösen und sich der Sicht des Seins verpflichtet fühlen. Dieser Geist des Seins zeichnet sich durch folgende Punkte aus:[35]

Die Produktion habe der Erfüllung der wahren Bedürfnisse des Menschen und nicht den Erfordernissen der Wirtschaft zu dienen. Die Ausbeutung der Natur durch den Menschen wird durch ein Kooperationsverhältnis zwischen Mensch und Natur ersetzt. Der wechselseitige Antagonismus zwischen den Menschen verändert sich zur Solidarität. Oberste Ziele des gesellschaftlichen Arrangements seien das menschliche Wohlsein und die Verhinderung menschlichen Leids. Maximaler Konsum ist durch einen vernünftigen Konsum (Konsum zum Wohle des Menschen) ersetzt. Es ist ein Konsum, der die Beziehungen zur Mitwelt verbessert und intensiviert, statt zu trennen, ab- und auszugrenzen oder auszuplündern. Der einzelne Mensch wird zur aktiven Teilnahme am gesellschaftlichen Leben motiviert. Wir werden Mieter werden (müssen) auf dieser Welt und es kann eine große Befreiung sein. Das letzte Hemd hat sowieso keine Taschen und so können

---

[33] Fromm, E.: Haben oder Sein. Die seelischen Grundlagen einer neuen Gesellschaft, München 2010 (1979), S. 30. Das Buch von Fromm erscheint heute zwar noch aktuell, doch auch etwas vereinfachend und dichotomisch. Trotzdem thematisiert er anschaulich den Zusammenhang zwischen der Destruktivität der gesellschaftlichen Strukturen und dem menschlichen Verhalten.
[34] Fromm, E.: Haben oder Sein, Frankfurt 1979, S. 36.
[35] Vgl. Fromm, E.: Haben oder Sein, 1979, S. 163ff.

wir um so mehr sein im Leben vor dem Tod. Dieses Leben wird umso mehr stattfinden, wie wir uns vom Haben verabschieden und mit anderen die Mitwelt teilen. Dieses Teilen führt auch dazu, sich mit anderen Menschen zu treffen, sich zu helfen, andere Sichtweisen kennenzulernen, klüger zu werden und füreinander da zu sein, als gegeneinander zu kämpfen. Vom Haben ausgenommen sind sicher auch im Sinne von Fromm die Habseligkeiten und noch etwas mehr. Menschen können im Seinsmodus gerade deswegen leben, wenn sie für ihre Existenz über ein verantwortbares, notwendiges Eigentum verfügen, das gesichert ist. Der Habenmodus beschreibt hingegen die Gier und das Anhäufen von Besitz ohne Verantwortung und ohne Grenze.

Ideen und Lösungswege – alternative Eigentumsformen. Wem sollte was gehören?

Es wird neue Arten gemeinsamen Eigentums geben müssen, um die Gesellschaften gerechter zu gestalten. Die extreme Ungleichheit führt zudem zu einem Druck auf alle auf Arbeitseinkommen angewiesene Menschen. Einmal hat die Verbilligung der Arbeit zu einer Verhinderung und Abschwächung des technischen Fortschritts geführt. Es wird Lohnsklaverei in Drittweltländern betrieben und selbst in entwickelten Ländern wird relativ zu wenig für Arbeit bezahlt. In sofern wird es zu einer Grundversorgung und zur Umverteilung von Vermögen kommen müssen und wir sehen uns einer Renaissance des Gemeineigentums (Commons, Allmende, Sharing) bevor.

Commons sind eine Organisationsform zwischen Kommunismus und Kapitalismus, da das Gemeineigentum im Vordergrund steht und doch jeder Mensch etwas für sich halten kann. Es die organisierte gemeinsame Verantwortung für das, was alle nutzen. In der *Commons* Wirtschaft ist für alle genug vorhanden, weil es geteilt wird. Die guten Sozialbeziehungen stehen im Vordergrund und führen zu einer fairen und nachhaltigen Ressourcenbewirtschaftung. Die Selbstorganisation ist das vorherrschende Koordinationsprinzip. Entscheidungen finden im Konsens statt. Die Nutzung wird gemeinsam geregelt. Es entwickelt sich eine *Peer to peer* Ökonomie, die dem Gemeinwohl dient. Kooperation dominiert die Konkurrenz, die zum lustvollen Wettstreit um die besten Ideen mutiert. Es gibt einen freien Zugang zum Wissen, alle Fähigkeiten und Talente von Menschen werden gefördert und dadurch entwickelt. Es werden Privilegien abgebaut und die Inklusion aller Menschen steht im Vordergrund.[36] Es wird zu einer Sharing and Caring Economy kommen. Das Teilen erzeugt Vorteile, weil der Mensch nicht so viel Aufwand treiben muss, sein Eigenes zu schützen, zu pflegen und zu erhalten. Auch kann dann immer das Gerät, das Ding, das Auto zur Verfügung stehen, dass man gerade braucht. Ein pfleglicher Umgang mit Menschen wird entstehen, weil sich die Firmen in der kontingenten Welt überhaupt nicht anders werden erhalten können. Sie brauchen die Ideen und das Engagement von vielen Menschen, um Resilienz zu erzeugen. Diese Robustheit von Systemen ist nur bei hoher Vielfalt, freiem Austausch von Wissen, gemeinsamer Verantwortung, Dezentralität und engen Responseschleifen möglich.[37]

Wie kann Gemeinsames entstehen?

Es existieren zahlreiche Möglichkeiten und auch erforschte Methoden, wie man sich individuell oder als Unternehmen bereichern kann. Es wurden dennoch wenige Ideen entwickelt, wie man Gemeingüter entstehen lässt, das Gemeinsame organisieren und ausbauen kann. Gerade aber an Gemeingütern und deren gemeinsamer Organisation mangelt es. Besonders Elinor Ostrom hat sich seit über 30 Jahren dem Thema der Gemeingüter zugewandt und erstaunliche Erkenntnisse über die förderlichen Bedingungen für das Gemeinsame, die so genannten Allmende gewonnen. Ihre Forschungen begann sie damit, auf der ganzen Erde nach Beispielen zu suchen, wo sich Gemeingüter entwickelt und erhalten haben. Sie konnte ganz entgegen der herrschenden Meinung in der ökonomischen Forschung zahlreiche Fälle finden und man kann sagen, dass gerade durch die mediale Vernetzung noch zahlreiche Beispiele dazu gekommen sind. Zu denken ist hier an die

---

[36] Vgl. Insbesondere Helfrich, S. und Heinrich Böll Stiftung (Hg.): Commons – für eine Politik jenseits von Markt und Staat, München 2012. Helfrich, S. Das Betriebssystem der Commons Version 5.0 in dieselbe 2012, S. 67f.
Zu anderen Lebensformen Jaeggi, R.: Kritik von Lebensformen, Berlin 2014 sowie Schor, J.: True Wealth: How and Why Millions of Americans Are Creating a Time-Rich Ecologically Light, Small-Scale, High-Satisfaction Economy, Boston 2011.
[37] Vgl. Dazu Hopkins, R.: Resilienz denken: in Helfrich, S.: 2012, S. 45ff.

Open Source-Bewegung mit Wikipedia und Linux als berühmte Beispiele. Menschen tragen hier ohne monetäre Motivierung zum Wohle des Ganzen bei. Selbstorganisiert entstehen nützliche Dinge jenseits von Markt, Wettbewerb und Anordnung. In ihrem Buch *Governing the Commons* von 1990 kam sie zu dem Ergebnis, dass für Entwicklung und Erhaltung von Allmende oft die Selbstorganisation effektiver ist als der private Markt oder staatliche Kontrolle und Bewirtschaftung. Es kann hier die Selbstorganisation wirksam werden, wenn die Gemeingüter geschützt und eben nicht privatisiert werden. Dann kann auch eine *peer economy*, also eine Wirtschaft unter Gleichen entstehen, wo man verantwortlich gemeinsam Wohlstand schafft und wirkliche Nachhaltigkeit verankert. Somit kann die Gemeingüterwirtschaft einen weiteren Weg der gesellschaftlichen Koordination anbieten, der weder als Markt noch als staatliche Bürokratie organisiert ist. Menschen entwickeln und bewirtschaften hier gemeinsam komplexe Ressourcen und steigern deren Wert. Die Allmendeorganisation ermöglicht die nachhaltige und zukunftsfähige Entwicklung von Werten ohne Zuweisung von Privateigentum und ohne die paternalistische und demotivierende Planung staatlicher Instanzen. Zudem zeigen sich in diesen Modellen Beispiele für eine kollektive Haftung und Verantwortung auch sehr komplexer Gebilde. Letztlich wäre in einer Peer- Ökonomie denkbar, Großorganisationen, Konzerne und komplexe Ressourcenfelder in dieser Form zu organisieren. Damit wäre auch gewährleistet, dass diese Unternehmen eher dem Gemeinwohl dienen als nur wenigen Anteilseignern und Spekulanten zu dienen. In ihrem Ansatz stellte Elinor Ostrom zum einen die gemeinsame Nutzung und zum anderen die Bereitstellung der Ressourcen als wesentliche Probleme heraus. Sie konnte aber auch wichtige Bedingungen für das Gelingen ermitteln:[38]

– Klar definierte Grenzen und Exklusion der Nichtberechtigten
– Mitwirkungsmöglichkeiten bei der Entwicklung der möglichst klaren Regeln durch alle Betroffenen und damit Anpassung an die jeweiligen lokalen Bedingungen

---

[38] Vgl. Ostrom, E.: Governing the Commons: The Evolution of Institutions for Collective Action, Cambridge, 1990, S. 161ff.

- Gemeinsame Überwachung der Regeln und somit Resonanz auf Verstöße wie auch zusätzliche Beiträge mit abgestuften Sanktionen
- Vereinbarung und Entwicklung von Konfliktregelungen
- Die Selbstverwaltung eines Systems muss vom Staat anerkannt sein
- Die Gemeingüterorganisation gelingt eher in überschaubaren, dezentralen Einheiten
- Der Staat entwirft die Regeln – oder besser wir als demokratische Gesellschaft entwickeln und entscheiden über die Regelungen

Regeln verschönern das Leben, wenn sie gemeinsam entwickelt wurden oder zumindest einsehbar und nachvollziehbar sind für alle Akteure. Regeln wirken positiv für alle. Fußballspielen, ja jegliches Spielen würde kaum Spaß machen, wenn es keine Regeln gäbe. Beim Fußball sind es wenige, klare Regeln, die einsehbar, verstehbar und sinnhaft sind und damit wahrscheinlich zu seiner weltweiten Attraktivität beitragen. Regellosigkeit würde nicht nur hier zu Unfairness, Recht des Stärkeren und zum wilden Gegeneinander führen. Regellosigkeit erzeugt großen Aufwand an Konfliktlösung, da jede Situation einzeln verhandelt werden muss. Die Abneigung gegen Regeln resultiert häufig aus dem Zwangscharakter der Vorschriften, nämlich dann, wenn die Regeln ihren Sinn und Zweck verloren haben. Alle Regeln bedürfen einer gemeinsamen Überprüfung. Die Deregulierung auf den Märkten hat zum Teil zur Aufhebung des Marktcharakters geführt. Im Finanzmarkt profitieren nur einige Wenige von den anarchischen Zuständen, mit der Folge, dass viele leiden und insbesondere unsinnige Regeln am anderen Ende des Marktes für vollends Unschuldige eingeführt werden, die an der Entstehung des Problems gar nicht mitwirkten. Jeder Gemüsehändler oder Tischlermeister wird drangsaliert mit Vorschriften, während im Finanzinvestment kaum Regeln gelten. Dort ist fast jede „innovative" Bereicherungs- und Ausplünderungsmethode erlaubt, seitdem die Regeln weltweit „dereguliert" wurden.

Genossenschaften

Aus der Konfrontation von Kapital und Arbeit kommt man eher heraus, wenn Menschen ihr Eigentum zusammentragen, um dann gemeinsam etwas Sinnvolles zu gestalten. Diese Alternative hat schon eine lange Tradition und lautet Genossenschaft. Hierbei fließen keinerlei Gewinne an Außenstehende und die Zielsetzung wird somit allein in der Gemeinschaft entwickelt. Mit der Bildung von Genossenschaften, der Erweiterung von Gemeinwirtschaften in Verbindung mit einer Änderung der Eigentumsordnung und einer Regelung der Geldwirtschaft, wird die Anhäufung von Kapital zunächst unattraktiv, dann kaum mehr möglich. Dies würde das Ende des Finanzkapitalismus bedeuten und den Menschen die Möglichkeit eröffnen, sich die Dinge und ihr Leben wieder anzueignen.

Wie sollen wir es verwirklichen?

Es ist sicher abwegig zu denken, wir könnten Konzerne verbieten, die Finanzmärkte regulieren, Ökosteuern einführen, den Konsum von unfair gehandelten Waren verbieten, ein bedingungsloses Grundeinkommen einführen, eine Vollgeldreform durchführen und die Vermögen hoch besteuern. Die besonders hart betroffenen Menschen gehen da, wo sie können, kaum noch zu Wahlen, sie nehmen gar nicht mehr an dem politischen Diskurs teil, weil sie mit Daseinsbewältigung beschäftigt sind oder schlicht aufgegeben haben. Die großen Ungerechtigkeiten, der Hunger, das Elend, die Arbeitshetze, der ständige Druck, unser Krieg gegen die Natur, die maßlose Verschuldung sind dennoch dramatische Anzeichen für einen bevorstehenden Wandel. Der Druck ist so groß, dass es zu Umstürzen, Klimakriegen, Revolten, Streiks, Aufständen, Revolutionen, Widerstand kommen wird. Es fragt sich nur wie sie ablaufen; ob es friedliche Formen gibt.

Wir sitzen am großen Hebel der Veränderung

Wem das zu utopisch oder angestrengt erscheint, der möge sich veranschaulichen, dass es in Deutschland ausreicht 18000 € im Jahr zu verdienen, um zu den 3% und 14500 €, um zu den 5% reichsten Menschen der Erde zu gehören. Es wird Zeit die Illusion zu durchschauen, sich verblüffen zu lassen von der Einfachheit der Lösung. Auch der Niedrigverdiener in Deutschland gehört zu den ersten 5% der Reichsten dieser Welt. Wir haben einen gewaltigen Einfluss auf die Richtung der Weltwirtschaft. Zudem dienen wir als Vorbild. Wenn wir die Lügenpakete der meisten Konzerne nicht mehr kaufen, bekommen sie ein Problem. Menschen erzeugen ihre Energie selbst, produzieren Gebrauchsgüter, erzeugen Lebensmittel, kaufen nur fair gehandelte Produkte, kümmern sich um ökologische Produktionsweisen und leben in Gemeinschaften. Im Internet existieren zahlreiche Portale und Websites, wo sich Menschen austauschen und informieren können, wie das funktioniert.[39] Wir Menschen in den Industrieländern sind alle planetare Oberschicht und können erfinderisch werden, die Konzerne einfach zu missachten. Uns ist sehr bewusst, dass gerade auch die relative Armut in den Wohlstandsländern entwürdigend ist, dass es sehr schwer ist, mit Mc-Jobs ein vernünftiges Leben zu führen und seien Kindern eine gute Bildung zu ermöglichen. Die Sehnsucht läuft jedoch in die Richtung der eigenen Unfreiheit, wenn man nur versucht an mehr Geld zu kommen. Die wichtigen Dinge im Leben gibt es ja nicht zu kaufen. Es ist wunderbar zu sehen, wie soziale Initiativen in vernachlässigten Stadtteilen das eigentliche Wunder vollbringen, die Menschen in liebevollen Kontakt zueinander zu bringen, und Hoffnung zu geben. Menschen verwirken ihr Leben, wenn sie es mit der Sucht nach materiellen Gütern zubringen. Liebe, Lust und Leidenschaft sind die beste Medizin. Nicht mitspielen. Einfach leben, anders leben, mehr genießen.[40]

Mesoebene: Kleine Unternehmen und Gemeinwirtschaft

Unternehmen sind gut beraten ihre Kultur auf Mitwirkung, Kooperation, Öffnung, Freiräume, Gleichheit und maßvolles Vorgehen auszurichten. Sie brauchen eine Kultur der Offenheit, wo der Mensch im Mittelpunkt steht und Resilienz und Responsefähigkeit eben durch diese Elemente geschaffen wird. Es gilt Konzerne heilend zu verwandeln und Haftung sowie Verantwortung zu etablieren. Eigentum im persönlich verantwortlichen Rahmen kann wohl zurecht als Grundrecht gelten. So steht es auch im deut-

---

[39] Beispielsweise: utopia.de, ecoshopper, karma Konsum, öko topten vom Ökoinstitut, Verbraucherzentralen, foodwatch, Makezine und makerfair.
[40] In einem Aufsatz zur Kultur der Reparatur sind dazu weitere Aspekte diskutiert Bergmann 2014a. Interessante Beiträge zur Maker Kultur und Fablabs: Anderson, C.: Makers, München 2013; Heckl, W.M.: Die Kultur der Reparatur, München 2013; Neef A./ Burmeister, K./ Krempl, S.: Vom Personal Computer zum Personal Fabricator, Hamburg 2006.

schen Grundgesetz. Aber es verpflichtet auch. Dazu sind auch persönliche Vermögen zu vermeiden, die keine Haftung mehr zulassen und einzelnen Akteuren großen Einfluss ermöglichen. Grundsätzlich ist an die Änderung der Unternehmensverfassungen zu denken, sodass die Akteure in Unternehmen nicht nur den Eigentümern, sondern allen Stakeholdern verantwortlich sind. Je mehr ein Unternehmen dem Kapitalmarkt Renditen liefern muss, desto mehr werden Ziele wie Nachhaltigkeit oder Innovation unmöglich gemacht. Die langlebigsten und solidesten Unternehmen sind unabhängig und finanzieren sich selbst. Gemeinwirtschaften (Commons), Genossenschaften und öffentlich rechtliche Organisationen erscheinen uns da besonders vorteilhaft. Eine weitere Möglichkeit besteht darin, zu dezentralisieren und kleine selbstorganisierende Einheiten zu schaffen. Die regionale Handwerksindustrie kann flexibler auf Marktschwankungen reagieren. Es werden mehr und sinnvollere Arbeitsplätze geschaffen. Durch die flexiblere Maschinerie können auch Reparaturteile gefertigt werden. Zudem kann man damit besser auf individuelle Kundenwünsche eingehen. Es erscheint denkbar, dass sich kleinere Firmen zu Kooperationen und Netzwerken zusammenfinden, die sich als äußerst robust und erfinderisch erweisen. Diese Unternehmensverbünde organisieren sich in regionalen Bündnissen, können sich neuen Trends schnell anpassen und verringern die Transportwege. Auch kann sich so großes Vertrauen ausbilden. Eine neue Globalisierung besteht dann eher in der Begegnung von Menschen aus unterschiedlichen Kulturen, dem persönlichen Austausch von Menschen und nicht so sehr dem widersinnigen hin und her Transport von riesigen Stoffmengen.[41] Die Massenproduktion benötigt möglichst monotone Verhältnisse, immer wieder dasselbe Produkt zu möglichst geringen Kosten, mit Scheininnovationen und Modifikationen aufgepeppt, nicht sonderlich haltbar und reparierfähig, hoch modisch und von den Serviceleistungen des Unternehmens abhängig. Diese unökologische, lebensfeindliche Produktion muss sowieso abgelöst werden. Neben den unmittelbaren Ebenen sind natürlich auch Versuche zu unternehmen, die größeren Kontexte zu verändern. Joe Bakan hat am Ende seines Buches „Das Ende der Konzerne" eine ganze Reihe

---

[41] Dazu der Film Economies of Happiness von Norberg-Hodge, H./ Gorelick, S./ Page, J.: The Economies of Happiness (Die Ökonomie des Glücks): www.theeconomiesofhappiness.org.

von wünschenswerten Veränderungen auf staatlicher beziehungsweise gesellschaftlicher Ebene skizziert. Ähnliche Vorschläge finden sich auch bei Piore und Sabel sowie in unserem Buch „Das Menschliche Maß", wo wir wiederum zahlreiche Ideen weiterer Akteure und Autoren zusammengetragen haben. Zunächst einmal ist interessant, dass globale Konzerne sich zwar als gewaltige Machtballungen präsentieren, die von Staaten und Regierungen unabhängig agieren. Dennoch sind Konzerne ohne Staaten gar nicht denkbar. Sie benötigen eine Rechtsbasis und können deshalb auch von Regierungen beeinflusst werden. Es bedarf einer „Reregulierung" und der Begrenzung ihrer Macht durch demokratische Staaten. Regierungen können die Einfuhr unrechtmäßig erzeugter Produkte untersagen, können Konzerne zerschlagen oder ihnen Auflagen erteilen. Dazu ist notwendig, die Demokratie zu stärken und auszubauen, das Lobbying zu begrenzen und die Mitwirkungsmöglichkeiten der Bürger auszuweiten. Das Wirtschaftssystem muss die Demokratie stärken, der Demokratie dienen und nicht andersherum. Wir plädieren auch deshalb für Moratorien bei Großprojekten, für die deliberative Entscheidungsfindung und die dialogische Genehmigungsverfahren. Wir treten ein für Regulierung, Einhegung des Kapitalismus und seiner Hauptakteure, um das Eigentum wieder sozial zu verpflichten. Es erscheint vielleicht einigen Lesern als Utopie, die Macht der Konzerne oder undemokratischer Staatsinstitutionen einzudämmen. Doch wir haben viel mehr Möglichkeiten, als gedacht:

Mehr Demokratie und Begrenzung der Machtballungen

„In einer Demokratie ist die Existenz von Unternehmen ausschließlich vom Willen des Volkes abhängig und des Souveränität des Volkes unterworfen." „Sie sind keine unabhängige Person mit eigenen Rechten, Bedürfnissen und Wünschen, auf die Regulatoren Rücksicht nehmen müssten." So schreibt es Joe Bakan.[42] Zahlreiche Privatisierungen sind zurückzunehmen und ansonsten weit gehend zu verhindern. Das gilt insbesondere für Länder mit großen Rohstoffvorkommen. Dabei ist auch darauf zu achten, möglichst

---

[42] Bakan, J.: Das Ende der Konzerne, Boston 2005, S. 188-189.

viele Wertschöpfungsstufen in den Erzeugerländern zu realisieren.[43] Deregulierungen und Privatisierung sind Formen der Entdemokratisierung, weil sie die den Souverän in einer Demokratie entmachten. Entscheidungen über das Bahnsystem, die Energie- und Wasserversorgung, die Verwendung von Rohstoffen sollten in wirklichen Demokratien über die gewählten Gremien oder in Volksabstimmungen grundsätzlich abgestimmt werden. Ansonsten bestimmen lediglich die Groß-Eigentümer in einem Land über die Zukunft. Wir befinden uns dann in einer neofeudalen Plutokratie. Die Demokratie erstirbt, wenn große Machtballungen einzelner zugelassen werden, wenn Expertengremien entscheiden und das Vermögen und die Eigentumsrechte größtenteils vererbt werden. Alle Machtballungen sind zu verhindern und polypolistische Märkte schaffen. Dazu sind demokratische Rechte auszubauen und eine Yeoman Demokratie (Piore/ Sabel) zu entwickeln.[44] „In einer Yeoman Demokratie geht (man) davon aus, daß der Staat dafür garantiert, daß Transaktionen auf dem Markt nicht beständig eine Gruppe begünstigen und damit eine Balance zwischen Wohlstand und Macht stören" „In einer Yeoman Demokratie wird Eigentum nur treuhänderisch für die Gemeinschaft verwaltet."[45] Es müssen in einem demokratischen Gemeinwesen, die großen Vermögen besteuert und insbesondere im Erbfall über ein menschliches Maß hinaus, der Allgemeinheit wieder zugeführt werden. Das heißt, die Vermögenssteuer sollte wieder etabliert werden und die Erbschaftssteuer ist deutlich zu erhöhen – bei Grundfreibeträgen von vielleicht 0.5 bis 1 Million €. Eigentumsrechte können in einer Leistungsgesellschaft eigentlich nur auf Zeit vergeben werden, denn ansonsten sind spätestens nach einer Generation ja keine Neuverteilungen nach Beiträgen für die Gemeinschaft mehr möglich. Außerdem sind große Einkommen und Vermögen mit Verantwortung und Haftung zu begrenzen. Ansonsten sind die hohen Renditen ohne entsprechendes Risiko zu realisieren. In den Ländern ist

---

[43] Vgl. Hierzu besonders die UN Initiative im Kongo (www.un.org/depts/german/sr/sr_the m/kongodr.htm) und Vgl. blog.faire--computer.de.

[44] Yeoman waren kleinere Landbesitzer im 16 Jh. Piore und Sabel wollen damit eine Demokratie mit einer kleingliederigen Wirtschaftsstruktur beschreiben. Piore, M.J./ Sabel, C.F.: Das Ende der Massenproduktion, Berlin 1985 Vgl. auch Eucken, W.: Konzernentflechtung und Kartellauflösung, Freiburg, 1947, S. 2 und 9.

[45] Piore, M.J./ Sabel, C.F.: Das Ende der Massenproduktion, Berlin 1985, S. 331.

die lokale, regionale Ökonomie zu fördern. Dazu sind Genossenschaftsmodelle und die Organisation von Commons rechtlich zu vereinfachen.[46]

Märkte begrenzen und untersagen

Die Effizienz von Märkten darf nicht das ausschlaggebende Kriterium sein. Die weiter oben genannten positiven Effekte von Märkten sind nur unter strengen Nebenbedingungen zu erwarten. Die ungleiche Verteilung von Einkommen und Vermögen verzerrt zahlreiche Märkte, da die Informationen der Zugang zu Bildung erschwert wird und die Akteure nicht frei entscheiden können. Es entsteht eine große Abhängigkeit der Arbeitnehmer von einzelnen Arbeitgebern. In weiten Teilen der Erde ist Verelendung und die Prolongierung dieses Schicksals in nächste Generationen die Folge. In anderen MC Job Bereichen tritt Entfremdung ein. Die Präferenzstruktur der Akteure wird durch die soziale Situation beeinflusst. Die soziale Situation verändert die Bedürfnisse und Erwartungen. Dadurch ergbt sich ein verzerrtes Nachfrageverhalten. Es kommt zu toxischen Märkten.[47] Diese haben entweder negative Auswirkungen auf Individuen oder auf die Gesellschaft als Ganzes. Manche Märkte haben sogar negative Auswirkungen auf fast alle. Für eine Demokratie wäre es sehr schlecht, wenn einzelne Stimmrechte gekauft werden könnten. Über kurz oder lang landet man in der Plutokratie. Für Bereiche wie menschliche Organe (insbesondere Nieren, weil wir zwei davon haben) oder Kinderarbeit dürfte es sicher keine Märkte geben, da die Akteure sich dabei zu sehr schädigen und das augenscheinlich nur aus einer bitteren Notsituation heraus tun. Das gleiche gilt für jede Form von entwürdigender oder extrem schlecht bezahlter Arbeit (Lohnsklaventum). Die Folge ist, dass einige Mitglieder nicht mehr am öffentlichen Leben und der Willensbildung teilhaben können. Zudem müssen Märkte eingeschränkt werden, wo sich zwei Parteien zuungunsten Dritter bereichern oder die gesamte Gesellschaft Schaden erleidet. Das trifft zum Beispiel auf weite Bereiche des entgrenzten Finanzmarktes zu.

---

[46] Vgl. dazu Helfrich, S. u.a. 2012 und die Darstellung in Bergmann, G./ Daub, J.: Das Menschliche Maß, München 2012.
[47] Vgl. vertiefend Satz, D.: Von Waren und Werten – Die Macht der Märkte und warum manche Dinge nicht zum Verkauf stehen sollten, Hamburg 2013, S. 137 f.

Besteuerung von Einkommen und Vermögen

Eine progressive Einkommensbesteuerung und besonders die Stärkung der Finanzämter könnten dazu beitragen die Ungleichheit zu begrenzen und die Bezieher hoher Einkommen von der einseitigen Lebenseinstellung zu befreien und dem demokratischen Staat wieder mehr Möglichkeiten zu geben, gestalterisch tätig zu werden. Eine erhebliche Erhöhung der Erbschaftsteuer könnte verhindern, dass sich eine kleine Gruppe von Superreichen bildet, die ihr Vermögen leistungslos erwerben. Zudem kann sich das positiv auf die kreative Entwicklung in der Gesellschaft auswirken und die Binnenachfrage steigern. Auch wird der Druck vom Kapitalmarkt geringer, da das Vermögen bei breiterer Streuung mehr persönlich genutzt wird, als vielmehr gewinnbringend am Kapitalmarkt angelegt wird.

Bedingungsloses Grundeinkommen

Ein bedingungsloses Grundeinkommen stellt eine Existenzsicherung in einer sozialen Gemeinschaft dar. Es wird an alle Mitglieder einer Gesellschaft gezahlt, ohne dass es an irgendwelche Bedingungen geknüpft ist. Jedes Mitglied der Gesellschaft hat einen rechtlichen Anspruch darauf. Damit wird die Teilhabe am demokratischen Prozess und persönliche Freiheit und Muße ermöglicht. Wir plädieren auch für ein solches Grundeinkommen, weil nur damit gewährleistet werden kann, dass Menschen nicht erpressbar sind, das menschenwürdige Arbeitsplätze entstehen und sich Menschen ohne Druck für ihre Aufgabe entscheiden und qualifizieren können. Das ist selbstverständlich mit einem Mindestlohn zu kombinieren.[48]

Ein bedingungsloses Grundeinkommen (bGE) wird unseres Erachtens sowieso in irgendeiner Form realisiert werden müssen, da immer weniger aus Arbeit Einkommen gewonnen werden kann. Bei einer großen Konzentration von Vermögen und der zunehmenden Automatisierung wird es zu einer Umverteilung und Absicherung kommen müssen.[49] Ansonsten sind die

---

[48] Vgl. www.grundeinkommen.de.
[49] Vgl. Vanderborght. Y./ Van Parijs, Ph.: Ein Grundeinkommen für alle?, Campus 2005. Sehr prägnante Darstellung mit Hinweisen zum Weiterlesen bei: Rätz, W./ Krampertz, H.: Bedingungsloses Grundeinkommen, Neu-Ulm 2011.

IV WEM GEHÖRT DIE WELT? WEM SOLLTE SIE GEHÖREN? 157

meisten dazu verdammt, für die Mehrung des Kapitals in wenigen Händen immer mehr zu arbeiten, bei immer weniger Entlohnung. Das marktradikale Modell sieht vor, die Investoren zu entlasten, um damit mehr Wachstum zu schaffen, aus dem dann Beschäftigung resultiert und das Verteilungsproblem gelöst wird. Dieser Zusammenhang wird allerdings nur behauptet und bestätigt sich nie empirisch. Beschäftigungseffekte stellen sich erst ab 2% Wachstum ein, was in entwickelten Volkswirtschaften sehr anspruchsvoll ist. Zudem werden Arbeitsplätze geschaffen, die kaum einkommensstark sind. Das ist ja gerade die Forderung, um Wachstum und Investitionsbereitschaft zu ermöglichen. Somit erweist sich auch diese These als reine Glaubensfrage ohne realen Gehalt. Ein Grundeinkommen ist faktisch finanzierbar, da ja zumindest in den westlichen Ländern genügend Werte und Reichtümer geschaffen werden. Es geht also eher um die Verteilung. Die bedingungslose Grundsicherung löst zwei wesentliche Probleme des Wirtschaftssystems. Es geht immer um die Beantwortung der Fragen: Wer macht was (Produktion) und was bekommt derjenige dafür (Verteilung)? Die gegenwärtigen ökonomischen Systeme erzeugen zunehmend mehr Probleme als sie Lösungen schaffen. Die Wirtschaftsweise wirkt zerstörerisch für Natur und Zusammenleben. Es werden Ressourcen nicht regenerativ ausgeschöpft und das allgemeine Konkurrenzprinzip erschwert die notwendige Kooperation. Grundsätzlich haben unserer Auffassung nach alle Mitglieder einer Gesellschaft einen Mindestanspruch auf einen Teil der Boden- und der Kapitalerträge. Es gibt keinen uns ersichtlichen Grund, warum Vermögen und Natur an einige wenige Menschen zugeteilt werden, ohne dass sie irgendeine Leistung für die Gesellschaft vollbracht hätten. Ganz im Gegenteil: das Einkommen nimmt mit der Nutzlosigkeit oder sogar Schädlichkeit zu. Oft polemisieren neofeudale Erben gegen das Grundeinkommen, weil es nur Faulenzer erzeuge.[50] Viele selbst ernannte „Leistungsträger" haben ihr großes Vermögen weitgehend geerbt oder aber durch selbstsüchtige Ausnutzung von Gelegenheiten vermehrt.

Ein Grundeinkommen verlagert die Wahl der Betätigung wieder stär-

---

[50] In dem Projekt mein-grundeinkommen.de zeigen sich andere Entwicklungen. Im Crowdfunding werden Mittel für Grundeinkommen gesammelt, die dann verlost werden. Auch in anderen versuchen zeigt sich, dass Menschen gerne einer Arbeit nachgehen, diese aber angstfrei wählen wollen.

ker zu den Menschen, die in Ruhe das wählen können, was ihnen am meisten zusagt und worin sie einen Sinn erkennen. Mit dem bGE würde ein großer Beitrag geleistet, Entfremdung und Verdinglichung zurückzudrängen. Menschen werden wieder ernst genommen und können an allen Entscheidungen wieder wirklich teilhaben. Zudem werden Menschen weniger erpressbar, zu einem nicht auskömmlichen Lohn zu arbeiten. Wichtige, aber schwierige und belastende Tätigkeiten werden dann höher tarifiert werden müssen oder sie werden gemeinsam bewältigt. Außerdem erfahren gesellschaftliche Arbeiten, die heute nicht bezahlt werden, ein monetäre Absicherung. Es ist zu erwarten, dass eine bedingungslose Grundsicherung die Kreativität und den Erfindungsreichtum der Menschen deutlich steigert. Muße ist aller Lösung Anfang und mit dem ewigen Ringen um die Daseinsbewältigung können Menschen sich kaum ihren Leidenschaften, Talenten und Ideen widmen. Ein bGE befreit von den Existenzsorgen und macht die Menschen unabhängig von den Zumutungen in unfairen Arbeitsbeziehungen. Außerdem erhalten sie dann einen Teil des abgepressten Mehrwertes, der ihnen sowieso zusteht. Es kann dann eine neue Art von Arbeit entstehen. Menschen können leichter kooperieren, alternative Formen von Arbeit aufbauen und es ist leichter möglich, aus der Arbeitslosigkeit zu entfliehen. Ein bGE ermöglicht vielfältige Tätigkeiten künstlerischer, handwerklicher und pflegerischer Art. Die Entschleunigung führt zu mehr Erfindergeist und weniger verzehrendem Konsum. GE ermöglicht erst eine wirkliche Teilhabe aller an demokratischen Prozessen. Die Sozialsysteme werden entlastet und extrem vereinfacht. Ein Grundeinkommen kann zu einer nachhaltigen, und resilienten Lebensweise ohne Raubbau an der Natur beitragen. Soziale Ungerechtigkeiten können vermindert werden und die Kinder aus ärmeren Schichten bekommen größere Aufstiegschancen.

Bedingungsloses Grundvermögen

Neben dem Grundeinkommen sollte auch an ein bedingungsloses Grundvermögen gedacht werden. Alle Menschen haben Anspruch auf einen Teil der Erde. Das müsste in weiteren Schritten auf die ganze Erde ausgedehnt werden. Schon im 18. Jahrhundert begründeten verschiedene Autoren ein Anrecht auf einen Teil des allgemeinen Vermögens. Im Zuge der Industrialisierung sind zunehmend die Naturrechte zum Jagen, Sammeln und Weiden für Jedermann verloren gegangen, da zunehmend Eigentumsrechte für alle Zeiten an private Eigner und deren Erben übergegangen sind. Eine Grundidee stammt schon von Thomas Paine, der als einer der Leitfiguren der französischen Revolution und Autor der amerikanischen Verfassung, die Grundsicherung und das Grundvermögen als einen unabdingbaren Anteil an den Gaben der Natur begründete. Paine erkannte die Probleme einer Gesellschaft mit extremer Ungleichheit.[51] Später formulierten auch gerade liberale Denker von John Stuart Mill bis hin zu Milton Friedman bestimmte Arten der Grundsicherung. Bei Friedman ist es eine negative Einkommenssteuer mit einer sehr dürftigen Absicherung. Als eines der wenigen Beispiele für eine Grundsicherung finanziert aus der Ausbeutung von Rohstoffen kann der Alaska Permanent Fund gelten. Seit den 1970er Jahren wird in Alaska jedem Bürger ein Anteil aus den Erträgen der Erdölindustrie zuerkannt. In Norwegen gibt es zwar keine solche direkte Grundsicherung, die großen Bodenschätze und die daraus erzielten Erträge kommen allerdings indirekt fast allen Bürgern in diesem entwickelten Sozialstaat mit großen Bildungschancen zugute. Nahezu alle anderen rohstoffreichen Länder sind dagegen eher durch große Ungerechtigkeit und sehr einseitige Vermögens- und Einkommensverteilung ausgezeichnet. Deshalb haben zum Beispiel manche südamerikanischen Staaten begonnen, größere Anteile an den Erträgen aus Rohstoffen im Land zu behalten und eine soziale Sicherung und Förderung aufzubauen. Vom Grundsatz her ist es nur logisch, dass ein Grundeinkommen finanzierbar ist, denn wenn Güter und Dienste erstellt werden, ist Geld nur das Äquivalent dafür. Geld entsteht erst mit der Erstellung von Werten. Finanzierbar sind diese Grundsicherungssysteme sicherlich, da bisher kaum Erbschaftssteuern erhoben werden, kaum Vermögen besteuert wird, die Erträge aus der Natur allen Menschen zustehen, die Grundsicherung eine deutliche Vereinfachung des Sozialsysteme ermöglicht und ganz neue Formen der Wohlstandes entwickelt werden können. Bei größerer Gleichheit kommt es ja bekanntlich zu weniger Gewalt,

---

[51] Vgl. Zu den Schriften von Thomas Paine (Philp, M. (Hrsg.)): Rights of Man, Common Sense, and Other Political Writings. Oxford University Press, Oxford 1998. Sowohl Rights of Man, Common Sense und auch American Crisis, Letters to Jefferson uv.m. sind hier enthalten.

mehr Gesundheit und mehr Gemeinsamkeit. Eine reine Finanzierung aus Verbrauchssteuern lehnen wir hingegen ab, da das wesentliche ökonomische Problem die Verteilungsungerechtigkeit ist. Das Kapital ist so extrem und zunehmend ungleich verteilt, dass ein strukturelles Missverhältnis unvermeidlich ist.

Der Reichtum an Ressourcen, an Ideen und Erkenntnissen, an kulturellen Leistungen, der Reichtum der Natur und sozialen Errungenschaften muss grundsätzlich unter allen Menschen aufgeteilt werden. Es ist darüber hinaus paradox, dass Menschen, die vollends eigensinnig handeln mehr belohnt werden, als diejenigen, die für die Gemeinschaft arbeiten und Kinder erziehen, Menschen pflegen, Ehrenämter übernehmen und sich für andere uneigennützig einsetzen. Auch muss unseres Erachtens die Umweltnutzung und -verschmutzung besteuert werden. Zudem sind in jeder Generation die Reichtümer teilweise neu zu verteilen. Außerhalb eines Freibetrages von vielleicht 1 Mio. € sollten deutliche Erbschaftssteuern von mindestens 50% gelten, aus denen dann die Grundsicherung für die Menschen der nächsten Generation gezahlt werden. Ein genaue Bezifferung der Größenordnungen ersparen wir uns hier. Es sind zu viele Parameter unbestimmt. Es hängt im wesentlichen vom Menschenbild ab, welche Entwicklung man erwartet. Wir gehen davon aus, dass in einer angstfreien Gesellschaft die Menschen genügend Werte schaffen, die für großen Wohlstand für alle reichen. Die Erträge aus Natur und Kultur müssen nur gerechter verteilt werden. Es wird eine solidarische Gesellschaft entstehen, in der fast alle Menschen ein gehaltvolles Leben entwickeln können und wo die natürlichen Gaben erhalten werden.

Öffentliche Sphären schaffen

Öffentliche Medien sind auszuweiten und zu stärken. Die so genannte vierte Gewalt im Staate kann nur wirksam kontrollieren, wenn sie weit gehend von Kapitalinteressen unabhängig agieren kann. Demokratien sind einerseits durch eingriffe des Staates (diktatorische Elemente, wie Staatsfernsehen) oder durch die rein private Herrschaft über Medien (wie in den USA gefährdet). Es sind besonders öffentliche Sphären zu schaffen (auch im Internet), wo über alle wichtigen Fragen breit diskutiert wird. Konkret heißt das auch, dass die wesentlichen Plätze in Städten und Gemeinden wieder in Gemeineigentum überführt werden. Durch Privatisierungen sind schon zu viele Gemeineigentümer in die Hände von Spekulanten und Couponschneidern geraten. Ganze Stadtareale werden von Investoren spekulativ erworben und dann im Zusammenspiel mit den hilflosen Stadtverwaltungen renditeträchtig verplant. Die Polis ist die Grundlage für Demokratie. Auch sind alle Versuche zu unternehmen, breite Schichten in Debatten einzubinden, überhaupt auch Themen, die alle angehen in die Öffentlichkeit zu bringen. Diskurse verbessern die Informationslage und tragen zu besserer Entscheidungsfindung bei.

Vollgeldreform als Beginn eines neuen Geldsystems

Als ersten Einstieg zum Umbau des Finanzsektors schlagen wir ein Vollgeldsystem vor. Das heutige Geldreservesystem wird dabei in ein Vollgeldsystem umgewandelt. Dieses Vollgeld gibt es in Form von Banknoten und Münzen, aber auch in Form von echtem Buchgeld.[52] Eine Vollgeldreform bedeutet, dass Banken nur noch das Geld der Konteninhaber verwalten und nur mit Zustimmung von ihnen, Kredite vergeben können. Sie Banken können dann nicht selbst Geld schöpfen, weil sie für alle Kredite zu 100% Bargeldreserven halten müssten. Die Tätigkeit der Geschäftsbanken beschränkt sich auf die Verwaltung der Geldkonten und auf die Kredite können entweder auf Basis von Ersparnissen oder durch Kreditaufnahme bei den Zentralbanken zur Verfügung gestellt werden. Die Zentralbanken könnten so die Giralgeldmenge wieder steuern. Entsprechend dem wird der erforderliche jährliche Zuwachs der Geldmenge der Allgemeinheit direkt und nicht mehr als rückzahlbarer, verzinslicher Kredit zur Verfügung gestellt. Möglich wäre dadurch die Finanzierung eines bedingungslosen Grundeinkommens oder die direkte Finanzierung der Staatsaufgaben und damit Reduzierung der Steuerlast. Heutzutage besteht die Geldmenge aus über 80 Prozent

---

[52] Vgl. Überblick bei Verein Monetäre Modernisierung (Hrsg.): Die Vollgeld-Reform – wie Staatsschulden abgebaut und Finanzkrisen verhindert werden können. Mit Beiträgen von Hans Christoph Binswanger, Joseph Huber und Philippe Mastronardi. Zürich 2013. Dieser Vorschlag von J. Huber und J. Robertson basiert auf Ideen von Silvio Gsell und dem Harvard Ökonomen Irving Fisher.

Buchgeld, da die Banken die das Kreditgeld dem Kreditnehmer auf einem Girokonto gut schreiben. Dieser damit seine Verbindlichkeiten begleicht. Eine Geldmengensteuerung ist somit faktisch nicht möglich. Auch ist der wilden Spekulation Tür und Tor geöffnet. Kürzlich hat sogar der IWF das System geprüft und für vorteilhaft erklärt.[53] Diese Kontrolle des Giralgeldes kann nur als ein erster Schritt zur Reform des Geldsystems gelten.[54] Am besten wäre natürlich, das Geld wieder auf seine Tauschfunktion zu reduzieren und zu regionalisieren. So könnte auch ein Impuls zur Relokalisierung der Ökonomie gegeben und die Gier nach Geld begrenzt werden. Die Zinsen sind nur die Folge des Geldvermehrungssystems. Es könnte zum Beispiel mit Regionalwährungen begonnen werden, sowohl regional zu fertigen und zu konsumieren, als auch aus der Zinsfalle zu fliehen.

Ein Rahmen für mehr Mitwirkung und Gemeinsamkeit

Es gilt einen Rahmen zu schaffen, in dem kein Modell für alle vom „Überbau" mit überschießendem Bewusstsein geschaffen wird, sondern eine Erweiterung der Demokratie, ein Ausbau der Möglichkeiten für jeden, ein gutes Leben zu entfalten und sich einzubringen. Ziel ist ein Miteinander in einer Gesellschaft der kleinen Gemeinschaften, die zusammen etwas ganz Großartiges ergeben. Eine egalitäre Marktwirtschaft kann ein Ansatz sein. Es erscheint uns notwendig, den Menschen ein recht auf Eigentum zu gewähren. Dieses Eigentum ist jedem Menschen sowieso nur auf Zeit gegeben. Es ist geliehen auf Zeit und bleibt dann privat, also eigen. Es ist so wie bei einem Mietverhältnis, wo während der Mietzeit der Eigentümer auch kein Zutrittsrecht hat. Machtballungen sind sowieso zu entflechten und Haftungen einzuführen. Dazu sind die Bestimmungen des gegenwärtigen Aktien- und Konzernrechts und das Marken- und Patentrecht mindestens zu überarbeiten. Bisher werden hierdurch systematisch Möglichkeiten ge-

---

[53] Vgl. Benes J./ Kumhof, M.: The Chicago plan Revisited, IMF Working Paper, 12/2002.
[54] Zu weitergehenden Gedanken hierzu vgl. Felber, C.: Geld – Die neuen Spielregeln. Eine alternative Geldordnung für eine faire Wirtschaft, Wien 2014 und besonders auch Graeber, D.: Schulden. Die ersten 5000 Jahre, Stuttgart 2012. Graeber macht besonders die Funktion der Schulden deutlich, um das kapitalistische System am Leben zu erhalten. Das Wachstum der letzten Jahrzehnte ist rein durch Schulden finanziert.

schaffen, Machtkonzentrationen aufzubauen. Dies wird umso schwieriger, je mehr zentrale Einflusspositionen die Konzerne schon innehaben. Es wird qua Lobbyismus maßgeblich auf die Gesetzgebungsverfahren eingewirkt, teilweise Gesetze für Ministerien formuliert. Konzerne arbeiten erfolgreich im Bereich der legalen Ausbeutung von Natur und Mitmenschen. Sie haben zum Teil die Gesetze so manipuliert, dass sie gesetzestreu plündern können. Wenn alle wirtschaftlichen Akteure für die Folgen ihres Handelns haften müssten, wenn sie Umweltverschmutzung, Verseuchung, Emissionen, aber auch die Ausplünderung von Menschen monetär kompensieren müssten, dann wären sie lange illiquide. Ihre Geschäftsmodelle basieren auf der Externalisierung, der Unverantwortlichkeit und der Nicht- Haftung. In einem vollständigen Wettbewerb, wo alle sich an Regeln halten müssen und keine Partei beherrschenden Einfluss gewinnen kann, tendieren die Gewinne gegen null. Es läuft aber immer noch vollkommen in die andere Richtung. Das Lobbying der Konzerne hat bewirkt, das Freihandels- und Investitionsschutzabkommen entstehen oder entstanden sind. Diese Abkommen erzeugen faktisch ein nicht öffentliches Parallelrecht. In Hinterzimmern verhandeln dort Schiedskommissionen auf Basis der sehr unbestimmt gehaltenen Abkommen. Es werden zunehmend Umweltschutzauflagen, Schürfrechte, Entschädigungen und ähnliches ohne rechtsstaatliche Verfahren durchgeführt.[55] So klagen beispielsweise Tabakkonzerne gegen Staaten, die Raucherschutzgesetze erlassen haben, so werden soziale und ökologische Regelungen und Normen ausgehebelt, weil sie die Gewinnchancen von Konzernen und Investoren behindern. Dies kann man nur als ein Frontalangriff auf den Rechtsstaat, den Sozialstaat und die Demokratie begreifen. Es erscheint als Ausdruck der Freiheitsideologie, die nur Freiheit des Kapitals meint und in Unfreiheit mündet. Freihandels- und Investitionsschutzabkommen (TTIP, CETA) dienen als Freifahrtschein, rechtsstaatliche Verfah-

---

[55] Vgl. dazu den Bericht des magazins Report: wdr.de/tv/monitor/sendungen/2013/0606/recht.php5.
Pia Eberhardt vom Corporate Europe Observatory beschäftigt sich seit Jahren mit solchen Verträgen. Sie sagt: „Um Diskriminierung oder Enteignung von Firmen geht es heute überhaupt nicht mehr in den Schiedsverfahren. Das war vielleicht früher mal die Idee. Aber heute haben wir ein völlig mutiertes Rechtssystem, das sich nutzen lässt, um demokratische Politik zu bekämpfen."; Vgl. zudem: Klimenta, A./ Fisahn, H.: Die Freihandelsfalle, Hamburg 2014.

ren in intransparenten Schiedskommissionen ad absurdum zu führen. Das Abkommen über den Handel mit Dienstleistungen (TISA) wurde nur durch WiKiLeaks publik. Es ermöglicht Finanzkonzern einen leichten Zugang zu anderen Ländern. Es wird rein utilitaristisch im Sinne der Mächtigsten gehandelt. „Unter Freiheit versteht man innerhalb der jetzigen bürgerlichen Produktionsverhältnisse den freien Handel, den freien Kauf und Verkauf."[56] Der Staat in seiner jetzigen Form soll nur noch als „Nachtwächter" fungieren. Es soll alles getan werden, um die Freiheit zur Kapitalvermehrung zu ermöglichen. An einen Staat, der sich demokratisch weiterentwickelt, der die Ungleichheit aufhebt und für gleiche Chancen sorgt, ist nicht mehr gedacht. Debatten und demokratische Rechte werde zurückgedrängt, die Eigentumsverhältnisse zementiert. Die Demokratie wird eingeschränkt. Dieser Freihandel schränkt die Freiheit der meisten Menschen ein.

Die Konzerne sind natürlich keine selbst handelnden Akteure. Sie handeln mittels einzelner Menschen, die sich in den Dienst stellen. Sie gehen in Schulen und Hochschulen, wo sie als Imagepfleger und subtile Beeinflusser wirken, sie lügen im Auftrag über Nachhaltigkeit und Social Responsibility, sie lassen sich einspannen für Kampagnen, sie lassen sich fürstlich bezahlen als Berater, Forscher und Anwälte. Sie beeinflussen im Auftrag der Konzerne die Politiker, sie wirken vor allem als überbezahlte Manager in diesen Großkonzernen, tragen keinerlei gesellschaftliche Verantwortung und sichern sich mit gigantischen Gehältern und Rentenansprüchen ab. Konzerne wären machtlos, wenn sich weniger oder gar keine Agenten von ihnen kaufen lassen würden und wenn sich die Konsumenten von den Marken der Massenproduktion abwenden. Keiner hat nichts gewusst. Jeder unabhängige und halbwegs vernünftige Mensch kann die Ziele durchschauen von Goldmännern im Finanzbereich bis zu den Wasser- und Saatgutkontrolleuren der Nahrungsmittelindustrie. Sie verschieben die Machtbalance immer mehr in Richtung ihrer Auftraggeber und verzerren die freie Kommunikation. Für die wirtschaftliche Betätigung ist eine kleingliedrige Marktwirtschaft mit ihrer Selbstorganisationsdynamik besonders effektiv. Außerdem benötigen Menschen Nutzungsrechte für ihr „Privates", damit sie dieses Eigentum auf Zeit pflegen und entwickeln können und einen Bereich haben,

---

[56] Marx, K./ Engels, F.: Das Kommunistische Manifest, Leipzig 1980, S. 476.

wo sie dem Zugriff der anderen nicht ausgesetzt sind. Das Private darf sich dabei immer nur auf Dinge und Eigentum beziehen, wofür unmittelbare Haftung übernommen werden kann. Das Eigentum an Produktionsmitteln muss sich in engen Grenzen halten. Bei größeren Einheiten sollte es sich um genossenschaftliche Formen handeln.

Wir brauchen eine erweiterte Demokratie in allen Lebensbereichen. Wir können in kontingenter Welt die Entscheidungen schon gar nicht den so genannten Experten überlassen. Metakompetenz stellt sich nicht durch Experten ein, sondern, in dem viele Sichtweisen und Interessen durch unabhängige und wohl informierte Menschen in Diskurse eingebracht werden. Wir brauchen also deliberative Entscheidungsprozesse und müssen alle Menschen dazu befähigen mitwirken zu können. Ansonsten begnügen sich die Menschen schleichend mit immer weniger Rechten und Ansprüchen. Es entstehen „adaptive Präferenzen".[57] Sie gewöhnen sich daran, etwas nicht haben zu dürfen, nicht gefragt zu werden, sich nicht zu bilden. Wir können keine Ökonomie dulden, die die Menschen auf niedrigem Niveau zufrieden stellt, sie teilweise betäubt und trivialisiert, um einfach so weiter machen zu können. Wir dürfen uns nicht mit den Trade offs begnügen, mehr Arbeitsplätze mit weniger Rechten und Gehalt zu erkaufen. Wir dürfen nicht weiter dulden, den Schutz der Natur gegen die wirtschaftliche Dynamik auszuspielen oder sollten auch nicht glauben, dass die Freiheit der Einflussreichen genügend Wohlstand dann auch nach unten spült (Trickle down Theorie). Wir praktizieren mit gigantischem Aufwand einen Wohlstand für wenige auf sehr kurze Zeit. Es bleibt fast nichts für all die anderen und die, die noch leben wollen. Alle Menschen müssen befähigt werden, sich frische Nahrung und Trinkwasser zu beschaffen. Die Zugänge zu den Ressourcen dürfen nicht behindert werden. Wir brauchen Maße und Regeln. Menschen müssen befähigt werden, sich frei nach ihren Wünschen zu bilden. Wir brauchen weniger Bildung für Eliten, weniger Ausbildung und mehr Foren, wo Menschen ihre Fähigkeiten und Leidenschaften entdecken können. Wir brauchen mehr öffentliche Sphären der Freiheit und wir

---

[57] Vgl. Nussbaum, M.: Die Grenzen der Gerechtigkeit, Berlin 2010, S. 108 und dieselbe: Creating Capabilities, London 2012.

brauchen weniger Konzerne. Wir brauchen mehr Platz für Leidenschaften, Lust und Liebe.

Die tägliche, friedliche Revolte

Nicht zuletzt Albert Camus hielt einen utopischen Realismus für möglich, eine Revolte ohne Gewalt, aber gewaltig wirksam. Es wird Zeit eine neue Erzählung zu beginnen. Wir spüren alle, dass es so nicht weitergehen kann. Nur was sollen wir machen? Wohin uns weiter entwickeln? Wir stellen uns eher das Ende der Welt vor und akzeptiere das, als uns vorzustellen, das jüngst entstandene Modell des Radikalkapitalismus abzulösen. Einige werden weiter betäubt von den Verführungen des Eventkapitalismus, vom Spektakel, dem Eigenheim und kleinen Luxus. Andere lassen es „krachen" und schauen, was sich noch rausholen lässt, wieder andere ängstigen sich, in ihrer prekären Situation, viele sehen keine Alternative mehr und winken ab. Dabei gibt es immer zahlreiche Möglichkeiten der Veränderung. Die wirksamste ist die eigene Veränderung, die natürlich auch nur mit dem sozialen Umfeld funktioniert. Der Vorteil ist, man verändert das Umfeld gleich mit, wenn man sich auf den Weg macht. Es geht auch nicht darum zu klären, ob wir uns erst etwas ausdenken müssen und dann handeln, sondern die guten Gedanken kommen durch die Bewegung. Wer erstmal etwas ausprobiert, sich tätig auf den Weg macht, wird immer mit neuen Gedanken und dann auch Hoffnung belohnt. Auf der Suche nach den Alternativen, beim Ausprobieren des Anderen lernt man die passenden Kumpanen kennen. Das heutige System, die heutige Eigentumsordnung entspricht einem perversen Freiheitsbegriff. Mächtige Gebilde und Akteure können schalten und walten wie sie wollen, sie treiben maßlos ihr Unwesen.[58] Die plündernde Markenkonzerne und die raubenden Finanzkonzerne müssen zurück geschnitten werden. Wir müssen dieses Wirtschaftssystem ablösen – aber wie? Es darf nicht mit Gewalt aufgelöst werden, sondern friedlich durch

---

[58] Es zeigt sich an der Ambivalenz des Oligarchen Chordorkowsky. Er ist auch nach 10 Jahren Lagerhaft, die man niemanden wünschen kann, ein schwer reicher Mann, der geschickt alle Lücken des Systems ausgenutzt hat. Zahlreiche Beispiele sind aus Russland aber auch aus der Ukraine zu nennen. Auch in China hat sich eine große Gruppe der Millionäre gebildet, die ihr Vermögen sicher nicht mit Arbeit verdient haben.

IV WEM GEHÖRT DIE WELT? WEM SOLLTE SIE GEHÖREN? 167

Revolte und kreativen Widerstand.[59] Wir müssen sofort und radikal weniger Massenware der Konzerne konsumieren. Wir sind so dramatisch wirksam mit unserer Wirtschaftskraft. Wir dürfen uns nicht mehr verschulden, keine Investments mehr in Auftrag geben. Wir sollten tauschen, teilen und tüfteln, uns der Dinge wieder bemächtigen, uns universell bilden und einmischen.

Flow oder die Scola-Gesellschaft

Muße ist das Zauberwort. Im doppelten Sinn von Ästhetik die Schönheit wahrnehmen, genießen, Leidenschaften entdecken. Eigentum wird zunehmend zum Ballast für dessen Besitzer. Es wird immer schöner, sich Dinge zu mieten, die man für den Anlass wirklich benötigt. Geteiltes, getauschtes Eigentum bietet große Chancen, viel mehr mit viel weniger Aufwand und Mitweltverschmutzung zur Verfügung zu haben. Wir befinden uns auf der Schwelle zu einer Caring und Sharing Economy. Die Einbindung der Menschen in die Wertschöpfung entlässt uns aus der Rolle der „doofen" Schafe, die ans Regal oder auf die Website rennen, um „billige" Massenware zu ordern. Gehen wir an den Ausgangspunkt der Oikonomia zurück und verabschieden uns von der Chrematistik.[60] Wir brauchen eine Wirtschaftsordnung, die dem guten Leben dient. Das gute Leben ist in trauter Übereinstimmung aller Menschen auf diesem Planeten eines, das uns Freundschaften, Liebe, Frieden, Freizügigkeit, Gemeinsamkeit, Gesundheit, Muße und eine Existenz in intakter Natur ermöglicht. Wohlstand misst sich nicht im Inlandsprodukt, sondern in dem Maße, das die oben angedeuteten Ziele erfüllt.[61] In fast allen Ländern und Regionen sinkt der Wohlstand, wenn wir uns die Bodenqualität, die Freizügigkeit, die Gesundheit sowie die Arbeitsbedingungen anschauen und ganzheitliche Wohlstandsmaße berücksichti-

---

[59] Ein große Sammlung von Möglichkeiten hat Harald Welzer in seinem Buch Selbst denken. Eine Anleitung zum Widerstand, Frankfurt am Main 2013 zusammengetragen. Zudem werden in seinem Projekt Futur2 zahlreiche Projekte sichtbar gemacht (futurzwei.org).

[60] Das Wort Oikonomia setzt sich altgriechisch aus Oikos=Haus und Nomos=Gesetz zusammen. Aristoteles unterschied zwischen zwei Ökonomien. Die Chrematistik dient der Kunst des Gelderwerbs, die Oikonomia dient der die Erhaltung des Lebens.

[61] Vertiefend R. und E. Skidelsky 2013: Wieviel ist genug?, München 2013; Nussbaum, M.: Creating Capabilities, London 2012.

gen. Die Wirtschaftsweise trägt also zur Minderung des Wohlstandes für die meisten bei. Insbesondere für kommende Generationen bleibt immer weniger an Möglichkeiten übrig. Sie erben Schulden, Endlager, zerstörte Urwälder und defekte Infrastruktur. Somit sollten wir nunmehr nur Leistungen belohnen, die Beiträge zum Wohlstand darstellen. Zudem bedarf es an geeigneten Rahmenbedingungen, die ein Verhalten wahrscheinlicher machen, welches den Wohlstand für sich und andere mehrt. Es geht auch nicht nur um die nächsten anderen, sodass in einer Familie, in einem Dorf oder einem Staat auf Kosten oder zugunsten des anderen gewirkt wird. Es geht um ein Modell, das allen Menschen und ihrer Mitwelt ein gutes Leben ermöglicht. Ein solches Modell förderlicher Rahmenbedingungen ist gar nicht so utopisch, wie es zunächst anmutet. Schon intuitiv wissen wir eigentlich, was zum guten Leben beiträgt. Gerade, wenn wir eine andere Gesellschaft errichten wollen, bleibt doch die Frage, ob wir die wesentlichen Probleme durch Innovationen und Entwicklungen lösen wollen oder ob wir mittels Scheininnovationen noch mehr zu den Problemen beitragen. In Forschungen zu den Bedingungen zukunftsfähigen Handelns ergeben sich verschiedene Faktoren, die eine erfinderische, entwicklungsfähige Kultur entstehen lassen.[62] Ein persönliches Eigentum für die persönliche Freiheit ist gut. Es geht um die Befriedung der zwischen menschlichen Beziehung durch Einfriedung. Zum Teilen braucht man ebenfalls Eigentum. Aber für die Wirkungen des Eigentums muss gehaftet werden. Damit es nicht zu einer extremen Verzerrung kommt, brauchen wir eine wirksame Vermögens- und Erbschaftssteuer, die fortwährend eine Neuverteilung ermöglicht. Auch für die Vermögenden wäre das eine sinnvolle Lösung. Sie würden in ihrer Sucht und Gier gebremst und entdeckten das wahre Leben. Die glücklichsten Gesellschaften sind die mit den höchsten Steuern, wie der Ökonom Richard Layard es beschrieben hat.[63] Es muss jenseits des persönlich nutzbaren Besitzes einen großen Bereich des Gemeineigentums geben.

Dem *eigen*tlichen Übel, steht das *gemeinschaft*liche Gute gegenüber, sagt Michel Serres und formuliert seine Version von Rousseau, das Jean

---

[62] Vgl. detaillierte Darlegung in Bergmann / Daub: 2012 und im Kapitel 1.
[63] Vgl. Layard, R.: Die glückliche Gesellschaft, Berlin 2005.

Jaques Modell in der Michel Variante[64]: „Der Erste, der einen Garten umzäunte, und sich anschickte zu sagen: ‚Das genügt mir' und der egonom wurde, ohne nach mehr Platz zu lechzen, schloss Frieden mit seinen Nachbarn und behielt das ruhige Recht zu schlafen, sich zu wärmen, plus das göttliche Recht zu lieben." So können wir uns in den epikureischen Garten aufmachen und uns gemeinsam um unser schönes Leben kümmern. Eine wunderbare Perspektive.

---

[64] Serres, M.: Das eigentliche Übel, Berlin 2009, S. 93.

V Das Ende des Konzern-Kapitalismus und der Beginn einer lokalen, mitweltgerechten Ökonomie

„Die Freiheit des Menschen liegt nicht darin, dass er tun kann, was er will, sondern, dass er nicht tun muss, was er nicht will."
Jean-Jaques Rousseau

Eigentlich könnten wir längst in wunderbarem Wohlstand leben. Die technischen und sozio-kulturellen Errungenschaften würden die Grundlage dafür bieten. Karl Marx, John Maynard Keynes und Ernst Bloch, um nur einige prominente Autoren zu nennen, haben diese Möglichkeit schon früh aufgezeigt. Es ist nur nichts daraus geworden. Wir hasten durch das Zeitalter der Beschleunigung und machen uns gegenseitig das Leben schwer. Der Kapitalismus erschwert das Zusammenleben, zerstört das Mitgefühl und die Gemeinwirtschaft. Warum nur? Wer steht dahinter? Wer profitiert davon? Der Kapitalismus in seiner heutigen Gestalt wirkt global in unterschiedlicher Weise – aber überall wird zur Arbeit angetrieben. Effizienz, Produktivität, Effizienz und Rendite erscheinen als höchste Ziele und Werte. Diese Ziele werden eingefordert von mächtigen Unternehmen und ihren Agenten. Es kommt einem vor wie ein Monopoly-Spiel, in dem schon zu Spielbeginn die wesentlichen Rollen festgelegt sind. Die Schlossallee ist schon verkauft, das E-Werk und das Wasserwerk sind fest in Besitz von Konzernen und die Bank gewinnt immer. Die Ereigniskarten versprechen auch nichts Gutes.

Diese Form des Kapitalismus verdirbt den Charakter und verhindert ein gehaltvolles Leben mit Lust und Laune, Liebe, Muße und Humor. In einer Gesellschaft, die die Menschen nur nach ihrem Erfolg und ihrer so genannten Leistung beurteilt, ihnen nur Respekt zollt, wenn sie den eigensinnigen Kampf bestehen, dort verlieren Menschen ihre Würde. Insgesamt tendiert die kapitalistisch organisierte Gesellschaft zu einem höheren Level von Konkurrenz, Gewalt und Aggression. So wird in Unternehmen offen zu aggressivem Verhalten aufgerufen. Die Rhetorik der Härte mit dem Aufruf, die Grenzen der Legalität auszutesten, führen zu einer anderen Kultur des Umgangs, in der der ehrbare Kaufmann keine Rolle mehr spielt.[1] Zunehmend werden ökonomische Begriffe in das Soziale überführt. Es wird von Leistung und Flexibilität geredet und es werden die Menschen in prekären Lebenssituationen diffamiert.[2] Das schöne Leben baut hingegen auf Freundschaft, Vertrauen, persönlicher Freiheit, Muße, Zusammenarbeit, Sicherheit und Spiel auf. Der radikale Kapitalismus ist das System, das all dies verhindert. Im Kapitalismus werden Eigenschaften gefördert und gefordert, die einem guten Leben widersprechen. Die eigentlich wichtigen Dinge im Leben gehen dabei verloren, weil man sie nicht kaufen kann. Es ist eine Gesellschaft der so genannten Freiheit, einer Freiheit, die alles Gemeinsame, Verbindende und alle Gemeingüter zerstört. Es ist die Freiheit der Einzelnen – einiger weniger Individuen. „They hate us for our freedom" benannte die Künstlerin Claire Fontaine eine ihrer Installationen (Musée art contemporain Marseille 2013).

Diese Freiheit des Kapitalverkehrs, die Freiheit der Mächtigen kommt bei den meisten Menschen als Unfreiheit an. Dazu braucht man nicht um den Planeten zu fahren. Die Unfreiheit der rechtlosen Arbeitssklaven existiert gleich nebenan als McJob oder im Leiharbeitsbereich. So betreibt die „reiche" Bundesrepublik ein Lohndumping. Das westliche Erfolgsmodell

---

[1] Beispiele sind die internen Verkaufstrainings bei Versicherungsunternehmen, das Auftreten des Uber Chefs („Aggressives Verhalten ist in Ordnung.") oder die Parolen des Digitalunternehmers O. Samwer. („Überrascht mich mit Eurer Aggressivität.")

[2] Der so genannte Philosoph P. Sloterdijk empfiehlt eine größere vertikale Spannung, Steuern sollen durch freiwillige Gaben ersetzt werden. Andere Autoren aus dem rechten Spektrum reden von Sozialschmarotzern und Dekadenz. Sie meinen damit jedoch nicht die wirklichen Faulpelze und Plünderer, sondern Menschen am unteren Rande der Gesellschaft. Zur Rhetorik der Verrohung vgl. insbesondere W. Heitmeyer: Deutsche Zustände, Folge 10, Berlin 2011. In bisher 10 Folgen hat der Autor die schleichende Verrohung in Sprache und Verhalten untersucht.

aus Wohlstandskapitalismus, Demokratie und Menschenrechten kommt zunehmend als widersprüchliche und zweifelhafte Ideologie daher. Der Vorrang für die Freiheit der wirtschaftlichen Mächtigen bringt zunehmend auch unsere Demokratien in Gefahr. Die Rechte der Bürger und die Mitwirkungsmöglichkeiten werden faktisch sehr stark beschränkt. Die Bürger werden zu Konsumenten degradiert. Oligarchien, reaktionäre Gottesstaaten und Plutokratien werden als wirtschaftliche Partner akzeptiert. Mächtige Akteure der Wirtschaft arbeiten mit allen Despoten dieser Welt zusammen, wenn sie nur ökonomische Vorteile bieten. Der Kapitalismus hat sich insofern auch ohne Demokratie durchgesetzt. Der Westen selbst hat seine hehren Werte von Freiheit, Gleichheit und Demokratie sehr vernachlässigt und agiert wenig wahrhaftig. Die „Chicago-Boys" haben in Chile bereits ihr Unwesen getrieben. Wenn Länder wie Ecuador oder Venezuela ihr Land nicht ausverkaufen wollen, werden sie aus den westlichen Machtzentren bekämpft.

In den so genannten Wohlstandsländern werden die Menschen zu Höchstleistungen und immer währender Erreichbarkeit animiert. Auf der anderen Seite schuften die Sklaven in der Billigproduktion. Dazwischen dürfen Leistungsträger der planetaren Mittelschicht ein wenig Luxus genießen. Dafür agieren sie selbstverleugnend als Rationalisierungsagenten mit Charaktermasken. Die Wirkungen des eigenen Verhaltens werden abgespalten und alles in den Dienst der Karriere gestellt. Es wundert wohl kaum noch jemanden, dass die modernen Leistungsträgerinnen sogar bereit sind, ihre Eizellen einfrieren zu lassen, nur um damit die nächste Beförderung zu ermöglichen. Diese „Befreiung" ist faktisch eine Einschränkung der Freiheit. Über kurz oder lang wird das *Social freezing* Standard sein und die Frauen, die dabei nicht mitmachen, werden benachteiligt. Es ist eine weitere Variante, alles auf den einzelnen Menschen abzuwälzen. Karriere und Konsum gehören zum Standardrepertoire. Wir Konsumbürger sollen unter allen Bedingungen verbrauchen und verzehren. Für die Status- und Bequemlichkeitsprodukte sollen wir uns möglichst auch verschulden und an dem Rattenrennen teilnehmen. Karriere, koste es, was es wolle. Blöd. Angst greift um sich und ist ein wundersamer Konsumbeschleuniger. Prekär beschäftigt, trösten sich die Menschen mit kleinen Belohnungen, die natürlich sofort verfügbar und günstig sein müssen. Die anderen auf der Karriereleiter entfalten ihr Anspruchsdenken und geraten so in den Sog des rasenden Stillstandes. Die Spirale der globalen Ausbeutung rotiert weiter. Wir Konsumenten, insbesondere in den Wohlstandsländern, ordern die Produkte und lösen damit die Ausplünderung der Mitwelt aus. Wir zerstören den Planeten und das Leben anderer Menschen durch unseren Lebensstil. Wir gehören allesamt zu den reichsten 5% der Erdbevölkerung, wir bewirken die Mitweltzerstörung durch unsere Kauforders und Aktivitäten. Wir betreiben die Beschleunigung und Verunsicherung durch unser Streben nach Aufstieg und materiellem Erfolg. Eine unserer großen Lebenslügen besteht darin, die gegenwärtige Art des Konsums als Bedürfnisbefriedigung zu sehen. Die meisten erworbenen Produkte und Dienstleistungen braucht kein Mensch für ein gutes und gehaltvolles Leben. Viele Einkäufe resultieren aus dummen Angewohnheiten. In der täglichen Hast werden Fertiggerichte gekauft und Schnellrestaurants frequentiert. Es werden Limonaden finsterer Qualität und banales Leitungswasser zu extrem hohen Preisen gekauft. In den Städten bewegen sich zunehmend Geländewagen über feinsäuberlich asphaltierte Straßen. Manche haben es sich zur Angewohnheit gemacht mehrmals Kurzurlaube auf fernen Inseln zu tätigen oder Sehenswürdigkeiten in fernen Ländern zu besichtigen. Täglich wird möglichst viel Fleisch zu Billigpreisen geordert und vertilgt. Für Smartphones und elektronischen Firlefanz wird sich notfalls verschuldet.[3] Dabei präsentieren die Läden in den Malls und Shopping Centers eine nur scheinbare Vielfalt. Die Produkte und Läden ähneln sich, in allen Branchen beherrschen wenige Anbieter das gesamte Geschäft. Schon 1964 hat Herbert Marcuse diese Eindimensionalität anschaulich beschrieben.[4] Nun kann man zurecht behaupten, dass es keine Instanz und keinen Menschen gibt, die oder der anderen ihre Lebensgewohnheiten vorschreiben sollte. Das ist richtig. Wir wissen auch nicht, was für andere gut ist. Wir können nur beobachten, dass zahlreiche Produkte erzeugt werden, die anderen schaden und oft auch den Käufern selbst. Die meisten Produktionen und Transporte werden subventioniert, es werden nicht die vollen Preise bezahlt.

---

[3] Viele der Probleme von Wohlstandsbürgern kann man als Klagen auf hohem Niveau oder „1. Welt Probleme" bezeichnen.

[4] Vgl. Marcuse, H.: One-Dimensional Man, Boston 1964.

Eine weitere Lebenslüge besteht darin zu glauben, wir könnten im sozialen Aufstieg, im Streben nach Bedeutung, Geld und Macht, den Sinn des Lebens entdecken. Die ehrgeizigen Erfolgsmenschen glauben häufig, dass sie ihre Ziele aus eigener Kraft aufgrund von besonderen Anstrengungen erreicht hätten. Sie tendieren zur Verachtung von Menschen die es nicht schaffen. Sie vergessen dabei vollends, dass wir immer auf breiten Schultern stehen, dass viel Glück und Zufall im Spiel ist und sich mancher Erfolgsweg schon bald als vollkommene Sackgasse erweist. Erfolgreiche Menschen, die sich unternehmerisch betätigen oder eine beeindruckende Karriere vorweisen können, preisen oft den Wettbewerb und das freie Spiel der Kräfte. Sie empfinden Vorschriften und Regeln beengend, sind fasziniert von der Freiheit zu tun und zu lassen, wie sie es mögen. Diese oft wirkmächtigen Personen forcieren damit die Ideologie der Freiheit. „Wer sich richtig anstrengt kann auch was erreichen", hört man sie reden. Natürlich ist es möglich, in den USA vom Tellerwäscher zum Konzernchef aufzusteigen, diese Karrieren sind jedoch extrem unwahrscheinlich. Und hinter jedem Erfolgsfall stehen tausende Gescheiterte. Die sich so nennenden Selfmade-Millionäre haben vergessen, dass sie viel Glück hatten und das Lebensmodell der freien Märkte gar nicht überlebensfähig ist. Mancher Erfolg beruht auch weniger auf Leistung, als auf Skrupellosigkeit und Täuschung. Unsere Bewunderung für Müller Milch und Rocket-Internet hält sich in engen Grenzen. Wir sind eher erstaunt, wie Externalisierungskünstler zuweilen so gefeiert werden. Es geht doch in diesen Unternehmen nicht um Innovationen, die die Welt besser machen, sondern ausschließlich um Rendite. Wir können nur anfangen, uns gegenseitig zu helfen, eine andere Lebensweise und einen anderen Konsumstil zu entwickeln, die uns und andere vor Schaden bewahren. Wir können nur demokratisch, in Dialogen und gemeinschaftlich einen Weg finden. Eine „Egonomie" führt in das Gegeneinander aller.[5] Die Entwicklung einer Gesellschaft resultiert vornehmlich aus der Art und Struktur des Wirtschafts- und Gesellschaftssystems. Schauen wir uns die Varianten kurz an.

---

[5] Vgl. dazu das lesenswerte Buch des Schriftstellers Gerhard Rieck: Egonomie, Münster 2006.

Freiheit oder Sozialismus – soll das alles sein?

Es existieren große Unterschiede bezüglich der begleitenden Gesellschaftssysteme, der Konzepte und Ausprägungen. So sind angelsächsische, eher liberalistische von Wohlfahrtskonzepten differenzierbar. In den letzen 30 Jahren hat sich zunehmend die entfesselte Form eines Kapitalismus durchgesetzt, die auf Theorien von Friedrich August von Hayek beruhen. Hayek hat zwar ostentativ alle Machtballungen als Problem identifiziert und angeprangert, dennoch die gravierenden Probleme der Ungleichheit bagatellisiert und die Macht der Konzerne nur durch Wettbewerb begrenzen wollen. Gerechtigkeit durch staatliche Interventionen erreichen zu wollen lehnte er ab, da solche Korrekturversuche den Weg in die Knechtschaft bedeuten. „Womit wir es im Falle der ‚sozialen Gerechtigkeit' zu tun haben, ist einfach ein quasi-religiöser Aberglaube von der Art, daß wir ihn respektvoll in Frieden lassen sollten, solange er lediglich seine Anhänger glücklich macht, den wir aber bekämpfen müssen, wenn er zum Vorwand wird, gegen andere Menschen Zwang anzuwenden. Und der vorherrschende Glaube an ‚soziale Gerechtigkeit' ist gegenwärtig wahrscheinlich die schwerste Bedrohung der meisten anderen Werte einer freien Zivilisation."[6] Alles andere als eine Marktordnung wird desavouiert. Wer in einem demokratischen Staat korrigierend eingreift, wird, so Hayek, immer Unfreiheit ernten, weil alles so komplex ist. Nur das freie Spiel der Kräfte sorgt auf wundersame Weise für die passende Lösung. Obwohl er Gerechtigkeitsvorstellungen als Hexerei bezeichnet, verfällt er hier selbst einer unbegründeten Ideologie. Er überlässt alles der freien Marktordnung, in der sich das Recht des zufällig Stärkeren durchsetzt. Im Zuge dieser Ideologie der Freiheit entwickelte sich der Staat vom regulierenden Interventionsstaat zu einem reinen Investorenstaat. Die keynesianische Phase ist in Wissenschaft und Praxis radikal abgelöst worden. Eine staatliche Regulation und die Elemente eines Sozialstaates wurden extrem reduziert. Paradoxerweise haben aber konservative Regierungen mit eigentlich liberalistischem Konzept (Reagan/W. Bush) eine extreme Verschuldung bewirkt. Die immensen Ausgaben für das Militär und die Subventionen für Konzerne, begleitet durch extreme Steuersenkungen für Superreiche, haben dazu geführt.

---

[6] Vgl. Hayek, F.v.: Recht, Gesetzgebung und Freiheit, Tübingen 1981, S. 98.

Das Interessante dabei ist, dass es den Menschen in eher egalitären und solidarischen Gesellschaften offensichtlich am besten geht. Das heißt, es geht fast allen gut, nicht nur sehr wenigen. Besonders die skandinavischen Länder haben sich eine Sonderrolle bewahrt. Trotz vergleichsweise hoher Steuern fühlen sich alle Menschen zufriedener, die Lebenserwartung ist höher, es gibt weniger Gewalt und weniger Armut. Es bleibt dann zu fragen, warum sich Regierungen nicht darum bemühen, diesen Modellen näher zu kommen, statt der totalen Ökonomisierung den Weg zu bahnen? Mangelnde Gleichheit ist schädlich für alle. Mangelnde Freiheit und Demokratie führen zu Diktaturen. Mehr Demokratie ist die Lösung, nicht weniger.

In der Debatte um Gesellschaftssysteme existiert bis heute ein Fundamentalkonflikt zwischen kapitalistischen und kommunistischen Systemen. Wobei die kapitalistische Seite sich als sicherer Sieger sieht. Strukturell tendieren beide paradoxerweise zu ähnlichen Ergebnissen. Beide Systeme mutieren über kurz oder lang zu Machtballungen und extrem hierarchischen Organisationen. Heute sind fast alle Wirtschaftssysteme der Welt kapitalistisch orientiert, ohne dass sie zugleich demokratische Elemente aufweisen müssten. Das verbindende Element der Weltwirtschaft sind kapitalistische Strukturen mit sehr vermachteten Märkten und gigantischen Konzernstrukturen – staatlich oder privat kontrolliert.

Es ist vollkommen unstreitig, dass die „kommunistischen" Modelle, die verwirklicht wurden, in zum großen Teil verheerenden Diktaturen endeten. Autoritäre Systeme der kommunistischen Sphäre sehen keine Märkte, sondern Planwirtschaft vor und Privateigentum beschränkt sich in allen Fällen auf persönliche Habseligkeiten. Die „kommunistischen" Machtsystemen wurden aus vorindustriellen Feudalgesellschaften zu staatskapitalistischen Staaten geformt. Der schon von Rousseau vage formulierte Begriff des volonté générale war nie ein volonté des tous, also kein demokratisch erzeugter Wille des Volkes. In allen kommunistischen Gesellschaften wurden Terrorherrschaften errichtet, Umerziehungslager und Kontrollregime. Zudem tendierte die Versorgungslage wegen der großen fast immer Ineffizienz fast immer zu gravierenden Notlagen, wie es im heutigen Nordkorea leider noch zu beobachten ist. In Kuba hätten Kleingewerbe und eine regionale bäuerliche und handwerkliche Marktgesellschaft sicher eine bessere Versorgung bewirkt und dazu beigetragen. Seit kurzem scheint es dort genau diese Öffnung zu geben. Im heutigen China wird das autokratische Modell des kommunistischen Staates mit einer kapitalistischen Wirtschaft kombiniert.

In kapitalistischen Systemen hingegen dominiert über kurz oder lang die diffuse Instanz des „Marktes" oder der „Märkte". Formal wurde in vielen Systemen die Demokratie aufrechterhalten. Die gewaltigen Machtkonzentrationen und der Verwertungsdruck, der Effizienz- und Renditewahn lassen jedoch kaum eine wirkliche Teilhabe aller zu. In den USA kommen dazu noch ungerechte Wahlsysteme (Wahlmänner und Mehrheitswahlrecht, Anmeldepflicht zur Wahl, plutokratische Elemente). Der (freud'sche) Versprecher von Angela Merkel bezüglich der marktkonformen Demokratie zeugt von der problematischen Grundhaltung der neoliberalen, rein marktgläubigen Politikerin. Großsysteme sind tendenziell anti-humanistisch, widernatürlich und undemokratisch. Deshalb sind Gesellschafts- und Wirtschaftssysteme zu entwerfen, die Machtballungen verhindern und allen Menschen eine reale Teilhabe ermöglichen.

Globaler Konzernkapitalismus und Kapitalvermehrung als zentrale Probleme

Kapitalismus ist nicht gleich Kapitalismus. Marktwirtschaft ist nicht gleich Marktwirtschaft. Vom Urbild eines idyllischen Marktes, wo Menschen ihre Angebote präsentieren und von vielen Nachfragern beurteilt werden, wo die Anbieter gute Angebote machen, weil sie auf lange Sicht ihre Ware an Mann und Frau bringen wollen, sind wir weit entfernt. Schon Adam Smith hat sein Modell an Bedingungen geknüpft, die kaum mehr gegeben sind. Besonders hielt er einigermaßen ausgewogene Informationsstände und die weit gehende Haftung der Akteure für unabdingbar für das Funktionieren von Märkten.[7] Beide Bedingungen sind heute auf den meisten Märkten

---

[7] Smith hat die Marktgesellschaft als polypolistische Selbstorganisationsstruktur vor Augen gehabt und sich besonders kritisch zu Machtballungen und Haftungsausschluss und die Beschränkung von Wettbewerb geäußert. Zudem publizierte er – neben seinem Werk „Wealth of Nations" – zur gleichen Zeit sein zweites Hauptwerk „Theorie der ethischen Gefühle", worin er noch mehr das Mitgefühl und das Einfühlungsvermögen der Menschen beschrieb. Man kann Smith auch als einen Moralisten sehen, der eine Ordnung

nicht mehr gegeben. Anbieter verschleiern ihre Minderleistung, handeln wenig verantwortungsvoll und schieben die Verantwortung auf andere. Vor allem sind die Anbieter meistens deutlich besser informiert als die Nachfrager. Gut trainierte Profis verkaufen an Laien, die sich zum Teil nur wenig mit der Materie (Versicherungsverträgen, Autos, Häusern, etc.) beschäftigen können. Wie ist es nur dazu gekommen?

Die Marktradikalen haben im Staat den „Teufel" gesehen, der Bürokratie verursacht und den freien Menschen in Knechtschaft (F.A. v. Hayek) bringt. Fälschlicherweise hat man alle staatliche Aktivität in die Nähe vom Nationalsozialismus gebracht, staatliche Ordnungen dadurch diskreditiert und sich selbst den Freifahrtschein ausgestellt, der freie Markt sei die generelle Lösung. Dabei hat man vollends ausgeblendet, dass die Konzerne auch ein wesentlicher Teil des Nazi-Reiches waren, dass sie profitierten, mit zum Aufstieg Hitlers beigetragen haben und von ihrer inneren Struktur einer Diktatur nicht unähnlich waren und zum Teil noch sind. Der bekannteste Ordo-Liberale Walter Eucken wollte alle Nazi-Konzerne aufgelöst wissen.[8] Das Gegenteil ist geschehen. Alte Nazi-Größen und Regimetreue regierten nach kurzer Pause wieder an alter Wirkungsstätte und erhielten das Eigentum zurück. Heutzutage existieren sehr unvollkommene Märkte mit engen Oligopolen und Monopolen. Der freie Kapitalismus hat wiederum zu einer bedrohlichen Machtstellung von globalen Konzernen geführt. Der Staat wird nur noch dafür benutzt, den Konzernen ideale Wachstumsbedingungen zu schaffen. Konzernagenten sind längst in alle politischen Gremien eingedrungen, schreiben Gesetze und diktieren die Politik. Die umfassenden Privatisierungen führen zur weiteren Machtausweitung und höhlen die Demokratien aus. Wenn es keine öffentlichen Einrichtungen mehr gibt, werden auch die Parlamente obsolet. Es bleibt zudem zu fragen, welches Interesse haben Privatarmeen am Frieden, private Gefängnisgesellschaften an weniger Insassen? Welches Interesse haben private Medien an der kritischen Berichterstattung über die sie (über Werbung) finanzierenden Konzerne? Wel-

---

schaffen wollte, in der der der Mensch angeregt wird, seine überwiegend positiven Seiten zu kultivieren und wo sich egoistische und eigennützige Antriebe zum Guten für alle auswirken. Dazu ist aber logischerweise notwendig, Haftung, Verantwortung und somit Begrenzung von Macht strukturell zu verankern.

[8] Vgl. Eucken, W.: Ordnungspolitik, Bd. 1, Münster 1999.

ches Theater und welche Opern bleiben bestehen, wenn sie nicht mehr als öffentliche Einrichtungen unterhalten werden und sich den Märkten stellen müssen? Wollen wir wirklich nur noch Museen von privaten Sammlern mit Kitsch Kunst? Welches Interesse haben private Krankenhäuser an medizinischen Problemfällen? Soll an der Notfallaufnahme demnächst das Portemonnaie entscheiden oder weiter die Dringlichkeit? Welches Interesse haben private Hochschulen und Schulen an aufwändigen Studiengängen und wirklicher Bildung? Es gibt eine Menge von Bereichen, die sich nicht über Märkte regeln lassen. In den USA kann man sich die erschreckende Entwicklung anschauen.[9] Noch deutlicher werden die verheerenden Auswirkungen der liberalistischen Konzepte in Chile, wo die „Chicago-Boys" um Milton Friedman zunächst die Pinochet Diktatur berieten und dann eine extreme Privatisierungspolitik betreiben.[10]

Warum nur unterschätzen die liberalen Denker die Macht der Konzerne? Sie sehen die Gefahr der Knechtschaft einseitig beim Staat und den Regulierungen. Dabei haben Konzerne oft größeren Einfluss als Staaten. Ihre Agenten haben sie unterwandert, ein Staat wird gegen den andern ausgespielt. Es wird versucht, immer größeren Einfluss zu bekommen, indem rechtsstaatliche Ordnungen unterlaufen werden. Zudem heißt Freiheit unter Ungleichen immer und immer mehr Unfreiheit für die meisten. Auch liberalistische Ökonomen wissen, das Märkte bei extremen Macht- und Informationsasymmetrien nicht mehr funktionieren. Aus einer starken positiven Freiheit der verbündeten Starken bildet sich über kurz oder lang eine gewaltige Machtballung. Ein Vehikel dazu ist der Konzern, der nur dazu dient und dienen darf, die Macht und das Vermögen der Beteiligten zu mehren. Die hoch bezahlten Manager werden nur daran gemessen, wie viel Mehrung von Macht und Vermögen bzw. Eigentumsrechten sie erzeugen. Und

---

[9] Hier beklagen auch liberale Denker wie Michael Sandel eine bedenkliche Entwicklung zur reinen Marktgesellschaft. Sandel, M.: Gerechtigkeit, Berlin 2013 und Was man für Geld nicht kaufen kann – die moralischen Grenzen des Marktes, Berlin 2012. Vgl. auch die Dichte Beschreibung von George Packer: The Unwinding: An Inner History of the New America, New York 2013.

[10] Vgl. dazu Fischer, K.: The Influence of Neoliberals in Chile before, during, and after Pinochet. In: Mirowski, P./ Plehwe, D. (Hrsg.): The Road from Mont Pèlerin: The Making of the Neoliberal Thought Collective, Cambridge/London 2009, S. 305–346. Carsten Volkery: Das Märchen von den Chigago Boys, Spiegel online vom 5. September 2003.

wenn sie es nicht bewerkstelligen, dann dürfen sie mit Millionenabfindungen die Freizeit genießen. Aktuelle Beispiele stehen fast jede Woche in der Zeitung. Den reinen Investmentstrategen ist es vollkommen egal, wodurch, wie und was getan wird, um das Kapital zu mehren. Vielleicht sollten die Neoliberalen einmal bei Walter Eucken, einem kritischen Ordo-Liberalen nachlesen. Er forderte die Kontrolle des Giralgeldes durch den Staat. Er forderte eine polypolistische Struktur der Märkte und die Zerschlagung aller Machtballungen. „Der Konzentrationsprozess gefährdet die Wettbewerbsordnung aufs schwerste."[11] „Die Vermachtung entspricht der Vermassung und der einzelne wird von anonymen Großkonzernen, Trusts und Kartellen usw. abhängig."[12] So forderte er, wie auch schon Adam Smith, die Haftung für wirtschaftliche Akteure und den Abbau der Vorrechte für Konzerne.[13] Der soziale Mehrwert für die Gesellschaft ist nach Eucken nie nachgewiesen worden. Mehr aus Zufall ist aus der legalen Fiktion der juristischen Person, eine wirkungsvolle Realität geworden. Zunächst in den USA wurden Konzerngründungen zugelassen. Um 1900 landete diese juristische Person auch im Bürgerlichen Gesetzbuch (BGB) und ermöglicht auf diese Weise die Existenz von Superwesen, die unter den Schutz des Gesetzes traten.[14] Es entstanden Konzerne, die als Quasi-Person Rechte erstreiten können. Nun bilden sie außerordentlich mächtige Verbünde, die ihre soziale Macht wirkungsvoll und legal einsetzen können. Mittlerweile sind dermaßen gewaltige Konzerne entstanden, so dass sie nicht nur einzelnen Personen, Gruppen und kleineren Unternehmen erpressen, sondern auch effektvoll ganze Staaten ruinieren und ausplündern können. Dies geschieht auf legaler Basis, wobei die Gesetze vorher von den Konzernlobbyisten mit formuliert wurden. Konzerne betreiben häufig Korruption und aggressiven Lobbyismus. Diese mediale und politische Einflussstrategie, die Unterwanderung der Legislative führt dazu, dass sogar direkt der Rechtsstaat ausgehöhlt wird, wenn es Folge der Korruption und des Lobbyismus ist.

---

[11] Eucken, W.: Ordnungspolitik, Münster 1999, S. 33.
[12] Eucken, W.: Ordnungspolitik, Münster 1999 S. 33f.
[13] So besonders im Buch IV seines Werkes „Wohlstand der Nationen" von 1776.
[14] Vgl. Darstellung in dem Film The Corporation und Bakan, J.: Das Ende der Konzerne, Boston 2005.

Konzernlobbyisten stecken neue Claims ab: Freihandel statt Freiheit

In den Freihandelsabkommen werden nicht nur sinnvolle Standardisierungen vorgenommen, sondern auch Sonderrechte etabliert. Konzerne sind so frech, ihre Gewinnchancen absichern zu wollen, indem in außergerichtlichen Schiedsverfahren Klagen verhandelt werden können, wenn Staaten auf die Idee kommen, Gesetze zu erlassen, die die Gewinnmöglichkeiten einschränken. Diese Vereinbarungen sollten heimlich etabliert werden. Die EU-Kommission hat das Abkommen mit Kanada (CETA: Canada – EU Trade Agreement) schon ausverhandelt, das TTIP (Transatlantic Trade and Investment Partnership) mit den USA soll folgen. Diese jetzt sichtbar gewordenen Verträge verstoßen fundamental gegen das Grundgesetz und hebeln indirekt die Demokratie aus. Mit einer multimedialen Kampagne aus Vewirrspiel, Intransparenz und Drohung sollen sie durchgesetzt werden. Sie erzeugen nur geringe, imaginäre Vorteile für die Bevölkerung und massive Machtbasen für Konzerne. Es gibt uns Hoffnung, dass investigativer Journalismus, kritische Politiker und neue soziale Medien dazu beitragen, die Steuerschlupflöcher zu offenbaren und die klandestinen Verhandlungen öffentlich zu machen. Aber wer denkt, TTIP oder CETA wären die einzigen Versuche, hat sich getäuscht. Mit dem Abkommen über den Handel mit Dienstleistungen TISA (Trade in Services Agreement) versuchen besonders die Finanzkonzerne noch mehr Freizügigkeit zu erlangen, obwohl doch die Finanzkrise gezeigt hat, dass gerade die Deregulierung ein Hauptproblem darstellt. Diese Abkommen, wie bekannt wurde, sollten auch noch fünf Jahre nach dem Inkrafttreten geheim gehalten werden. Es kann nicht verwundern, dass es bei diesen Vereinbarungen noch geheimnisvoller zugehen soll, da TISA die gesamte Weltmarktordnung revolutionieren würde. Der Philosoph Slavoj Zizek hat in es in Anlehnung eines Zitates von Karl Marx auf den Punkt gebracht: „Heutzutage kann man sagen, dass wir Freiheit, Demokratie und Tisa haben: Mit Freiheit ist der freie Verkehr von Kapital, Finanzdaten und persönlichen Daten gemeint – und mit Demokratie?" und weiter „Mit seinem Lob für nationale Regierungen, die das „permanente Plebiszit der Weltmärkte" dem „Plebiszit an den Wahlurnen" vorziehen, hat Hans Tietmeyer, der damalige Präsident der Deutschen

Bundesbank, darauf schon 1998 eine Antwort gegeben. Man achte auf die demokratische Rhetorik dieser obszönen Aussage: Weltmärkte sind demokratischer als Parlamentswahlen, da der Wahlprozess hier nicht nur alle vier Jahre stattfindet, sondern sich permanent in den Marktschwankungen niederschlägt. Dahinter steht die Vorstellung, dass demokratische Entscheidungen, die sich der Oberaufsicht der Märkte (und der Experten) entziehen, „verantwortungslos" sind. Demokratie ist mithin die Demokratie der Märkte, das permanente Plebiszit der Marktschwankungen."[15] Wenn man denkt, diese Versuche wären schon schockierend, dann bleibt jedem Staatsbürger die Luft weg, wenn man erst das Vorhaben der „regulatorischen Kooperation" entdeckt. Ein geheimes Dokument der Europäischen Kommission macht das Verfahren deutlich. Es wird eine Frühwarnung etabliert, bei der die EU und die USA sich schon in einer sehr frühen Phase über geplante handelsrelevante Projekte gegenseitig informieren müssen. Zudem soll ein nur mit Interessenvertretern besetztes Gremium überprüfen, dass sich die USA bzw. die EU zu den geplanten Regulierungsmaßnahmen des Partners äußern und diese kritisieren können. Es müssen Analysen bezüglich der Auswirkungen auf den Handel erstellt werden. Diesen Prozess koordiniert dann ein transatlantischer Regulierungsrat. Außerdem soll dieses neu zu schaffende Gremium sicherstellen, dass Regeln zwischen der EU und den USA „harmonisiert" werden. Im Klartext heißt das, alle durch Regierungen erlassenen Regelungen, Vorschriften und Gesetze werden schon vor der parlamentarischen Beratung überprüft und verändert. Die Lobbyisten können dann legal und direkt die Gesetzgebung beeinflussen.[16]

Vor kurzem waren wir an einer Podiumsdiskussion zur Energiewende beteiligt, wo ein Vertreter eines großen „avantgardistischen" Energiekonzerns behauptete, sein Unternehmen wäre „total comitted" mit der Energiewende in Deutschland. Daraufhin korrigierten wir ihn, weil dieses Unternehmen gerade gegen das deutsche Volk auf Schadenersatz aufgrund der

---

[15] Zizek, S: Die Freiheit des Geldes, Zeit-online Kultur, 23. Oktober 2014.
[16] Detailinformationen und Kommentar unter www.mehr-demokratie.de/fileadmin/pdf/M D_TTIP-Hintergrundpapier.pdf. Vgl auch Eberhardt, P./ Fuchs, P.: Eine transatlantische Verfassung der Konzerne? Der gefährliche Schutz von Investoren und geistigem Eigentum im TTIP, in: Fisahn, A./Klimenta, H. u.a.: Die Freihandelsfalle, Hamburg 2014, S. 64-68.

Gewinneinbußen durch die Abschaltung der Atomkraftwerke klagt. Daraufhin sagte der Konzernvertreter, dass sie im Konzern jetzt energisch an neuen Technologien und Lösungen arbeiteten. Sie müssten aber klagen, weil die Investoren geschützt werden müssten. Das macht deutlich, dass in den Konzernen durchaus gut meinende Akteure arbeiten, die Gesamtstruktur jedoch zum Teil das Gegenteil bewirkt.

Neben dem Konzernkapitalismus existiert ein weiteres zentrales Problem. Es wird wenig problematisiert, wie Kapital beziehungsweise Eigentum übertragen wird. Das meiste Vermögen wird vererbt, also leistungslos erworben. Konzerne und Kapitalbesitzer stecken zudem einfach Claims ab (Land Grabbing) oder plündern legal über Strategien der Täuschung oder über den deregulierten Finanzmarkt. Das konzentrierte Kapital wird von den Vermögenden (bei extrem geringer Konsumquote) wieder profitabel angelegt, sodass der Rest der weniger Vermögenden dafür umso mehr schuften müssen. Aus diesem Grunde müssen möglichst alle Bereiche der Gesellschaft „finanzialisiert" werden. Aus allem wird Kapital geschlagen. Die Soziologen Wolfgang Streeck und Hauke Brunckhorst haben die Tendenz zum Investorenstaat auf unterschiedliche Weise skizziert. In der EU wird so gehandelt, dass die „Märkte" möglichst nicht an der Rettung der verschuldeten Staaten beteiligt sind, sondern nur ihre Investments gesichert bekommen – und zwar aus öffentlichen Geldern. „Notleidende Banken" sind zu retten, weil sie systemrelevant sind, was aber nie bewiesen wurde. Zahlungsunfähige Staaten dürfen nicht in den Staatsbankrott flüchten, sondern werden zu „Reformen" gezwungen genauso wie zur Veräußerung ihrer öffentlichen Eigentümer. Wenn trotzdem wenig zu „retten" ist, soll die Entschuldung langsam vonstatten gehen, sodass Investoren Zeit genug haben, ihre Investments umzuschichten.[17] Brunckhorst spricht vom ökonomischen Belagerungszustand, in dem Regime der Austerität durchgesetzt und die ungleiche Vermögensverteilung noch gesteigert wird.[18]

Mittels Lobbyismus haben sich die Vorstellungen in Institutionen, den Medien, der Forschung, in der Eurokratie und ihren Strategien festgezurrt. Alles Begrenzende steht zur Disposition. Öffentlicher Rundfunk, Sparkas-

---

[17] Streeck, W.: Gekaufte Zeit, Frankfurt 2013, S. 210f.
[18] Vgl. Brunckhorst, H.: Das doppelte Gesicht Europas, Berlin 2014, S. 143ff.

sen, Vetorechte wie im VW Konzern, staatliche Fürsorge, alles soll marktwirtschaftlich geregelt werden. Es dient aber den Konzernen und den dort führenden Akteuren und Anteilseignern. Diese Großkonzerne bestimmen den sozialen Kontext, in denen es Menschen dann schwer haben, sich mitfühlend und verantwortlich zu verhalten. Die Umgebungskultur beeinflusst in hohem Maße das menschliche Verhalten. In erkalteter Gesellschaft erkalten die Menschen. In solidarischer Umgebung hingegen tendieren die Menschen zu sozialem Verhalten. In der Konzernkultur darf man jedoch nicht solidarisch handeln. Das widerspricht ihrem Systemcharakter.

Die Überforderung des einzelnen Menschen

Der einzelne Mensch versucht immer das Eigene mit einzubringen. Das gelingt, wenn die Umgebungskultur überschaubar ist. Ein großer Kontext überformt jedoch das Verhalten des Einzelnen. Sowohl im Kommunismus wie im Kapitalismus hat man den einzelnen Menschen überfordert. Im Kommunismus ging es um die Entwicklung des „neuen Menschen", der sich in der Gemeinschaft uneigennützig zeigt und alles als Gemeingut sieht. Dieses weltfremde Modell hat in allen Fällen zu schlimmen Ergebnissen geführt. Einzelne haben die Gutmütigkeit schnell ausgenutzt, die Diktatur des Proletariats endete in der Diktatur selbst erklärter Besserwisser. Im Kapitalismus existieren ebenfalls ideologische Menschenbilder. Der Nutzenmaximierende, einzeln seinen Vorteil suchende Homo Oeconomicus, existiert nur in Köpfen von Ökonomen, die damit besser rechnen können und dienen in der kapitalistischen Ideologie als allgemeine Ausrede. Menschen konsumieren angeblich souverän, können angeblich rational entscheiden und zwar unabhängig von anderen Personen, für die Maximierung ihres Nutzens. Dies ist ein Extremszenario, das mit der Lebenswirklichkeit fast gar nichts zu tun hat und deshalb noch nicht einmal als Vergleichsgröße dienen kann. Alle Menschen sollen zu Selbstoptimierern mutieren, die sich privat um ihre Gesundheits- und Altersvorsorge kümmern (müssen), sich allein im Konkurrenzkampf bewähren, mehr Eigeninitiative zeigen und diese Freiheit in freier Wildbahn (prekären Arbeitsverhältnissen) genießen.

Das menschliche Maß ist hingegen gegeben, wenn der Mensch gestaltend auf seine Umwelt Einfluss nehmen kann, wenn sich der Mensch wahrgenommen fühlt und wenn wir uns gegenseitig Resonanz geben können, uns also gemeinsam und gegenseitig einregeln und zähmen.[19] Heute erscheint der Kapitalismus alternativlos und alleinstehend. Der Sieg des Kapitalismus hat jedoch auch Verlierer erzeugt. Die meisten Menschen und die Natur leiden unter diesem System. Die Siege wurden durch Plünderung, Versklavung und Ausbeutung errungen. Die Sieger im Kapitalismus sind nur sehr wenige Akteure in den wenigen, dominierenden Staaten und Konzernen. Es wurden gigantische Schuldenberge aufgetürmt, Schulden, die von zukünftigen Generationen oder den einfachen Menschen gegenwärtig abgetragen werden müssen. Es wird der Planet ausgeraubt und zerstört und damit die Lebensgrundlagen in riesiger Geschwindigkeit und mit Brachialgewalt gefährdet. Auch hierbei wird zugunsten kurzfristiger Gewinne, die Natur zum Teil für immer zerstört. Erinnert sei hier an Fracking, die Rodung der Urwälder, die chemischen Monokulturen oder die Atom"end"lagerung. Der Hunger in der Welt ist nur scheinbar weniger geworden. Menschen sind zunehmend fehlernährt. Sie bekommen „leere" Kalorien und viel zu wenig Vitamine und Mineralstoffe. Die Lebenserwartung nimmt in vielen Ländern wieder ab, die Kindersterblichkeit, Sklaverei und Verelendung nehmen zu. Zentrale Aussagen von Karl Marx treffen wider jede Kritik vollständig zu. Man muss dazu nur die Sichtweise etwas weiten. Im globalen Maßstab haben wir es mit der Verelendung der Massen, entfremdeter, ausbeuterischer Arbeit und mit einem Verfall der Profitrate zu tun, die eben Investoren veranlasst, immer krassere Externalisierungen anzustreben.[20]

Der Kapitalismus hat gesiegt und ist gerade dadurch nicht überlebensfähig. Er funktioniert in der ewigen Steigerung, dem ewigen Wachstum, weil das viele Geld nach immer mehr Geld sucht, weil es jedes Jahr bei jedem auch noch so kleinen Kapitalbesitzer mehr werden muss. Und dies tritt eben im besonderen bei Kapitalmarkt orientierten Unternehmen auf. Die Kultur des Kapitalismus basiert auf rein egoistischen Beziehungsstrukturen. Wer bringt mir was? Was nutzt mir das? Wo bekomme ich es noch

---

[19] Vgl. Darstellung bei Bergmann, G./ Daub, J.: Das menschliche Maß, München 2012.
[20] Vgl. Karl Marx: Das Kapital, Band 1-3. Berlin, Wien – Frankfurt 1969. Zum Beispiel zum Mehrwert Bd. 1 122ff, S. 526ff, zu Entfremdung S. 50ff, zu Verelendung Bd. 1, S. 548ff.

günstiger? Welchen Vorteil habe ich davon? Die Unkultur ist bis in Nervenbahnen vieler Menschen vorgedrungen und wirkt so zerstörerisch und die Kultur und Natur. Die Menschen tragen „Charaktermasken", die ihnen anhängt als Teil der Rolle, die sie im Kapitalismus spielen müssen. Entweder als Kapitalist, der zu einer renditeträchtigen Verwertung seines Kapitals gezwungen wird, als Arbeitender, der seine Arbeitskraft anbieten muss und in allen Zwischenformen, die entstanden sind. Diese Masken sind soziale Resultate, die aus sozialen Rollen hervorgehen. Es ist, obwohl diese Eigenschaften nicht einem Menschen zughörig sind, nicht einfach, die Rollen zu ändern. Es versuchen natürlich viele Menschen, mitfühlende Kapitalisten zu sein, sich der Ausbeutung und Entfremdung zu entziehen, doch Karl Marx glaubte, dass dies nur möglich ist, wenn sich das umgebende System ändert. Wir glauben, dass es durchaus Wege und Varianten gibt, sich dem Verwertungszwang zu entziehen und die Masken abzuwerfen. Wir glauben auch, dass keine Form eines gewaltsamen Umsturzes irgendetwas zum Besseren bewegen würde. Wir glauben auch nicht an die Heilsversprechen des so genannten Kommunismus, der real nur die grausame Kehrseite des Selben offenbart hat mit zusätzlichen weiteren Grausamkeiten. Es erscheint, uns realistisch, eine friedliche und lebensbejahende Alternative zu entwickeln.

Der Kapitalismus und seine Agenten die kapitalmarktorientierten Konzerne

Der Kapitalismus mit seinen Hauptagenten hat die Demokratien von innen ausgehöhlt. Die gigantischen Konzerne können an Parlamenten vorbei regieren, zahlen kaum Steuern, nehmen durch Lobbyismus Einfluss oder erscheinen im Falle von Finanzkonzernen als systemrelevant, müssen aus Steuergeldern „gerettet" werden und saugen auf diese Weise das Geld aus den Sozialstaaten. Diese müssen dann die Sozialleistungen reduzieren, wichtiges Gemeineigentum veräußern. Bei dieser Privatisierung können finanzstarke Akteure wiederum Eigentumsrechte günstig erwerben. Private (lat.) heißt nicht ohne Grund berauben, Recht entziehen. Für das eigentlich Wichtige im Leben benötigt niemand einen Konzern und seine Angebote, eher sind die wichtigen Werte durch diese kollektiven Akteure in Gefahr.

Schon 1955 wies der eher konservative Soziologe Schelsky auf die Wirkung der Konzerne hin. „Es ist heute viel leichter, die Menschen an die Mißstände der großorganisatorischen Superstrukturen anzupassen, als diese selbst in ihren Fundamenten zu verändern."[21] Im Kern vieler Großkonzerne findet man manchmal Menschen und Teams, die leidenschaftlich ihrer Aufgabe nachgehen, große Kompetenz in technischen Fragen aufweisen und untereinander solidarisch handeln. Dennoch sind gerade diese Verhaltensweisen besonders unter Druck, je mehr das Unternehmen kurzfristig Rendite erzeugen muss. Wenn von oben die nächste Rationalisierungswelle angekündigt wird, wenn ein Standort gegen den anderen ausgespielt wird, dann wächst die Angst und die macht „eng".[22] Jeder versucht sein Heil in Anpassung und Anstrengung zu finden. Die Blender und Egoisten gewinnen Oberhand und die Redlichen und Engagierten sorgen sich um ihre Zukunft.

Wir wollen nicht einzelne Menschen kritisieren, sondern die sozio-ökonomischen Kontexte. Die Hauptagenten im Kapitalismus sind korporative Akteure. Es sind die ökonomischen Konglomerate in Form privater Konzerne. Wichtig hierbei ist die Unterscheidung in Kapitalmaschinen und „wirkliche" Unternehmen. Die hier kritisierten Konzerne sind die Kapitalgesellschaftlichen, die sich vollends den Finanzmärkten ausliefern, also als Kapitalvermehrungssysteme modelliert wurden. Sie sind in der Regel global tätig, schließen nach Möglichkeit Haftung und Bezug zu Nationen und Regionen aus. Die großen Konzerne basieren auf Massenproduktion und Massenmarketing. Ihre wesentlichen Einnahmen beziehen sie aus der Vermarktung von Markenprodukten, die sie möglichst günstig herstellen lassen und entweder in großen Mengen billig oder in speziellen Nischen hochpreisig verkaufen. Die wesentlichen Erlöse aus den Wertschöpfungsketten landen in den Kassen dieser Konzerne. Nur Bruchteile werden für Urproduktion, Herstellung, Rohstoffe und wirklich wertschöpfende Arbeit ausgegeben. Konzernstrategen wollen uns zum Konsum animieren, wir sollen uns für ihre Produkte verschulden; wir sollen zu Gläubigen in ihren Gemeinden werden. Wir sind dieser Dinge entfremdet, da wir sie nicht entwickelt

---

[21] Schelsky, H: Über das Restaurative in unserer Zeit. In: Frankfurter Allgemeine Zeitung, 9. April 1955.
[22] von anghus (indogermanisch) für beengend.

haben, sie nicht verändern oder reparieren, weder pflegen noch umbauen können. Wir sollen sie verzehren und das nächste begehren.

Kaptitalvermehrungsmaschinen versus Werte schöpfende Unternehmen.

Man könnte auch zwischen seelenlosen und beseelten Unternehmen unterscheiden. Der wesentliche Unterschied besteht darin, ob in einem Unternehmen langfristige Ziele wie ökologische Nachhaltigkeit, Sozialverantwortung oder Innovativität dominieren können oder die Kapitalvermehrung für die Aktionäre und Investoren im Vordergrund steht. Es ist unseres Erachtens interessant, dass immer wenn ein namhaftes Unternehmen durch glaubhafte Ausrichtung auf Innovationen, auf ökologische und soziale Verantwortung auffällt, diese Unternehmen eine besondere Unternehmensverfassung aufweist. Es sind Familienunternehmen, die von klugen Unternehmern geführt werden, es sind Aktiengesellschaften, die vom Kapitalmarkt unabhängig arbeiten (Stiftungen als Eigentümer, hohe Selbstfinanzierung), die von Großeigentümern auf Dauer gehalten werden oder es sind genossenschaftliche oder öffentlich-rechtliche Unternehmen.

Es gibt deshalb sowohl Konzerne, die menschenfreundlich, verantwortlich, sinnstiftend organisiert sind und es existieren auch mittelständische Unternehmen, die die negativen Eigenschaften der Kapitalkonzerne aufweisen, insbesondere, wenn sie etwa Beteiligungen von Equity Fonds zulassen. Nur diese Konstellationen sind weniger häufig zu beobachten. Der entscheidende Faktor ist auch hierbei, inwieweit ein Unternehmen ein sinnhaftes Ziel aufweist oder aber lediglich auf Kapitalvermehrung ausgerichtet ist. Ein Finanzmarkt getriebenes Unternehmen ist kaum anders als auf Kapitalvermehrung auszurichten. Wenn man ein zukunftsfähiges, dauerhaftes und sinnstiftendes Unternehmen betreiben will, muss die Rentabilität zur strengen Nebenbedingung werden, nicht aber zum alleinigen Ziel. Die erfolgreichen Unternehmen sind ja fast alle aus einer leidenschaftlich verfolgten Idee entstanden. Auch heute weltumspannende Unternehmen wurden oft von einem oder wenigen Erfindern und Innovateuren gegründet. Die Liebe zu einem Produkt, der Wunsch einen Mangel zu beseitigen, eine Problemlösung anzubieten stand und steht im Vordergrund. Das ist auch heute noch so. Gründer brauchen eine eigenständige Idee, die auch mögliche Mitwirkende und Kunden fasziniert und interessiert. Wenn diese Kultur sich in diesem Sinne weiter erhält, kann sich das Unternehmen erfolgreich entwickeln. Erst wenn man vom Modus Liebe, Lust und Leidenschaft (siehe Essay 1) abgeht und nur noch Kapitalinteressen dominieren, dann geht es unweigerlich zu Ende. Deshalb ist es schwierig, mitten im Kapitalismus ein finanzorientiertes Unternehmen auf diesem Kurs des Gelingens zu halten.

Privatisierungen und Großprojekte als Plünderungsstrategie

Konzerne und ihre Agenten lieben Großprojekte. Sie werden zunächst medial als bedeutsam herausgestellt. Es werden aufwändige und sogar bewusst risikoreiche Projekte avisiert, die angeblich günstig zu realisieren sind. Wenn das Vorhaben genehmigt wurde, kommen die wahren Kosten und Probleme zutage. Es gibt dann im Sinne des *fait accompli* (dt. vollendete Tatsachen) kein Zurück mehr und es bieten sich dann alle Möglichkeiten zur Ausplünderung. Der Budgetrahmen wird sukzessive erweitert und insbesondere ein zwischenzeitliches Scheitern gibt weitere Möglichkeiten, sich jahrelang profitabel mit den Projekten zu beschäftigen. Die widersinnigen Großprojekte kann man wohl am besten durch sich selbst verhindern, sie quälend verlangsamen, verteuern mit Einsprüchen und Protesten.

So wurde dem deutschen Volk zum Beispiel über Jahre eingeredet, dass die Deutsche Bahn an die Börse muss. Geschickt werden Kampagnen lanciert, das private Unternehmen doch alles viel besser machen. Während man der Bahn Konkurrenz macht, wird sie von innen her entkernt. Seit Jahren werden Gewinne durch Kostensenkungsprogramme erzeugt. In Wirklichkeit muss die Bahn von der Substanz leben, muss „schlank" gemacht werden. Der infrastrukturelle Ausbau wird vernachlässigt, am Personal gespart und zudem der wenig „chice" Güterverkehr sogar bei der Bahn auf die Straße verlagert. Mit Steuergeldern werden zudem betriebsfremde Unternehmen zugekauft und Großprojekte initiiert, anstatt die Bahn wirklich weiter zu entwickeln und die Basisaufgaben gut erfüllen zu können. Merkwürdig erscheint uns, dass in der Schweiz oder in Frankreich die Bahnen pünktlich, zuverlässig und auf hohem technologischem Niveau betrieben werden. Es sind beides Staatsbahnen. In England hat man durch die Privatisierung das Bahnsystem ruiniert und fährt jetzt fort mit der Veräußerung der Royal Mail. In weiteren „weichen" Bereichen sind weitere Raubzüge geplant oder im Gang. Wir werden medial darauf vorbereitet, alle Bildungseinrichtungen, Krankenhäuser, Wohnungsbaugesellschaften und weitere öffentliche Einrichtungen privatwirtschaftlich organisieren zu lassen. So wirken die Agenten der Konzerne auf allen Ebenen, das reine Effizienzdenken überall zu etablieren. Beispielsweise unterhält die Bundesregierung mehrere Beratergremien, die das neoliberale Denken in jedem Bereich verbreiten. Ende 2014 hat der „wissenschaftliche" Beirat des Finanzministeriums sich den öffentlichen Rundfunk vorgenommen.[23] Es wird hier empfohlen, die Grundversorgung mit Informationen durch private Gesellschaften zu bestreiten. Als Vorbild soll die private Presse dienen, die doch gerade mit großen Problemen zu kämpfen hat und keineswegs für Ausgewogenheit bekannt ist. Eine Demokratie bedarf neutraler Institutionen, die nicht von den Märkten abhängig ist. Ein zweites Beispiel sind die so genannten fünf Wirtschaftsweisen, die im letzten Jahr ebenfalls eine weitere Deregulierung forderten. Vielleicht liegt es daran, dass viele Wissenschaftler ihre Institute direkt oder indirekt von der Industrie fördern oder unterhalten lassen. In den Hochschulen werden die passenden Akteure formiert. Die Business-Schools sind strukturell dazu verpflichtet, einen Gewinn zu erwirtschaften und verkaufen die Abschlüsse quasi. Auch sie halten sich aus schwierigen Themen heraus. Es entsteht im dreifachen Sinne „Scheinbildung": scheinbar gebildet, mit Scheinen erkaufte Diplome und Schein orientiert während des Studiums. Es kann in solchen „Hochschulen" nicht um fundierte Bildung gehen, sondern nur um Abschlüsse. Die Absolventen werden zu den perfekten Befehlsempfängern ausgebildet, die die Jagd nach Rationalisierungsgewinnen verstärken sollen. Im Gesundheitswesen wirkt sich Privatisierung noch schlimmer aus, da es hier um Menschenleben geht. Eine Klinik muss überhaupt nicht Gewinn orientiert arbeiten, sondern nur Kosten deckend. Auch dies darf nicht das oberste Ziel sein, denn ansonsten geht es irgendwann an der Notfallaufnahme nicht mehr nach Dringlichkeit, sondern nach der Zahlungsfähigkeit. Auch hierzu gibt es weltweit traurige

---

[23] Dieser Rat ist ein augenfälliges Beispiel für den direkten Einfluss neoliberaler Denker auf die Politik. Die Akteure sind alle Mitgliedlieder neoliberaler Think tanks wie dem Verein für Socialpolitik u.a.

Beispiele genug. Die Privatisierung im Entsorgungs- und Versorgungsbereich hat die Auswirkungen wie Korruption, Lobbyismus, Strategiefehler ja schon gezeigt. Auch diese Betriebe brauchten lediglich Kosten deckend zu arbeiten.

Die Probleme der anderen

Konzerne sind Externalisierungsmaschinen, sie bürden anderen ihre Kosten auf und haben langfristig negative Auswirkungen auf fast alle Menschen und die Natur. Konzerne vermindern die Anzahl der qualifizierten Arbeitsplätze, sie müssen aus innerem Zwang Schaden anrichten, um davon ökonomisch kurzfristig zu profitieren. Eine Corporate Social Responsibility (CSR) oder eine Nachhaltigkeitsstrategie sind hier fast unmöglich. Besonders Joe Bakan hat mit seinem Buch und Film die Zusammenhänge deutlich gemacht. CSR ist regelwidrig, ja, sogar illegal, da formal rechtlich Untreue begangen würde. So sagen es einhellig die Kronzeugen Milton Friedman und Peter Drucker neben vielen anderen. Ein Konzernchef ist dazu verpflichtet, Kosten und Belastungen möglichst anderen anzulasten.[24] Diese strukturell fixierte Politik der Konzerne und anderer Kapitalmarkt getriebener Unternehmen hat so erhebliche negative Auswirkungen auf die Gesellschaft und die Welt als Ganzes. Konzerne und ihre Akteure sind dazu verpflichtet eigene Probleme in die von anderen zu verwandeln. Macht sucht Moral und findet sie nicht. Selbst Spitzenmanager und Konzernchefs sehen die Weltwirtschaft auf einem falschen Weg.[25] Es wird ihnen sicher schwer fallen, die tiefer liegenden Ursachen der gravierenden Fehlentwicklungen zu akzeptieren. Es hieße nämlich, globale Konzerne radikal umzubauen, sie teilweise zerschlagen zu müssen und Haftungsstrukturen aufzubauen, wie sie selbst schon Adam Smith und bis heute auch viele Ordo-Liberale als unabdingbar betrachten.[26]

---

[24] Vgl. Bakan, J.: Das Ende der Konzerne, Boston 2005, S. 46ff.
[25] Vgl. Studie der Beratungsfirma Accenture im Auftrag der Global Compact Initiative der UN. 40 % der Konzernchefs sind der Überzeugung, dass ein nachhaltigerer Kurs notwendig ist und aus der Wirtschaft selbst nicht zu erwarten ist.
[26] Vgl. Adam Smith Wohlstand der Nationen „Von den Direktoren einer solchen Gesellschaft, die ja bei weitem eher das Geld anderer Leute als ihr eigenes verwalten, kann

Neben den Markenkonzernen mit ihrer geschickten Aufbauschung von Nutzenkomponenten und der extrem einseitigen Wertschöpfung mit Scheininnovationen existieren die Handelskonzerne, die teilweise auch produzieren (lassen) und ebenfalls den Hauptteil der Wertschöpfung für sich beanspruchen. Zudem gibt es Dienstleister – inklusive der Banken und Versicherer – mit ganz eigenen Plünderungstechniken und seit einigen Jahren die Datenjäger und -sammler. Letzteren wird wohl in allernächster Zukunft eine dominierende Rolle zukommen. Diverse Akteure gebärden sich als „coole outlaws" mit Hippieimage, das einen aggressiven Egozentrismus nur wenig kaschiert. Kunden mutieren bei diesen Konzernen zu Produkten, Mitarbeiter möglichst zu Robotern. Viele Konzerne beinhalten alle vier Komponenten. Gerade im Informationssektor und dem Online Handel liegen enge Oligopole oder gar Monopole vor. Es wird von den Akteuren auch offensiv verkündet, dass man die Welt als herausragende Einzelperson verändern kann und unbedingt versuchen sollte, Märkte zu beherrschen.[27] Die größte Zerstörungskraft wiesen u. E. die globalen Finanzinstitute auf, da sie ja noch nicht einmal einen irgendwie erkennbaren Wert oder Nutzen herstellen, keinen Dienst erweisen und kein Produkt produzieren. Sie sind lediglich mit der trickreichen Geldvermehrung beschäftigt. In allen Bereichen – und das möchten wir hier nochmals betonen – existieren rühmliche Ausnahmen. Auch möchten wir betonen, dass in allen Unternehmen sehr verantwortliche und kompetente Menschen agieren. Was wir kritisieren sind weniger einzelne Menschen, als vielmehr die auf Plünderung und Täuschung ausgerichteten Strukturen.

Konzerne als psychopathische Akteure

Konzerne haben als juristische Personen einen ähnlichen rechtlichen Status wie natürliche Personen. Als gesamthafte Akteure kann man zudem

---

    man daher nicht gut erwarten, daß sie es mit der gleichen Sorgfalt einsetzen und überwachen würden, wie es die Partner einer privaten Handelsgesellschaft mit dem eigenen zu tun pflegen." Ebenda: S. 629f.
[27] nachzulesen z.B. bei Jaron Lanier: Wem gehört die Zukunft?, Hamburg 2014. Lanier hat als Insider eine besonders kritische Haltung zu diesen Akteuren und Konzernen. Eine literarische Dystopie hierzu: The Circle von Dave Eggers.

die Auswirkungen des Handelns dieser Großorganisationen beobachten. Es ist insofern zulässig, sie einem psychologischen Test zu unterziehen, wie das besonders Joe Bakan in seinem Film „The Corporation" getan hat. Die Weltkonzerne agieren global und fühlen sich keiner Institution oder staatlichen Gewalt untergeordnet. Selbst eine Kontrolle durch Konkurrenz wird durch schiere Größe begrenzt. Diese Gebilde und ihre Akteure sind lediglich den Aktionären verantwortlich. Die Unternehmensverfassung von Aktiengesellschaften macht deshalb eine gesellschaftliche oder ökologische Verantwortung kaum möglich. Diese könnte nur indirekt entwickelt werden, wenn das Agieren gegen die Mitwelt zur Beeinträchtigung des Unternehmenserfolges beiträgt (Imageschäden, Klagerisiken, mangelnde Motivation und Innovationsfähigkeit). Die meisten globalen Konzerne versuchen Märkte zu dominieren, nehmen Einfluss auf politische Gremien, zahlen kaum Steuern[28], handeln verantwortungslos, haften kaum für ihre Taten, lügen insbesondere in der Werbung, beuten Menschen in der Urproduktion aus, behandeln Mitarbeiter als Kostenstellen, lieben prekäre Beschäftigung und honorieren nur die Rationalisierungsagenten in den oberen Führungsgremien. Es dürfte schwierig sein, wirklich zu rechtfertigen, warum Spitzenmanagern neben einem Millionengehalt auch noch Ruhegelder in mehrfacher Millionenhöhe zugesprochen werden. Diese Akteure verfügen über keine besonderen Fähigkeiten, außer der Fähigkeit, rücksichtslos zu handeln. Wir empfinden auch keinen Neid, sondern denken, dass hier eine ruchlose Ausbeutungsstrategie legal betrieben wird. In Konzernen, wo die Mitarbeiter erpresst werden, ihren Standort „fit" zu machen. Sowieso sind die Konzerne auch Arbeitsplatzvernichter. Die Führungsriegen werden nicht aufgrund ihres seltenen Talents, sondern wegen ihrer Kostenreduktions- und Externalisierungsstrategien hoch bezahlt. Es werden Unternehmen und ihre Mitarbeiter ausgebeutet, um kurzfristig hohe Gewinne zu erzielen, egal, was auf lange Sicht aus den Menschen wird. So gesehen sind viele Konzerne quasi „Plünderungsvereine", Gruppierungen, die nur dazu gegründet werden, anderen einen Schaden zuzufügen und

---

[28] wie es gerade wieder durch die Enthüllungen bezüglich Luxemburg bekannt wurde. Sie sparen nicht nur Steuern, sondern ertricksen sich sogar Steuerzurückzahlungen, sodass sie netto vom Staat mehr erhalten, als sie gezahlt haben. vgl. www.sueddeutsche.de/thema/Luxemburg-Leaks

sich, respektive die Kapitaleigner, dadurch zu bereichern. Die Finanzjongleure in Investmentbanken agieren bewusst ohne Blick auf die Folgen ihres Handelns, sie pervertieren Finanzprodukte, um noch schneller und tiefgreifender vom Schaden anderer profitieren zu können. Besonders aggressive Strategien verfolgen Biotechnologiekonzerne wie Monsanto, die Saatgut privatisieren wollen. Sie bringen Bauern in eine Systemabhängigkeit und klagen gegen sie, wenn sie ihr eigenes Saatgut entwickeln. Sie wollen auch Pflanzen patentieren lassen. Es erscheint uns erschreckend, wie weit dieser grausame Raubzug schon vorgedrungen ist. Die Gates Stiftung ist Hauptaktionär, es werden Nobelpreise an Forscher aus diesem Konzern vergeben. Dabei handelte sich einzig und allein um ein aggressiv auftretendes Unternehmen, dass sich Teile des Erbes der Menschheit einverleiben will. Es gibt viele Beispiele die zeigen, dass eine dezentrale, bäuerliche Landwirtschaft auf Dauer mindestens ebenso ertragreich ist, dabei jedoch die Böden nicht verdirbt. Diese Unternehmen sind anmaßend und räuberisch.[29]

Konzerne sind tendenziell wenig innovativ

Konzerne handeln innovationsfeindlich, sind geradezu entwicklungsunfähig und kaufen das Kreative auf, wobei es jedoch meistens seinen Reiz

---

[29] Vgl. zu Monsanto den arte Film „mit Gift und Genen", den Film. F. Hunold schreibt dazu auf der Seite konzern-kritik: Monsanto nimmt eine Pflanze, die irgendwo auf der Welt angebaut wird, und manipuliert die Gene. Diese Pflanzen werden dann resistent gegen Krankheiten. Diese Pflanzen werden dann einfach mit einem Patent belegt und werden verkauft. Später stellt sich dann heraus, dass diese Pflanzen aber von einer anderen Krankheit befallen werden und Monsanto hat durch Zufall das geeignete Spritzmittel. Also verdient diese Firma doppelt. Diese genmanipulierte Pflanzen dürfen wegen dem Patentrecht nicht nachgezogen werden. Das Saatgut muss ausschließlich über Monsanto bezogen werden. Selbst das Zurückhalten der Ernte zwecks Saatgutgewinnung wird verfolgt und geahndet. Jetzt sollte man sagen, nehmen wir anderes Saatgut und bestellen unsere Felder damit. Das geht aber nicht, da diese Spritzmittel so aggressiv sind, dass dort nichts anderes mehr wächst. Über Jahre hinaus müssten diese Felder brach liegen, bis man etwas anderes dort anpflanzen könnte."
Eine große Schar von hoch bezahlten Anwälten ist unterwegs, um die vielen Klagen abzuwehren.

verliert.[30] Entwicklung basiert in den meisten Fällen auf staatlicher Förderung durch Subventionen und Forschungsförderung. Es gibt keine uns bekannte, wesentliche und nützliche Innovation, die von Großunternehmen entwickelt und etabliert wurde. Globale Konzerne entwickeln in der Regel Scheininnovationen, um einen noch größeren Anteil an den durch Reklame aufgebauschten Wertschöpfungsketten zu erhalten. Die großen Nahrungsmittelkonzerne lancieren unentwegt Pseudoinnovationen auf den Markt. Apple setzt nur innovative Komponenten zusammen und entwickelt allenfalls Marketinginnovationen.

Konzerne können nie genug bekommen. Es wird auf allen Ebenen daran gearbeitet, die Machtstellung zu erweitern. Kurz gesagt handeln sie als korporative Akteure psychopathisch. Sie agieren wie gierige Zombies ohne Gewissen. Sie erzeugen auch den psychopathischen Menschen. Denn, wer zu lange (besonders oben) in solchen Konzernen arbeitet, wird psychischen Schaden nehmen. Der soziale Kontext verändert den Menschen am meisten. Wer auch noch aufsteigt in solcherlei Institutionen, muss das asoziale Verhalten schon in sich tragen oder wird es erlernen (müssen). Ausnahmen bestätigen auch dabei die Regel.

Die von Thomas Hare entwickelte Psychopathy Checklist Revised (PCL-R)[31] nennt folgende Kriterien

Faktor 1: „Aggressiver Narzissmus"

1. Oberflächlicher Charme, gute Konversation: Greenwashing, Spektakel-Kultur
2. Überhöhtes Selbstbild: Vermeintliche Sytemrelevanz
3. Krankhaftes Lügen: Werbelügen, Betrug, Korruption
4. Manipulativ: Lobbyismus und Korruption
5. Unfähig Reue zu empfinden: Kaum Einsicht, kaum Wiedergutmachung

---

[30] Vgl. Mazzucato, M:. Das Kapital des Staates, München 2013. Mazzucato weißt nach, dass die bedeutsamsten Innovationen auf der Basis staatlicher Förderung und Forschungsprogramme entstanden sind.

[31] Hare, R. D.: Manual for the Revised Psychopathy Checklist (2nd ed.). Toronto, ON, Canada: Multi-Health Systems. – http://www.statisticssolutions.com/academic-solutions/resources/directory-of-survey-instruments/hare-psychopathy-checklist-revised-pcl-r/#sthash.4plaRIUk.dpuf; Hare, R. D. [1991]. The Hare Psychopathy Checklist-Revised [PCL-R]. Toronto, Ontario: Multi-Health Systems.

V Das Ende des Konzern-Kapitalismus 197

6. Unfähig zu tiefen Gefühlen: Einfühlung nur als Basis für Ausnutzung
7. Fehlende Empathie: Duldung von Versklavung
8. Unfähig Verantwortung zu übernehmen: Verantwortlich nur den Investoren

Dieser Psychopathentest von Robert Hare führt angewendet auf Konzerne zu einem erschreckenden Ergebnis. Wir haben es mit psychopathischen Akteuren zu tun, die sich mit großer Intelligenz in die Gefühlswelt der Menschen einschleichen. Uns mit scheinbarer Freundlichkeit aushorchen, um dann kalt zuzuschlagen. Mit modernen Marketing und PR Methoden zeigen sich Konzerne mit großem Charme. Sie wollen angeblich gemeinsam mit ihren Kunden die Welt retten, sind nachhaltig und auf Mitarbeiter orientiert. Sie rufen zum Dialog auf und, wenn man wirklich reden möchte kommt „noreply(at)konzern.com". Geradezu ansteckendes Selbstbewusstsein ausgestattet mit Leidenschaft, die Leistung schafft, mit Wirkbeschleunigern und gigantischen Lügengebäuden. Besonders ausgeprägt ist die Hybris bei den Akteuren der neuen Technologien. Sie wollen den Menschen zu Hyperwesen mit Superintelligenz entwickeln. Sie treten aggressiv mit Weltbeherrschungsphantasien auf, sie halten jede Regel, jeden staatlichen Einfluss für falsch. Sie wollen unter sich bleiben und predigen die Singularität, die Ordnung der Dinge mittels einer Elite. Die strukturelle Unterlegenheit des Konsumenten, Bürgers oder Mitarbeiters wird schamlos ausgenutzt. Es erscheint uns als unheilige Allianz der extrem rechten Libertinäre mit den Internet – Anarchisten. Informationsasymmetrien werden noch ausgebaut, um den Kunden Nutzen einzureden und offensiv zu schaden. In der Werbung wird nicht nur massiv gelogen und betrogen, sondern auch wirksam mit Pseudogefühlen gearbeitet. Es werden Autos geliebt und pappige Schnellgerichte „genossen". Entlassungen werden mit großer Gefühlskälte ausgesprochen, gemobbte Mitarbeiter angewiesen, etwas härter zu werden. Den Eigentümern und insbesondere den Anlegern und den angestellten Spitzenmanagern sind die Produkte meistens vollkommen egal. Die Spitzenmanager dienen als reine Söldner. Wer am besten bezahlt, der kann sie engagieren. Gestern Druckmaschinen, dann Bahn, dann Fluggesellschaft, nun Flughafen. Gestern Medien, dann Equity, dann Handel, dann Kliniken und jetzt irgendwas mit e-learning. Hinter diesen Karrieren liegen viele gescheiterte Projekte, jeweils haben sich die Manager jedoch persönlich bereichert. Dabei gerieren sie sich als unersetzbar und einzigartig. Alles Unsinn: Sie sind besser abgesichert als jeder Staatsbeamter, sie scheuen das Risiko und streichen Boni ein, egal welche „Leistung" sie erbracht haben. Alles ist nur darauf abgestellt, möglichst viel Geld zu erzeugen, das dann in Kapital verwandelt wird, um noch mehr Geld zu erräubern. Insbesondere aber wird schon strukturell kaum Verantwortung für die Wirkungen des Handelns übernommen. Verantwortung hat man nur gegenüber den Aktionären. So wird das Nigerdelta verseucht, die Karibik verschmutzt, Volksstämme ausgerottet, korrupte Regierungen bestochen, es erfolgen Kartellabsprachen, es wird Landraub begangen und allerlei Privilegien erwirkt. Urteil 1: Viele Konzerne wirken extrem ausnützerisch, aggressiv und narzisstisch.

Der Test hat einen zweiten Teil, wo es um die Soziopathie geht.

Faktor 2: „Sozial abweichender Lebensstil"
– Schnell gelangweilt, stets auf der Suche nach einem ‚Kick': Plündern, Rauben
– Lebt gern auf Kosten anderer Leute: Externalisierung von Kosten, Steuervermeidung
– Schlechte Selbstbeherrschung: Aggressives Verhalten, Schock-Strategien
– Promiskes Sexualverhalten: Ausflüge der Führungskräfte in Etablissements, sexuelle Übergriffe
– Fehlen realistischer langfristiger Ziele: Quartalszahlen und häufige Kurswechsel
– Impulsivität: Spektakel und Scheininnovationen
– Verantwortungslosigkeit: Haftungsbegrenzungen, strukturierte Verantwortungslosigkeit, andere haften und bezahlen lassen, Sozialisierung der Kosten und der Entsorgung
– Kriminelle Neigungen: Plünderung, Raub, Land Grabbing, Versklavung,
– Verhaltensprobleme: schroffe Umgangsformen, Betriebsratsbashing, Klagestrategien
– Bewährungsversagen, wie es sich zurzeit in der Finanzwirtschaft zeigt.
Beim Faktor 2 sieht es nicht anders aus: Konzerne betreiben die „Leistungskultur" als stetige Unrast. Mit schreiender Werbung und Spektakeln

sollen die Konsumenten in Bann gehalten werden. Wie die Wölfe suchen sie neue Möglichkeiten die Mühen und Kosten anderen aufzubürden. Es werden neue Märkte „erschlossen" und Menschen verfügbar gemacht. Bei einem sehr großen Online Händler existiert ein Punktestrafsystem. Bei einer bestimmten Marge an Strafpunkten wird der Mitarbeiter entlassen. Mitarbeiter werden solchen Unternehmen ausgesaugt und in der Krise „frei" gesetzt. *amazon* versucht durch aggressive Expansionsstrategien, die Monopolstellung auszubauen. Bei Facebook sieht es kaum anders aus, nur dass hier noch wenig beachtet wird, dass ganze Generationen über einen Anbieter kommunizieren (müssen) und dabei gewaltige Datenmengen gesammelt werden.[32] Konzerne sind „Geldmaschinen", die nach allen irgendwie durchsetzbaren Möglichkeiten suchen, die Kosten und den Schaden anderen aufzubürden. Von Selbstbeherrschung ist wenig zu spüren, es geht fast immer um Expansion, Erringen von Marktanteilen und Kontrolle. Es ist nie genug. Über das Sexualverhalten der leitenden Akteure steht genügend in der Zeitung.

Langfristige Ziele sind in fast keinem Konzern formuliert, schon gar nicht gemeinsam entwickelt, vielmehr wird nach dem Prinzip „hüh und hott" gehandelt. In kaum einem Konzern erscheinen den Mitarbeitern die Ziele klar, handhabbar und verstehbar. Vielmehr werden sie von den „Anpassungsstrategien", „strukturellen Reformen" und „notwendigen Einschnitten" überrascht und überrollt. Bei Siemens wurde unter Leitung des hoch dotierten CEO eine schlechte Strategie entwickelt. Nach dem Scheitern geht dieser Akteur zusammen mit einer Abfindung in der Höhe von 17 Mio. EUR zurück in sein Heimatland. Bei E.on und RWE, bei Thyssen-Krupp oder Opel zahlen die Mitarbeiter den Preis für Fehlstrategien und Managementversagen. Bei den betrügerischen und trotzdem scheiternden Finanzkonzernen zahlen gleich alle Bürger für das Versagen der höchstbezahlten Akteure. Letztlich kommt man auch beim zweiten Faktorbereich zu einem extrem problematischen Urteil. Die meisten global tätigen Konzerne und insbesondere Investmentbanken wirken wie zerstörerische, plündernde und verantwortungslose Systeme. Diese Unkultur macht in den Werksto-

---

[32] Vgl. Schrems, M.: Kämpf um deine Daten, Wien 2014. Schrems hat offengelegt, dass Facebook sich über alle Gesetze hinwegsetzt und unbegrenzt Daten hortet.

ren leider nicht halt, sondern wird ja durch die Mitarbeiter auch in andere Lebensbereiche getragen. Außerdem versuchen die Konzerne die gesamte Gesellschaft eben über Werbung, PR, Lobbyismus, Medienmanipulation usw. zu beeinflussen. Sie benötigen ja eine Legitimationsbasis. Konzerne bemühen sich deshalb um das Image als Arbeitsplatzbeschaffer, Gönner und Innovateure. Nachhaltig arbeiten sie angeblich sowieso. Konzerne schränken die Freiheit des Einzelnen ein, indem sie alle zur totalen Verfügbarkeit anhalten, sie erzeugen intern eine extreme Ungleichheit in straffen Hierarchien, sie schotten sich ab und betreiben Geheimhaltungspolitik, sie sind maßlos in ihren Zielen und Aktionen, sie sind undemokratisch bis hin zu feudalistischen Strukturen. So widersprechen sie exakt dem Modell einer wandlungsfähigen und zukunftsfähigen Organisation. Nur die immense Macht und der Einfluss auf die Politik, die massive Unterdrückung und Täuschung erhalten sie am Leben.

Man kann das an den deutschen Energiekonzernen gegenwärtig beispielhaft beobachten. Sie haben versucht mit Lobbyismus ihre Position zu stabilisieren. Insbesondere mit Atomkraftwerken hätten sie über Jahre hohe Gewinne einstreichen können, weil sie auf diesem Gebiet extreme Externalisierungen realisiert haben. Die horrenden Kosten der Entwicklung, des Aufbaus und der bisher vollends ungelösten Endlagerung haben sie der Allgemeinheit aufgebürdet. Mit den abgeschriebenen Großkraftwerken hätten sie über Jahre weiter operieren können. Die notwendige Energiewende habe sie gründlich verschlafen. Schon werden wieder Märchen erzählt von den neuen Leitungen von Nord nach Süd, vom drohenden Stromausfall im Winter und neuerdings die Angstmache mit der Auswanderung von Industriebetrieben nach Amerika, da dort in Zeiten des Frackings die Energie so günstig wird. Zudem werden Industrie und Handel von der so genannten EEG- Umlage befreit. Manche Betriebe rechnen sich sogar zu den energieintensiven Betrieben, die der Schonung bedürfen. Eigens dafür werden Mitarbeiter entlassen und als Leiharbeiter wieder eingestellt. Damit erreichen sie eine veränderte Relation von Energiebedarf und Personal. Diese perfide Strategie ist aber im Finanzmarkt getriebenen Kapitalismus „normal" im Sinne von erwartbar. Die Akteure tendieren zu Verhaltensweisen, die sie im Privatleben als unanständig und unmoralisch bezeichnen würden. Es sind die Kontextbedingungen in einem Konzern, die bei den einzelnen

Menschen eine furchtbares Verhalten entwickeln und auslösen. Der einzelne Mensch kann dabei in seinem persönlichen Leben vollends gesund und freundlich wirken. Die Aktionen in seinem Berufsleben werden dabei abgespalten, klein geredet oder mit einem intellektuellem Überbau versehen. In Konzernen treffen sich besonders die Geldgierigen. Berater verdienen bei Aufträgen in Konzernen erheblich mehr, als in mittelständischen Betrieben, sie haben dort auch eine andere Aufgabe, nämlich die „fiesen" Jobs zu übernehmen und „Freistellungen" und „Sanierungen" durchzuführen. Menschen werden veranlasst, sich entwürdigenden Prozeduren zu unterziehen, merkwürdige Kommunikationstrainings zu absolvieren, deren Ergebnisse sie dann in der Praxis anwenden müssen. So wird man in Konzernläden mit immer neuen Verkaufstricks konfrontiert. Die Verkäufer müssen „Sprüche aufsagen" und würdelose Uniformen mit Hütchen tragen. „Mensch oder Marge", so überschrieb die Süddeutsche Zeitung die Entscheidungssituation im Siemens Konzern. Dabei besteht diese Alternative nicht wirklich. Die Renditeforderungen des Marktes werden die Richtung vorgeben. Die Lebensmittelindustrie mit ihren Fälschungen und Wertabschöpfungsmethoden ist ein weiteres Beispiel. Es werden billige Speisen zu horrenden Preisen serviert. Dabei sind regionale und biologische Lebensmittel günstiger als Fertiggerichte. Die industriellen Speisen stecken voller Zucker und Chemikalien, künstlichen Aromen und schädigen in Produktion und Konsumtion die Umwelt. Ein Ende der stupiden Massenproduktion eröffnete Chancen für mehr und bessere Arbeitsplätze, den Schutz der Natur und eine gesündere Ernährung.

Gewöhnung an die Machenschaften

Das tückische an der Ausbreitung kapitalistischer Gedanken ist, dass die Menschen anfangen, ihre Entfremdung, Unterdrückung und ihre Unfreiheit zu lieben. Aldous Huxley hat schon früh auf diese Form der absoluten Herrschaft hingewiesen.[33] „Es gibt natürlich einen Grund, warum der Totalitarismus dem alten gleichen sollte. Ein Regieren mittels Knüppeln

---
[33] Huxley, A: Schöne neue Welt, Frankfurt 1985. S. 15. Das Zitat stammt aus dem Vorwort von 1949. Den Roman schrieb Huxley schon 1932.

und Exekutionskommandos, mittels künstlicher Hungersnöte, Massenverhaftungen und Massendeportationen ist nicht nur unmenschlich (...); es ist nachweisbar leistungsunfähig – und in einem Zeitalter fortgeschrittener Technik ist Leistungsunfähigkeit die Sünde wider den heiligen Geist. Ein wirklich leistungsfähiger totalitärer Staat wäre ein Staat, in dem die allmächtige Exekutive politische Machthaber und ihre Armee von Managern eine Bevölkerung von Zwangsarbeitern beherrscht, die zu gar nichts gezwungen zu werden brauchen, weil sie ihre Sklaverei lieben." Die späte Industriegesellschaft mit ihrem Deckmantel des Wohlfahrtstaates hat sich zu einer Gesellschaft der Unfreiheit entwickelt. Herbert Marcuse hat in den 1960er Jahren die Wirkung der konsumistischen Arbeitsgesellschaft besonders anschaulich beschreibe. Alles Denken und Handeln tendiert zur Eindimensionalität, zur Trivialisierung und Entfremdung, also zur Unfreiheit. „Solange dies Konstellation herrscht, schmälert sie den Gebrauchswert der Freiheit; es besteht kein Grund, auf Selbstbestimmung zu dringen, wenn das verwaltete Leben das bequeme und sogar das »gute« Leben ist. Dies ist der Grund für die Vereinigung der Gegensätze, das eindimensionale politische Verhalten."[34] Alexis de Tocqueville sagte schon 1894: „Der Herrscher sagt nicht mehr: du sollst denken wie oder streben. Er sagt: es steht dir nicht zu zu denken wie ich, dein Leben, deine Güter, alles soll dir bleiben, aber von diesem Tage an bist du ein Fremdling unter uns." Horkheimer und Adorno, die Tocqueville zitierten fahren fort: „Was nicht konformiert, wird mit einer ökonomischen Ohnmacht geschlagen, die sich in der geistigen des Eigenbrötlers fortsetzt. Vom Betrieb ausgeschaltet, wird er leicht der Unzulänglichkeit überführt."[35] Singularität, eigenständiges und kritisches Reflektieren, Denken und Handeln wird nur scheinbar ermöglicht. Kunst- und Kulturbeiträge werden in das System eingebaut, korrumpiert und benutzt. So dürfen Künstler bestimmte Stadtviertel und Regionen durch ihre Beiträge interessant machen, bis sie von Investoren als ertragreiche Objekte ausgeplündert werden. Kunstwerke dienen als Anlageobjekte, jegliche Art von Alternative, Kritik oder Negation wird vom kapitalistischen System absorbiert und in eine Ware verwandelt.

---

[34] Marcuse, H.: Der eindimensionale Mensch, Neuwied 1988, S. 69.
[35] Beide Zitate stammen aus Horkheimer, M./ Adorno, T.W.: Die Dialektik der Aufklärung, Frankfurt 1985, S. 119/20. Das Tocqueville Zitat haben wir dem Text entnommen.

Was tun?!

Bei der kritischen Diskussion gerät die Utopie einer wunderbaren Welt immer weiter in den Hintergrund, so scheint es. Was kann und was muss sich ändern? Es gibt wesentliche Zusammenhänge, die zunächst einmal akzeptiert werden müssen. Die Welt ist absurd, kontingent, ungerecht in großen Teilen grausam. Auch gutwillige Menschen werden diskriminiert oder sind von Leid betroffen. Zudem reichen gute Absichten nicht aus, da das intendierte Gute, schlecht inszeniert, oft sich zum Schlechten wendet. Eines ist aber evident, unsere Lebensweise in den Wohlstandsländern wirkt wie ein Krieg gegen die Natur und die meisten Mitmenschen. Im System des dominierenden Kapitalismus, der sich über den ganzen Planeten und bis in alle Köpfe ausgebreitet hat, ist Expansion, ein Steigerungsspiel das Kernprinzip. Er wirkt nach dem Untergang der kommunistischen Systeme alternativlos. In allen Teilsystemen der Gesellschaft sitzen Agenten des Systems, die angefüttert werden, die Belohnungen erhalten. Die eigentlich Leid tragende Mehrheit wird hingegen auf Distanz gehalten. So hat sich die kapitalistische Maschinerie in alle Nischen ausgebreitet. Die Medien singen das Lied der notwendigen Dynamik dazu. Selbst grüne Politiker und Wissenschaftler intonieren den „Milton Friedman Song"[36] der freien Märkte und glauben an nachhaltiges Wachstum. Neoliberale Parteien dominieren die Wahlen, weil in den Ländern des Wohlstands mit einer Mischung aus Angst und Belohnung gearbeitet wird. Es gibt kleine Belohnungen für die Mittelschicht und die Unterschicht wird bedroht, schikaniert und verunsichert und wendet sich vom politischen Leben ab. Dazu werden die Lügengeschichte vom Wohlstand für alle und der Leistungsgesellschaft erzählt. Zudem funktioniert der globale Kapitalismus nur mit einer gigantischen Verschuldung, es wird finanziell und ökologisch auf Kosten der zukünftigen Generationen gearbeitet. Die haben dann Endlagerstätten zu betreuen, finden eine geplünderte und geschändete Natur vor und erben die Schulden.

Wenn man sich den Siegeszug des freien Kapitalismus mit seinen räuberischen Hauptakteuren ansieht, sollte man denken, dass man es nicht ändern kann. Einfach wäre zu sagen, schafft den Kapitalismus ab, verbietet die Konzerne und führt eine polypolistische, dezentrale Marktwirtschaft

---
[36] Diesen Song gibt es wirklich: www.youtube.com/watch?v=W3Seg0JE1PM.

mit sozialer Sicherung wieder ein. Verbietet die Wettgeschäfte und löst die Investmentbanken auf. Nur, wird diese Forderung zu recht als utopisch angesehen. Nun heißt Utopie ursprünglich der noch nicht vorhandene Ort. Wie kann man die Utopie erreichen, die den allermeisten Menschen eine bessere Zukunft bereiten würde? Gerade kein Umsturz, keine Revolution wird die Lage verbessern, sondern Proteste auf jeder Ebene der Wertschöpfungsketten, die Verhaltensänderung der Menschen in Unternehmen und den Märkten. Vielleicht gibt es ja Hoffnung. Zunehmend geraten die Konzerne in eine strategische Klemme. Die Markenbindung der Konsumenten nimmt gerade in Krisenzeiten ab, es werden zunehmend weltweite Preisvergleiche angestellt. Zudem stagnieren die Bevölkerungszahlen in Europa und anderen Wohlstandsregionen. In Schwellenländern lassen sich zudem nur geringere Preisniveaus durchsetzen. Die Externalisierungsaktivitäten stoßen an die Grenze des Machbaren. Wenn von einem Kleid, das für 9,99 EUR angeboten wird nur 10 Cent für die Näherin in Asien gezahlt wird, gibt es auch bei totaler Versklavung kein Einsparungspotenzial mehr. Eher gibt es Tendenzen, dass sich ArbeiterInnen organisieren und mehr Lohn erstreiten. Auch der Krieg gegen die Natur hat seine Grenzen. Viele Rohstoffe werden sich zwangsläufig verteuern. Die Konzerne sind Wachstums- und Geldmaschinen, die auf Expansion angewiesen sind. Nur, wie sollen sie auf Dauer in einer endlichen Welt wachsen? Die Hauptwellen der industriellen Entwicklung sind jeweils ein Zusammenklang von bestimmten Medien und Kommunikationsmöglichkeiten und eine dominante Energieform gewesen. Die ursprüngliche industrielle Revolution wurde durch die Entwicklung der Dampfmaschine (Loks, Maschinenantrieb) und die erweiterten Möglichkeiten des Buch- und Zeitungsdrucks erzeugt. Die zweite Welle löste die Erfindung des Verbrennungsmotors im Gleichklang mit Funkmedien aus. Diese wirtschaftliche Stufe ist noch weit verbreitet. Nun befinden wir uns mitten in einem weiteren fundamentalen Wandel. In Zukunft werden wir regenerative Energieformen nutzen und uns von Kohle, Öl, Uran und Gas als Hauptenergieformen verabschieden (müssen). Es erscheint ja auch geradezu dumm, aus der Oberfläche unseres Planeten fossile Rohstoffe zu extrahieren, wo wir im Kern einen „heißen Ofen" vorfinden und Wellen, Wind und insbesondere die Sonne nützen können. Diese Energieformen sind strukturell dezentraler, lokaler und wirken deshalb weniger ausbeuterisch. Die fossilen Energieformen verursachen durch ihr Vorkommen in verschiedenen Zentren die geopolitischen Raubzüge. Besonders gefräßige Gesellschaften und deren Konzerne wie die us- amerikanische versuchen sich Zugang zu den Ressourcen in fremden Ländern zu verschaffen. Als Speerspitze der Macht dienen dabei ebenfalls große Konzerne, die in der ökonomischen Ausbeutung, als Horchposten und als paramilitärische Privatarmeen tätig sind. Wenn es gelingt, stärker auf regenerative Energien umzustellen, dann kann sich diese Politik ebenfalls verändern. Wenn im mittleren Westen der USA direkt Sonnen- und Windenergie erzeugt wird, benötigt man keine Raubzüge durch die Welt und auch kein umweltfeindliches Fracking. Die nächste industrielle Revolution ist damit durch dezentrale Energieformen und offene, dialogische Medien gekennzeichnet. Das Internet und soziale Netzwerke, die *open software* ermöglichen vielfältigen Zutritt zu Informations- und Kommunikationsnetzen. Auch die industrielle Basis wird sich wahrscheinlich deutlich verändern. Die flexible Spezialisierung löst zunehmend die Massenproduktion ab. Es ist eine Entwicklung zu einer kooperativen, handwerklichen, aber zugleich hoch technologischen Industrie, die eine Integration von Nutzern und weiteren Akteuren sowie die individualisierte Fertigung ermöglicht.

Der Herbst der Konzerne

Unter dem Einfluss der neuesten medialen und technologischen Möglichkeiten ergeben sich Chancen für einen fundamentalen Wandel der Wirtschaft. Konzerne könnten implodieren. Die strategischen Probleme der global agierenden Konzerne werden schon von ihnen selbst beschrieben. Die Markengläubigkeit nimmt ab, die Preisbereitschaft ebenso, die Konzerne können nicht noch billiger in Drittweltländern produzieren lassen, denn sie arbeiten ja jetzt schon auf Basis der Lohnsklaverei. Die Karawane zu immer günstigeren Standorten hat das Ende der Welt erreicht. Prozesse gegen die inhumanen Produktionsbedingungen nehmen zu. In China ist die Produktion zu teuer, also ging man nach Bangladesh oder Kambodscha. Selbst dort erkämpfen die ArbeiterInnen Rechte. In den Schwellenländern existierte zu geringe Kaufkraft. So werden immer mehr Vorteile für transnationale Konzerne zunichte gemacht. Je ungewisser die Entwicklungen sind, je mehr die Technik die Wiederaneignung von Fertigungsprozessen ermöglicht, je mehr die Menschen die Pseudowertschöpfung durchschauen, desto mehr Probleme ergeben sich für Markenkonzerne.

Ihre innere Struktur ist nicht nur auf Verantwortungslosigkeit ausgelegt, sie sind auch zu behäbig und zu wenig flexibel, den kommenden Anforderungen zu entsprechen. Damit dieser Prozess noch beschleunigt wird, müssen Kundenrechte erweitert werden, muss Weltwissen offen zirkulieren, besonders demokratische Staaten sich gegen die Steuerflucht verbünden und den Konzernen Regeln auferlegen. Zum Beispiel ist es notwendig, die Konzerne innerlich zu demokratisieren. Paritätische Mitbestimmung sollte für alle größeren Unternehmen zur Pflicht werden. Sie müssen auf eine Verantwortung gegenüber der Gesellschaft und der Natur verpflichtet werden. Es ist offensichtlich, dass die Deregulierungen und die Privatisierungen die Grundbausteine des neuen Klassenkampfes von oben sind. Eine extrem kleine Gruppe von Menschen hat sich der Vermögen der Welt bemächtigt. Die Menschen in den Wohlstandsländern machen diese Plünderungen mit, da sie genügend Brosamen vom großen Tisch auflesen können. Einige lieben die Sicherheit und den kleinen Wohlstand. Im Kern sind die von allen Fachleuten als notwendig erkannten Regelungen aber unterblieben. Es scheint, dass Methoden wie die Finanztransaktionssteuer lange diskutiert werden, als richtig und sinnvoll beschrieben werden, um dann wieder von der Oberfläche verschwinden, ohne je versucht worden zu sein. Es gibt insofern keinerlei wirksame Neuregelung im Finanzsektor. So genannte Reformen betreffen ausschließlich die einfachen Menschen, während die „Masters of the Universe" weiter ihre zerstörerischen, selbstsüchtigen Plünderungsgeschäften nachgehen können. Die überraschende Kehrtwende in der deutschen Energiepolitik, hat die Energiekonzerne besonders hart getroffen. Mit ihrem mächtigen Lobbyapparat hatten sie den Ausstieg aus dem Ausstieg bewirken können. Doch es kam anders. Ein Jahr später war alles Makulatur und damit die strategische Klemme noch viel gravierender. Für eine dezentrale regenerative Energieerzeugung werden die Konzerne nicht mehr benötigt. Ihr Geschäftsmodell erscheint erschreckend veraltet, Alternativen wurden nicht einmal im Ansatz entwickelt. Dennoch schicken sich die Konzerne an, die Politik um Unterstützung zu bitten, sich Subventionen zu erschleichen oder eine neue Energiekrise zu entfachen, um sich als Retter in der Not zu inszenieren. Vielleicht stehlen sie sich durch Umfirmierung oder Liquidation auch noch aus der Endlagerungsproblematik. Es erscheint vielleicht einigen Lesern absurd und aussichtslos etwas am System zu ändern. Doch sind die Entwicklungen alle von Menschen gemacht. Außerdem existieren zahlreiche Nischen, wo sich Menschen freundschaftlich, solidarisch und verantwortlich organisieren und verhalten. Mit Albert Camus kann man erkennen, dass viele Geschehnisse absurd sind. Es geht um das Erkennen und Anerkennen des Absurden und dann um das Handeln. In der Revolte gegen die Ungleichheit kann der Mensch zu sich finden. Aus den ungleichen Chancen, Vermögen, Rechten und Pflichten sowie Mitwirkungsmöglichkeiten entsteht die Ungerechtigkeit der Welt. Sich dennoch tätig und immer wieder dagegen aufzulehnen, zu revoltieren, erscheint Camus als der eigentliche Sinn des Lebens. Dabei appelliert er immer an die Gewaltlosigkeit. Niemand kann wissen, was für andere das Richtige ist. Niemand sollte sich anmaßen, allein zu bestimmen, was geschehen soll. Die Revolte richtet sich gegen die Ungerechtigkeit und setzt sich für die Liebe und das Leben ein. Die Angst des Menschen wird durch Mitgefühl und Achtsamkeit überwunden. Der Mensch befreit sich im Engagement für andere.

In Hans Christian Andersen „Des Kaisers neue Kleider" wird die gegenseitige Vorspiegelung illustriert.

„Betrüger haben dem eitlen Kaiser bunte Mäntel und Hosen ohne Garn und Faden „genäht". So ging der Kaiser unter dem prächtigen Thronhimmel, und alle Menschen auf der Straße und in den Fenstern sprachen: „Wie sind des Kaisers neue Kleider unvergleichlich! Welche Schleppe er am Kleide hat! Wie schön sie sitzt!" Keiner wollte es sich merken lassen, dass er nichts sah; denn dann hätte er ja nicht zu seinem Amte getaugt oder wäre sehr dumm gewesen. Keine Kleider des Kaisers hätten solches Glück gemacht wie diese."

„Aber er hat ja gar nichts an!" sagte endlich ein kleines Kind. „Hört die Stimme der Unschuld!" sagte der Vater; und der eine zischelte dem andern zu, was das Kind gesagt hatte. „Aber er hat ja gar nichts an!" rief zuletzt das ganze Volk. Das ergriff den Kaiser, denn das Volk schien ihm recht zu geben, aber er dachte bei sich: ‚Nun muss ich aushalten.' Und die Kammerherren gingen und trugen die Schleppe, die gar nicht da war."[37]

---
[37] entnommen aus http//gutenberg.spiegel.de/buch/hans-christian-andersen-m-1227/114.

Drei Ansatzpunkte:

Wir glauben, dass eine weitere Kultivierung der Menschen und ihrer Gesellschaften möglich ist. Der demokratische Wohlfahrtssaat mit Rechtsstaatlichkeit ist unseres Erachtens eine menschliche Errungenschaft, die es auszubauen gilt. Statt weiter Privatisierung, Deregulierung und Einschränkung demokratischer Rechte, sollte genau die andere Richtung eingeschlagen werden. Es gibt drei wesentliche Ebenen etwas zu verändern: die individuelle und soziale, die mittlere Ebene auf der Stufe von Unternehmen und Institutionen und die staatliche und übergreifende für Regelungen und eine strukturelle Neuordnung. Auf der staatlichen Ebene existieren Möglichkeiten die Konzerne auf bestimmte Regelungen zu verpflichten, sie über Vorschriften und Auflagen wirksam an ihre Verantwortung zu erinnern. Jeder Konzern braucht eine home base, einen Staat, der ihn rechtlich legitimiert. Deshalb ist es so wichtig, die Staaten mit demokratischen Entscheidungsprozessen, sozialer Sicherung und Rechtssystemen zu erhalten, bevor sie von der Lobby vollständig korruptiv unterwandert sind. John Maynard Keynes hat als die bedeutendsten Fehler der Wirtschaftsgesellschaft erkannt, dass nicht für Vollbeschäftigung gesorgt wird und dass es eine willkürliche, sehr ungerechte Einkommens- und Vermögensverteilung gibt.[38] Beidem muss ergo entgegen gewirkt werden. Eine Förderung der Kreativkultur und Maker-Culture kann für sinnvolle Beschäftigung sorgen. Die Ungleichheit entsteht ohne Zutun und ist deshalb aktiv zu begrenzen. Kapitalistische Staaten dienen in der Regel Investoreninteressen, dass die Staaten, wenn sie die Demokratie nicht schützen, immer mehr privatisieren und keine Kontrolle ausüben, immer mehr in Abhängigkeit von mächtigen Wirtschaftsakteuren kommen. Staaten haben aber immer die Möglichkeit, Regeln zu erlassen und die Macht zu begrenzen.

Gesellschaftliche Ansätze zur Wandlung:

Insgesamt muss dringend die marktradikale Ideologie infrage gestellt werden. Es sind dabei auch die von dieser Ideologie unterwanderten Institu-

---

[38] Keynes, J. M.: Allgemeine Theorie der Beschäftigung, des Zinses und des Geldes, Berlin 2009 (1936), S. 314ff.

V DAS ENDE DES KONZERN-KAPITALISMUS

tionen, wie WTO, IMF, und Weltbank, sowie ECB und viele mehr auf den Prüfstand zu stellen. Es handelt sich seit etwa dreißig Jahren um eine Unterwanderung der globalen Gesellschaft, durch die Akteure eines banalen aber sehr wirksamen „Finanzkapitalismus" mit den Euphemismen „Leistung, Wettbewerb, Markt, Effizienz, Produktivität, Rationalität, Wachstum und Eigeninitiative".

Alle Menschen müssen befähigt werden, sich frische Nahrung und Trinkwasser zu beschaffen. Die Zugänge zu den Ressourcen dürfen nicht behindert werden. Wir brauchen Maße und Regeln. Menschen müssen befähigt werden, sich frei nach ihren Wünschen zu bilden. Wir brauchen weniger exklusive Bildung für Eliten, weniger Ausbildung und mehr Foren, wo Menschen ihre Fähigkeiten und Leidenschaften entdecken können. Der demokratische Sozialstaat ist in allen seinen Facetten weiterzuentwickeln und nicht zu abzubauen. So genannte Philosophen wie Peter Sloterdijk schlagen hingegen eine Kultur der Gabe vor.[39] Er ruft gar zum Steuerstreik auf und verkennt in tragischer Weise, die soziale Machtsituation, die Steuerfluchten, die Arroganz der Vermögenden und bereitet den Boden für die nächste Welle des Kampfes von Reich gegen Arm. Dazu erinnern wir an ein Zitat von Johann Heinrich Pestalozzi: „Wohltätigkeit ist das Ersäufen des Rechts im Mistloch der Gnade."[40] Man kann eine solidarische Gesellschaft nicht auf die zufällige Mildtätigkeit von Superreichen gründen.

Die gesamte Wirtschaftspolitik ist von der Wachstumsideologie auf eine Steady State Policy umzurüsten[41]. Es ist natürlich einfach, einen formal wachsenden Kuchen an möglichst viele zu verteilen. Dennoch wächst unser Wohlstand nur scheinbar, da er falsch bemessen wird. Erster Ausgangspunkt sollte deshalb die Entwicklung und Verwendung anderer Wohlstandsmaße sein. Auch ist jede Form der Expansion durch die Begrenzung von rein pekuniären Kapitalvermehrungsmöglichkeiten zu begrenzen. Hier sei das Vollgeld, die Transaktionssteuer, das Verbot von Finanzprodukten usw. genannt. Staaten sind auch gehalten, die Privatisierung zu revidieren und wesentliche öffentliche Bereiche wieder zu vergesellschaften. Es soll-

---

[39] Vgl. Sloterdijk, P.: Die nehmende Hand und die gebende Seite, Berlin 2010.
[40] Zitiert aus einem Vortrag des Kabrettisten Georg Schramm anlässlich des 40-jährigen Bestehens der GLS Bank.
[41] Vgl. Daly, H.: Steady-state Economics, Washington 1991.

ten diverse staatliche Auflagen und Regeln für Konzerne erlassen werden, statt ihre räuberischen Aktivitäten noch durch dubiosen Investorenschutz und versteckte und offene Subventionen zu fördern.

Die Wiedereinführung einer wirksamen Erbschafts- und Vermögenssteuer sollte dazu dienen ein bedingungsloses Mindesteinkommen und Mindestvermögen zu realisieren. Es ist heute so, dass wesentliche Bereiche gesellschaftlicher, hoch wichtiger Arbeit, nicht vergütet wird. Kindererziehung, Pflegeleistungen, Haushalt, Ehrenämter wären damit wenigstens ein wenig gewürdigt. Zudem würde es zu der Entwicklung vielfältiger Kreativität, Erfindergeist und weiteren sozialen Tätigkeiten kommen.

„Das kreative Leben ist ein gesellschaftliches Produkt. Es gedeiht mithilfe von Veränderungen und Techniken, die von der Gesellschaft als Ganze gepflegt und weitergegeben werden, und weder die Tradition noch das Produkt kann im alleinigen Besitz des Wissenschaftlers, Künstlers oder Philosophen verbleiben, und noch viel weniger in dem der privilegierten Gruppen, die diese nach nach den Konventionen des Kapitalismus in so hohem Maße unterstützen."[42] Erfindergeist, sinnhafter Wohlstand und Vernunft sind alles gemeinschaftliche Ergebnisse. Wie Marianna Mazzucato noch einmal herausgearbeitet hat, sind die wesentlichen Innovationen staatlich ermöglicht worden.[43] In allen Phasen der Erfindungs- und Innovationsprozesse sind die Akteure zu unterstützen, gesellschaftlich sinnvolle Neuerungen zu entwickeln. Hier ist besonders an die Förderung der innovative Commons zu denken. Der Staat ist, wenn man genauer hinschaut, oft der große Risikoträger und wirkliche Ermöglicher fundamentaler Innovationen. Staaten und Regionen sollten die Akteure unterstützen, die wirkliche Wertschöpfung betreiben wollen und dazu gute Bedingungen benötigen. Die reinen Gewinnmaximierer und Billigproduzenten kann man getrost in die Wüste schicken. Und zudem: Was einzelne aus dem Ganzen schöpfen, sollte nicht einzelnen auf Dauer zugerechnet werden, sondern Gemeingut bleiben. Der französische Philosph Michel Serres spricht hier von freiem Wissen. „Der Pirat des Wissens ist ein guter Pirat"[44], sagt er. Eine Weiter-

---

[42] Mumford, L.: Technics and Civilization, New York 1934, S. 409ff.
[43] Vgl. Mazzucato, M.: Das Kapital des Staates, München 2013.
[44] heise.de/tp/artikel/3/3602/1.html.

entwicklung der Gesellschaft besteht in der Mehrung des Gemeinsamen, in der gegenseitigen Zähmung, Unterstützung und Ermunterung.

Mesoebene: Regionen, Organisationen

In Institutionen, Gemeinschaften und Unternehmen ist auf eine weitere Demokratisierung und mehr Gemeinsamkeit hinzuwirken. In demokratischen Organisationen werden die Hierarchien nicht vollends abgebaut, jedoch müssen sich die Führungskräfte legitimieren und es findet gemeinschaftliche Abstimmung aller Entscheidungen statt. Die Kultur eines sozialen Systems erweist sich ja in der Form der Entscheidungsfindung. Welche Sichtweisen und Interessen werden berücksichtigt? Wie kommt es zu Entscheidungen. Es ergibt sich eine erhebliche bessere Motivation und Kreativität. Die Entscheidungen werden sich qualitativ verbessern und es gibt eine höhere Akzeptanz. Menschen sind nur in geringem Umfang durch Geld motivierbar, vielmehr sehen sie sich nach Respekt und Vertrauen und wollen einen Sinn erkennen. Insgesamt kann ein demokratisches System mehr Resilienz entwickeln; die dialogische Selbstorgansiation spart Kontrollkosten und steigert die Motivation.[45] Die zukunftsfähige Gesellschaft besteht in einer umfassenden Dezentralisierung und Relokalisierung. Städte und Regionen sollten sich in die Lage versetzen, möglichst viele Bereiche in Eigenregie zu verwirklichen. So ist an lokale Energiegewinnung, die Stärkung der Erfinder-, Reparatur- und Maker-Kultur zu denken.

Individuelle Ansatzpunkte:

Die uns vorgegaukelte Alternativlosigkeit des ökonomischen Systems können wir durchschauen. Das Konsumangebot in Supermärkten und Portalen ist bewusst verwirrend präsentiert, um uns immer wieder zu animieren, nutzlose Undinge zu kaufen. Die Auslagen sind von Pseudoinnovationen

---

[45] Interessante Initiative hierzu: www.demoracraticorganization.com und www.amnesty-basel.ch/volksinitiative-fur-verantwortungsvolle-konzerne/ Diese Initiative setzt sich in der Schweiz dafür ein, dass Konzerne verpflichtet werden, bestimmte ökologische und soziale Standards in ihren Wertschöpfungsketten einzuhalten.

überwuchert. Deshalb ist es wichtig, dass wir uns und andere mit wertvollen Bereichen des Lebens beschäftigen, uns mit Handwerk, Kunst und insbesondere der Pflege menschlicher Beziehungen. Schlendern statt shoppen, entschleunigen, Sand ins Getriebe streuen. Es sind alle Möglichkeiten auszuschöpfen, Konsum und die ihn stimulierende Reklame zurückdrängen. Wir können tief in die Wertschöpfungsprozesse eintauchen und selbst fertigen und entwickeln.[46] Geld sparen, und die Marken umgehen. Sperrig die gut geölten Getriebe der Macht destabilisieren. Dinge und das ganze Leben sich wieder aneignen: Reparieren, noch mal verwenden, tauschen und teilen, leihen, borgen, verwerten, warten, Umwege gehen, ablenken und verwickeln, den Geist auf Abwege schicken, Kunst schaffen, musizieren. Konsumfasten durch sinnliche Askese und Verzicht. Zeit sparen, die Abhängigkeit reduzieren. Alles was weniger Effizienz erzeugt: Ruhe, Muße, Langeweile, Schweifen, pausieren, Fragen stellen, protestieren, sich von Shoppingmalls fern halten, die Werbung verbannen, so gut es geht. Sein Leben entkommerzialisieren, keine Preisausschreiben, keine Postwurfsendung, TV nur ohne Werbung schauen. Die eigene Angst vertreiben, indem wir unser Mitgefühl aktivieren, uns engagieren und zusammentun, indem wir wieder Kontakt aufbauen zu unseren Nachbarn, Freundschaften bilden und pflegen, spielen, Dinge selbst gestalten, lokal, fair und ökologisch kaufen, was wir wirklich brauchen und unser gutes Leben eher befördern als behindern. Wir sollten uns der Überwachung und Vermessung entziehen, bremsend wirken. Unsere Kinder länger Zeit geben zu lernen und zu erproben, was sie wirklich wollen. Wir können versuchen, durch Entschleunigung die Entfremdung von den Dingen, den Menschen, der Natur und uns selbst überwinden.

Wir müssten die Arbeitsstunden weiter reduzieren, damit wir weniger gehetzt durchs Leben schreiten. Wir können mehr dazu übergehen, Selbstversorger zu werden, um damit unabhängiger von Konzernen zu werden und sinnhafte Arbeit betreiben. Wir müssen dringend unser Konsumverhalten überprüfen, kritischer einkaufen, überteuerte Konzernmarken umgehen und unseren *footprint* verringern:[47] also weniger Fleisch essen, regional

---

[46] Ein gutes Beispiel für die Entwicklung zur Selbermacher- und Reparaturkultur beschreibt Heckl, W. M.: Die Kultur der Reparatur, München 2013. Vgl. Kapitel 7.

[47] das gilt sowohl für den ecological wie den slavery footprint.

einkaufen, weniger fliegen, intelligenter Heizen oder Kühlen und uns intelligenter mobilisieren. Vor allem aber, ist die Pflege sozialer Beziehungen ein wichtiges Fundament für ein gutes Leben. Wir brauchen mehr öffentliche Sphären der Freiheit, mehr Gemeinsamkeit und Grundsicherung... und wir brauchen weniger Konzerne. Wir brauchen mehr Platz für Leidenschaften, Lust und Liebe.

Ein Weg des Dennoch

Der amerikanische Philosoph Cornel West hat in seinem Modell des prophetischen Pragmatismus vier wesentliche Elemente einer praktischen verbessernden Veränderung formuliert.[48]

Die Grundlage bildet eine kritische Haltung, die das Leiden zur Sprache bringt, die Schwachen sichtbar macht, um damit die Grenzen und Probleme des Systems zu verdeutlichen. Es ist dabei eine Kritik, die nicht ein vollkommen anderes System angeht, sondern die Grundsätze und ideologische Bestandteile des Aktuellen beschreibt. Es ist somit jeweils zu prüfen, welche Scheinbegriffe und Euphemismen verwendet werden, um das Eigentliche zu verstecken. Beispiele sind hierbei die „Leistungsgesellschaft", in der aber fast alles vererbt wird; der Wohlstand, der nur über das BIP Wachstum gemessen wird; die „Souveränität der Konsumenten"; die „Effizienz der Märkte", die „Entsorgungsparks" und die „Freisetzung" von Mitarbeitern usw... Dabei sind immer die „Eliten", „Experten" und „Helden" zu identifizieren, die die angeblich alternativlosen Konzepte verkünden und die Laien vom Diskurs fern halten wollen. Die Eliten sind nicht mehr in der Lage für die Mehrheit Perspektiven zu entwickeln, da sie sich zum einen häufig irren, die kontingenten Entwicklungen nicht mehr überschauen und, zweitens eigene ökonomische Interessen verfolgen und sich für allerlei Machtprojekte einspannen lassen. Das zweite Element ist eine konsequent empathische Grundhaltung, das Einfühlen und das Mitgefühl mit den Menschen. Es ist auch eine Haltung der klassischen Padeia[49], wo es um die Erziehung zur Seelengröße (vgl. Kapitel I.) geht, wo sich der

---

[48] Vgl. West, C.: Prophetic Thought in Post modern Times, Monroe 1993, S. 101ff.
[49] Padeia (gr. für Bildung) beschreibt die Idee einer umfassenden seelischen und geistigen Entwicklung des Menschen.

Mensch durch Kultiviertheit vervollkommnet. Das dritte Element könnte man als Wahrhaftigkeit und Wirksamkeit bezeichnen. Auf der Basis einer gesteigerten Selbstreflexivität werden Rhetorik und Realität in Einklang gebracht sowie untersucht, wie und wo man Missstände durch systemische Interventionen verändern kann. Das vierte Element ist letztlich die Haltung des „dennoch", des „jetzt erst recht" oder des „trotzdem". Es geht Cornel West um das Engagement über die reine Analyse hinaus, sich zu empören und dann beharrlich an einer besseren Welt zu arbeiten.

VI Demokratie – Reflexionen zur Zukunft einer fragilen Herrschaftsordnung

*Demokratie ist die Regierung des Volkes, durch das Volk, für das Volk
(Abraham Lincoln, Gettysburg-Formel von 1863)*

In der öffentlichen Diskussion über die Entwicklung von Demokratie wird oftmals die Ansicht vertreten, dass große Flächenstaaten nur durch repräsentative Demokratieformen gestaltbar seien. Der Hauptgrund, der genannt wird, ist die technische Machbarkeit der Entscheidungsfindung in politischen Prozessen. Dies führt dazu, dass die Parteien sozusagen die Katalysatoren des „Allgemeinwillens" sind. Ihnen fällt die Aufgabe zu, Parteiprogramme zu entwickeln, die jeweils in ihren Hauptaussagen für eine bestimmte Klientel konsensfähig sind. Dass dies zu kleineren oder größeren Konflikten führt, ist schon im Verfahren begründet. Die Lebenswelt der Bürger wird von sehr unterschiedlichen Seiten her geprägt und beeinflusst. Das was die politischen Parteien dort an „Repräsentativität" abbilden können ist notgedrungen nur ein grober Kompromiss dessen, was die Bürger wirklich wollen. Diese Unzulänglichkeit einer repräsentativen Demokratie ist schon in ihrer Konstruktionsweise begründet. Die Lebenswirklichkeit der Bürger und die Auswirkungen von politischen Entscheidungen, seien sie auf Bundes-, Landes- oder Kommunalebene getroffen, realisiert sich auf der Alltagsebene in den Wohnorten. Wirklichkeit ist das was wirkt, das was die Bürger in seiner Wirkmächtigkeit täglich spüren. Die Schwierigkeit einer repräsentativen Demokratie bestehen einerseits darin, die unterschiedlichen Interessen der Bürger in ihrer Politikformulierung abzubilden und andererseits die Auswirkungen politischer Entscheidungen als den Konsens der politischen Willensbildung zu vermitteln.

Die parlamentarische Demokratie kämpft allerdings noch mit ganz anderen Ausprägungen ihrer Entscheidungsfindungen, den Machtprozessen, denen sie unterliegt. Die Ansicht, dass über die Parteien Konsensprozesse des Bürgerwillens initiiert und realisiert werden ist naiv. Parteien sind einerseits hochgradig abhängig von Lobbygruppen, welche die Politik massiv beeinflussen und andererseits von den parteiinternen Hierarchiespielen. Die politischen Gestaltungsmöglichkeiten von Bürgern sind in einer parlamentarischen Demokratie dagegen eher gering. Nur vermittelt entweder über die Wahl mehr oder weniger aussagenloser Parteiprogramme und die mögliche Wahl dieser Partei oder eines Vertreters, bleibt dem Bürger wenig Spielraum zum politischen Handeln. Parlamentarische Demokratien neigen dazu heute immer mehr zu einer Klientelpolitik der Lobbygruppen zu verkommen, als dass sie die Aufgabe wahrnehmen den Bürgerwillen mit zu formulieren. Die berühmte Frage, die sich bei allen politischen Entscheidungen stellen lässt „cui bono" (lat.: wem zum Vorteil ?) ist die entscheidende Fragestellung. Die oft aufgestellte Behauptung, dass Politiker im Allgemeininteresse Politik machen, ist in das Reich der Märchen zu verweisen. Politiker sind in erster Linie ihren Parteien verpflichtet und die Parteien formulieren ihre Politik unter dem starken Einfluss mächtiger Einflussgruppen aus der Wirtschaft.[1] Hinzu kommt der in der öffentlichen Kritik stehende nahtlose Wechsel aus politischen Ämtern in die Wirtschaft. Hierzu gibt es eine ganze Reihe von Negativbeispielen, die insbesondere dann sehr prekär werden, wenn diejenigen, die in lukrative Wirtschaftsjobs wechseln vorher in einem Bereich politisch tätig waren, der durchaus in enger Verbindung zu dem Job stehen, in den sie in die Wirtschaft wechseln. Dass hierzu in der Bevölkerung der Verdacht eines Patronagesystems aufkommt, ist nicht von der Hand zu weisen und empirisch im Einzelfall auch zu belegen.

Eine ganz andere Qualität von Argumenten ist hinsichtlich der starken Stellung von Regierungen in der parlamentarischen Demokratie gegeben. Hier ist zu beobachten, dass Regierungen – ob diejenigen im Bund

---

[1] siehe hierzu insbesondere die guten Recherchen der Gruppe Lobbycontrol auf www.lobbycontrol.de.

oder in den Ländern – verstärkt an den Parlamenten vorbei regieren.[2] Diese Entwicklungen sind mit Sorge zu betrachten und relativieren auch die Thesen von Colin Crouch von postdemokratischen Entwicklungen jenseits der Demokratie.[3] Schon innerhalb des „normalen" Verfahrens parlamentarischer Demokratien entwickeln sich zunehmend antidemokratische Tendenzen durch spezifisches Regierungshandeln, welches auch Rechtsbrüche und Umgehung von Recht beinhaltet, wie immer mal wieder nach langwierigen Prozessen durch das Bundesverfassungsgericht konstatiert wird. Deshalb ist es wichtig eine funktionierende Opposition im Parlament zu haben, die klar und eindeutig solche Verfahren in die Öffentlichkeit bringt und der Selbstbezüglichkeit des Regierungshandelns Einhalt gebietet. In Zeiten von großen Koalitionen in der Regierungsbildung sind solche Kontrollmechanismen umso wichtiger, da die parlamentarische Opposition sehr geschwächt ist. Es wäre unter dergleichen Regierungskonstellationen im demokratischen Sinne angeraten, dass die Opposition erweiterte Kontrollrechte gegenüber der Regierung zugestanden bekommt. Das primäre Kontrollorgan der Regierung, das Parlament, ist durch Regierungen von großen Koalitionen faktisch außer Vollzug gesetzt, beziehungsweise in seiner Kontrollarbeit relativ eingeschränkt.

Eine weitere Schwierigkeit in der etablierten Demokratie ist die mangelnde Teilnahmemöglichkeit der Bürger an parlamentarischen Entscheidungsprozessen über die Arbeit in den politischen Parteien. Hier sind oft in einem gehörigen Maße langwierige „Ochsentouren" vonnöten, bis man als Parteimitglied wirklich in die Position des Mitentscheiders kommt. Es sei nur auf die sogenannte „Fraktionsdisziplin" insbesondere in den Landes- und dem Bundesparlament hingewiesen. Obwohl die gewählten Abgeordneten nur ihrem Gewissen verpflichtet sind, wie im Artikel 38 des Grundgesetzes dargelegt, wird die „Fraktionsdisziplin" gegenüber ihnen als Druckmittel angewendet, sich entscheidungskonform zu verhalten – auch wenn dies demokratietheoretisch illegal ist. Wie in allen sozialen Gruppen üblich bilden sich Gruppendruck und Hierarchiegefälle aus, die eine freie Entscheidungsfindung der Gruppenmitglieder stark einschränken.

---

[2] Vgl. Oberreuter, H. (Hrsg.): Macht und Ohnmacht der Parlamente, Baden-Baden 2013.
[3] Vgl. Ebenda, S. 23ff.

Das Verschwinden der Politik

Wenn wir die sehr verschiedenartige Problemlagen zur Zukunft der Demokratie näher betrachten, so fällt uns eines auf: Das Verschwinden der Politik im Sinne des ursprünglichen Begriffs aus dem griechischen „*politikos*", die Bürgerschaft, Staatsverwaltung betreffend, zeigt sich nicht zuletzt auch in dem fortschreitenden Aufkommen von außerparlamentarischen Bewegungen und Bürgerinitiativen, wie Occupy, Stuttgart 21 und ähnlichem. Die demokratischen Politikprozesse grenzen darüber hinaus auch ganze Gruppen aus dem politischen Willensbildungsprozess aus, so große Teile der sogenannten „Unterschichten", die, sowohl was ihre Wahlbeteiligung als auch die angemessene Behandlung ihrer Problemlagen betrifft, von der Politik vergessen oder gar bewusst ausgehebelt werden. Hier spricht man davon, dass praktisch bis zu ein Drittel unserer Gesellschaft politisch nicht mehr adäquat vertreten wird – die Politik verschwindet für diese Bürgergruppen in zunehmendem Maße. Die offizielle Politik in unserer parlamentarischen Demokratie findet vermehrt für die gehobene Mittelschicht und insbesondere für die Oberschicht statt.[4] Diese Entwicklungen sind demokratisch sehr bedenklich und können dazu führen, dass sich ganze Gesellschaftsgruppen andere Wege der demokratischen Teilhabe suchen, die nicht unbedingt demokratischen Charakter haben.

Darüber hinaus gibt es eine Tendenz der verwaltungsgemäßen Lösungen politischer Probleme, welche nach sogenannten technokratischen Mustern erfolgt – also der vermeintliche „Sachzwang" oder Lösungsfindungen aufgrund sonst angeblich stattfindenden politischen und wirtschaftlichen Fehlentwicklungen. Auch hierbei ist ein „Verschwinden der Politik" zu erkennen, nämlich immer dann, wenn Politiker oder andere Persönlichkeiten in der Öffentlichkeit davon reden, dass aus Gründen des Allgemeininteresses bestimmte Entscheidungen so und nicht anders getroffen werden müssen. Alle politischen und auch administrativen Entscheidungen sind per se jeweils Standpunktentscheidungen – immer zu beurteilen nach dem „Cuibono-Prinzip", das heißt, wem nützen sie am meisten. Das Verschwinden der Politik, der politisch begründeten öffentlichen Entscheidungen, über ei-

---

[4] Vgl. Michelsen, D./Walter, F.: Unpolitische Demokratie. Zur Krise der Repräsentation, Berlin 2013, S. 166.

ne Sprachregelung welche die sachliche Notwendigkeit als Argument jeweils angibt, führt zu einer Aushöhlung demokratischer Verfahren. Hierzu gehören auch die immer wieder zu hörenden Argumente, dass politische und administrative Entscheidungsprozesse zu langsam seien. Zu langsam für wen? Doch wohl meistens für diejenigen, die ihre eigenen Interessen möglichst schnell, ohne Abstriche und ohne die Beteiligung derjenigen, die davon im Wesentlichen betroffen sind, verwirklichen wollen. Es ist hier eine beunruhigende Tendenz der öffentlichen Argumentation insbesondere in der Wirtschaft zu beobachten, die einem „neoliberalen Autoritarismus", beispielsweise nach chinesischem Vorbild, das Wort reden.[5] Dort finden Entscheidungsprozesse ohne die Beteiligung von Betroffenen statt, werden von einer Machtelite gefällt und die Bürger haben keine Einspruchsrechte. Dieses wird in der deutschen und europäischen Diskussion oft als pragmatisch und wirtschaftsgerecht dargestellt, es ist aber in Wirklichkeit nur eine veränderte Form der Zwangsherrschaft. Der heutige Zustand der Demokratie, in der die Abgeordneten sich nicht mehr ohne weiteres auf ihr Gewissen berufen können ist auch einem bestimmten Demokratieverständnis des Bundesverfassungsgerichts geschuldet. Hier war es insbesondere ein Mitglied des Senats des Bundesverfassungsgerichts, Gerhard Leibholz, der die liberale repräsentative Parteiendemokratie als überholt ansah und in seinen Rechtsinterpretationen auch so vertrat. Die Abgeordneten durften sich nicht mehr als freie Volksvertreter ansehen, sondern waren letztlich auch durch die Rechtssprechung des Bundesverfassungsgerichts nur noch „Beauftragte der Parteien".[6] Diese Entwicklung hat sicherlich wesentlich dazu beigetragen, dass eine Entfremdung der Bürger von den Politikprozessen stattgefunden hat.

Das „Verschwinden der Politik" in den demokratisch-technizistischen Verfahren einer sich von den Bürgern entfernenden parlamentarischen Demokratie gibt einerseits Anlass zur Sorge, andererseits sind die Zeichen der „Widerstands" deutlich zu sehen. Die Einmischung der Öffentlichkeit in als antidemokratisch empfundenen Entscheidungsprozesse sind beispielsweise in der Mobilisierung und dem regionalen Engagement zu vielen kleineren

---

[5] Vgl. ebenda, S. 177ff.
[6] Vgl. ebenda, S. 270.

oder größeren Projekten europaweit zu beobachten. Sie bergen allerdings die Gefahr, dass dadurch die sich dort artikulierenden Bürger als „Wutbürger" diffamiert werden und ihr Protest gegen „bonapartistische" Verwaltungsentscheidungen in der Öffentlichkeit als unbegründet oder gar antidemokratisch dargestellt wird.[7] Es ist aber aus unserer Sicht eine Fehlinterpretation, wenn Bürger als ungerechtfertigte Opponenten betrachtet werden. Die Grundlage einer Demokratie ist noch immer der Bürger als „Souverän" und das wird auch in einer parlamentarischen Demokratie oft vergessen. Die schwindende Beteiligung an den formalen Demokratieakten wie Wahlen, muss allerdings nicht unbedingt eine schwindende Systemakzeptanz sein. Die Bürger bleiben bei Wahlen zuhause, weil sie über diese Form der Beteiligung ihr formales Recht gewahrt wissen. Zum anderen sind sie aber nicht mehr durchweg davon überzeugt, dass sich in dem herkömmlichen Politikprozess ihre Interessen in irgendeiner Weise widerspiegeln.

Nun beruht die parlamentarische Demokratie auf der Vermittlung der Interessen der Bürger qua Willensbildungsprozess in den politischen Parteien. Die Parteien erarbeiten eine politische Programmatik, die der Wähler dann durch seinen Wahlentscheid im Großen und Ganzen für gut befinden kann. Dabei unterliegen die Einzelinteressen selbstverständlich einem Nivellierungsprozess durch die Konsensfindung in den Parteidiskussionen. Diese vermittelte Politikform wird zudem noch, wie schon erwähnt, von den Machtspielen innerhalb der Parteien überformt. Konkret wird die Übereinstimmung des Bürgerwillens mit Parteiprogrammen immer dann in der jeweiligen Lebenswelt erfahren. Die Auswirkungen von Gesetzen, Erlassen, Planungsrichtlinien und ähnlichem, welche seinen unmittelbaren Lebensbereich betreffen, erfährt der Bürger erst, wenn ein konkreter Anlass vorhanden ist. Solange die politischen Entscheidungen von dem Bürger als unproblematisch wahrgenommen werden, verläuft der demokratische Politikbildungsprozess quasi auf der Hinterbühne des Alltagslebens. Sobald aber Entscheidungen auf der politischen Ebene getroffen werden, die als unmittelbarer Einfluss auf die Lebenswelt durch den Bürger wahrgenommen werden, sieht das anders aus. Hierdurch entstehen dann Beobachtun-

---

[7] mit „bonarpartistischen" Verwaltungsentscheidungen ist hier die völlige Verselbständigung des staatlichen Verwaltungshandelns gemeint; benannt nach dem autoritären regieren des französischen Kaisers Napoleon III, Louis Bonaparte (1852-1870).

gen nicht nachvollziehbarer Entscheidungsfindungen und dadurch Enttäuschungen und Ohnmachtsgefühle, dem Politikprozess einflusslos ausgeliefert zu sein. Unmittelbare Teilhabe an den Machtprozessen in der Politik hat der Bürger in einer parlamentarischen Demokratie modernen Typs nicht. Seine Teilhabe beschränkt sich auf die Wahl eines Kandidaten aus einer Partei. Die Herstellung eines demokratischen Teilhabegefühls beim Bürger beschränkt sich dann darauf, den Eindruck zu erwecken, dass der Prozess der Kompromissfindung im Politikgeschehen seine Interessen zumindest annähernd widerspiegelt.

Marktkonforme Demokratie – die Kapitulation vor der Ökonomie und die Automatisierung der Politik

Die neoliberale Gesellschaft braucht demokratische Politikprozesse nur noch insofern sie die Logik der Gewinnmaximierung des Ökonomiesystems unterstützen. Eine verräterische Aussage sind hier die Worte von Bundeskanzlerin Merkel, wenn sie von einer „*marktkonformen Demokratie*" spricht. Demokratie und Marktgesellschaft haben erst einmal gar nichts miteinander zu tun. Eine offene, demokratische Gesellschaft kann auch durchaus ohne eine Marktgesellschaft bestehen. Wenn heutzutage von Marktgesellschaft geredet wird, dann ist damit immer die kapitalistische Marktgesellschaft gemeint. Die Kanzlerin meinte mit ihren Worten, dass der Politikprozess der parlamentarischen Mitbestimmung über das Budgetrecht marktkonforme Ausrichtung haben sollte. In der heutigen Ausdrucksweise heißt das auch, mehr „Wettbewerbsfähigkeit" wird zum Kernziel der demokratischen Entwicklungen. In dieser Ausdrucksweise bedeutet es konkret, alle demokratischen Prozesse der Entscheidungsfindung nach Wettbewerbstauglichkeit auszurichten. Dies ist eine Kapitulation demokratischer Verfahren vor den Erfordernissen des Ökonomiesystems.

Demokratien sind allerdings keine Erfüllungsgehilfen von Ökonomiesystemen, sondern die Regelungsweisen eines demokratischen Gemeinwesens. Hier sind alle Interessen, ob ökonomisch bedingt oder nicht, gleichrangig zu behandeln. Es zeugt von dem immens hohen Ideologiepotenzial der neoliberalen Ökonomievorstellung, wenn man meint alle Prozesse in der Demokratie haben sich nach den Ökonomieerfordernissen zu richten.

Diese Ideologie wird zweifelsohne gespeist von den materiellen Erfordernissen der Ökonomie. Überall scheinen nur Kauf und Verkauf, ökonomischer Nutzen und Messen eine Rolle zu spielen. Dies setzt sich naturgegeben in dem Sprechen darüber fort, sodass überall Nutzenmaximierung, Rentabilität und Messbarkeit zentrale Vokabeln in den Köpfen der Menschen geworden sind. Ein demokratisches Miteinander, die Beteiligung der Menschen an der Entscheidungsfindung, die ihr unmittelbares Leben betreffen, findet nicht statt. Alles wird dem Marktkalkül untergeordnet, was heißt alles muss sich irgendwie der Verwertungslogik des Kapitals unterordnen. Auch demokratische Maßstäbe? Wir meinen nein, Demokratie hat sich nicht in allen Bereichen ökonomischen Erfordernissen unterzuordnen, sonst wird sie grundlegend entstellt und dient nur noch als leere Hülle zur Wahrung einer Scheindemokratie. Wir sind auf einem guten Wege dahin. Nicht dass finstere Mächte unbedingt diesen ökonomischen Umsturz planen würden – nein, es wird mit den technokratischen Erfordernissen einer enthemmten Ökonomie argumentiert, dass dieser Weg unumgehbar sei.

Die Politik selbst setzt den fortschreitenden „Entpolitisierungsprozess" und somit „Entdemokratisierungsprozess" in Gang. Immer mehr wird das Parlament entmachtet, werden Entscheidungen an Beratergremien ausgelagert, werden Lobbynetzwerke zugelassen zu den innersten Politikzirkeln und Kommunikationsberater herangezogen.[8] Tony Blair hatte den Prozess für Groß-Britannien intrigant inszeniert und das englische Parlamentssystem teilweise zur Farce verkommen lassen. Die Genossen hierzulande, aber nicht nur sie, haben dieses Vorgehen fleißig kopiert. Dabei handelt es sich bei der Veränderung von Demokratie durch den sogenannten „Dritten Weg" wie Blair es vorexerzierte, einerseits um eine teils unbewusst ideologische Anpassung an die Erfordernisse einer kapitalistischen Ökonomie, andererseits um die zielbewusste Veränderung von Machtverhältnissen. Die Führungspersönlichkeiten in den Parteien, welche im engeren Entscheidungszirkel agieren, haben kein Interesse daran, sich selbst aus den eigenen Reihen von „Opponenten" ihre Positionen streitig machen zu lassen. Die Parteiendemokratie und das Agieren von Machtzirkeln innerhalb dieser führt

---

[8] Vgl. Michelsen, D./Walter, F.: Unpolitische Demokratie. Zur Krise der Repräsentation, Berlin 2013, S. 213ff.

zu einer „Hermetisierung" von Entscheidungswegen, einer Abschottung und Intransparenz. Wirkliche Entscheidungen werden nicht mehr im Parlament, also wie im ursprünglichen Sinne durch „*parler*" (franz. reden) in einer „Unterredung" (*Parlement*, altfranz.), über die Debatte erlangt, sondern schon vorab in kleinen Machtzirkeln festgelegt. Diese Machtzirkel sind wiederum eng verknüpft mit der Lobbyistenszene, den Wirtschaftsverbänden, den Politikberatern und sonstigen „Spin Doctors", welche eine Entscheidungsfindung nach ihren Interessen zu beeinflussen versuchen – dass dies oft nicht die Interessen der Bürger sind, müsste für alle erkennbar sein, die den Politikprozess auch nur halbwegs aufmerksam verfolgen. Politische Entscheidungsfindung werden heutzutage den Bürgern über Inszenierung medialer Politikdebatten in Talkshows vorgegaukelt.

Der demokratische Politikprozess leidet fernerhin zusehend an einem „politisch in die Mitte" rücken aller Parteien. Dazu werden Bürger, deren Leben an den Rändern der Gesellschaft läuft als zunehmend unattraktiv für die Parteien angesehen. Politische Entscheidungen werden „mittenlastig" gefällt, immer mit dem Blick auf die breite Mittelschicht, jene Wähler, die einem die den Parteipolitikern die weitere zukünftige Teilhabe an der politischen Pfründesicherung ermöglichen.[9] Die politische Agenda wird somit in der Öffentlichkeit, medial wirksam so gesetzt, dass die „Bürger der Mitte" den Eindruck erlangen können, zumindest die Grundlinien der Politik werden in ihrem Sinne gestaltet. Dass dies bei genauerem Hinsehen und bei der intensiven Betrachtung von Langzeitfolgen von Entscheidungen für die Bürger oft nicht der Fall ist, merkt man allgemein hin erst viel später. Dann werden Vernebelungstaktiken seitens der Politik inszeniert und es gibt keine zuschreibbaren Verantwortlichkeiten für Entscheidungsprozesse mehr – das ist die *Automatisierung der Politik*, wie wir das nennen wollen. Nach dieser kurzen Skizzierung der politischen Entwicklung in unserer Demokratie wäre nun zu fragen, wie kann eine zukünftige demokratische Gesellschaft aussehen?

---

[9] Vgl. ebenda, S. 221ff.

Veränderte Demokratie – Direktere Teilhabe der Bürger am demokratischen Diskurs

Die grundlegende Legitimität unserer parlamentarischen Demokratie zieht diese aus dem Schutz von Grundrechten und der konzentrierten Antwortfähigkeit auf die politischen Fragestellungen, welche eine Mehrheit zufrieden stellt.[10] Das erodierende Vertrauensverhältnis in diese Form der Demokratie ist unser Meinung nach durch entwickelte Formen direkter Demokratie zu ergänzen, beziehungsweise kann gegen deren Vertrauenserosion wirksam sein. Direktdemokratische Modelle erweitern die Teilhabe der Bürger an den politischen Willensbildungsprozessen durch öffentliche Diskurse.

Hierzu ist über unser weiter oben aufgeführten Einwand über eine, auch über die Rechtssprechung durch das Bundesverfassungsgericht, zu starke Stellung der Parteien in der Demokratie erneut nachzudenken und Veränderungen vorzunehmen. In der deutschen Demokratie gibt es eine starke Verbindung von Legislative (Parlament) und Exekutive (Regierung, Verwaltung).[11] Dies bedeutet, dass die parlamentarische Debatte in weiten Teilen von der Bevölkerung als eine Scheindebatte wahrgenommen wird. Es wird nicht mehr um das bessere Argument gerungen, sondern bestimmte Parteiziele bilden die Ziele der Regierungspolitik. Diese Parteiziele werden allerdings nicht in einer öffentlichen Debatte formuliert, sondern sind ein Ergebnis von innerparteilichen Machtspielen und werden oftmals durch einige wenige Personen bestimmt. Dieser Zustand führt dazu, dass zwangsläufig das TINA-Syndrom (There-Is-No-Alternative) entsteht. Die Prozesse der Entscheidungsfindung in unserer Demokratie finden zunehmend hinter den Kulissen oder in bürokratischen Prozessen statt – siehe die Verhandlungen über TTIP, CETA, Bologna-Prozess, PISA und ähnlichem. Hier werden oftmals in demokratisch nicht legitimierten Gremien grundlegende gesellschaftliche Entscheidungen getroffen, die dann durch die Exekutive umgesetzt werden.

Wie sollen aber nun die zuvor skizzierten Defizite der gegenwärtigen repräsentativen, parlamentarischen Demokratie behoben werden? Die zentrale Aussage könnte hier sein: durch mehr Beteiligungsmöglichkeiten und

---

[10] Vgl. ebenda, S. 207.
[11] Vgl. ebenda, S. 272ff.

Mitspracherechte der Bürger. Diese Beteiligung hat in einer repräsentativen Parteiendemokratie allerdings mit nicht geringen Hindernissen und Widerständen zu rechnen. Eine „deliberale Demokratie", also die Bürger im öffentlichen Diskurs beteiligende Demokratie, muss darauf achten, dass sie nicht zur Erfüllungsgehilfin einer technokratisch-administrativen Politikpraxis wird. Hinzu kommt noch, dass öffentlich beteiligende Demokratieverfahren, die ihre Legitimität rein aus der Option einer allgemeinen Zugänglichkeit zur Debatte auf der Grundlage des „Zwanglosen Zwangs des besseren Arguments" beziehen, ganze Bevölkerungsgruppen ausschließen.[12] Wer keine Diskurskompetenzen besitzt, also inhaltlich gut argumentieren kann und wem Diskursperformanz nicht eigen ist, folglich persönlich in der Lage ist an einer politischen öffentlichen Debatte teilzunehmen, ist draußen. Alle gesellschaftlichen Gruppen, die weder inhaltlich ausreichend Kenntnisse besitzen, wie auch sprachlich wenig eloquent sind, werden aus solchen Diskurszirkeln ausgeschlossen. Das ist letztlich undemokratisch und begünstigt eine Form von Expertokratie. Alle Bürger dürfen zu den politischen Entscheidungen, welche sie betreffen etwas sagen und am Meinungsbildungsprozess teilnehmen.[13] Die deliberative Demokratie darf nicht nur vernunftgeleitete und rational argumentierend Diskurse zulassen, sondern sie muss Leidenschaft und politisch harte Auseinandersetzung tolerieren, sonst wird sie zu einer Form „liberaler Oligarchie".[14] Die Geschichte der Menschheit ist eine Geschichte von Kämpfen um ganz fundamentale Interessengegensätze, die noch dazu mit gruppenspezifisch völlig unterschiedlichen Machtressourcen ausgetragen werden. Diese empirischen Bedingungen sind keine Ideologie, wie so gerne behauptet wird, sondern damit sind schlicht die Gegebenheiten von Herrschaft und Herrschaftsinteressen und den verschiedenartigen Interessenlagen von Menschen beschrieben, die nicht zu dieser Herrschaftsklasse zählen, nicht mehr und nicht weniger. Demokratie heißt nicht einen „Konsensbrei" herstellen, sondern heißt das Kämpfen um die Teilhabe am demokratischen Entscheidungs-

---

[12] Vgl. ebenda, S. 297ff.
[13] Für diejenigen, die am politischen Diskurs nicht teilnehmen können, beispielsweise geistig Behindertete, muss ein adäquater Prozess der Berücksichtigung erfolgen.
[14] Vgl. Michelsen, D./Walter, F.: Unpolitische Demokratie. Zur Krise der Repräsentation, Berlin 2013, S. 311.

prozess unter den Bedingungen unaufhebbarer, antagonistischer Gegensätze. Die Interessenlagen in der Gesellschaft sind nicht einheitlich, dies sei nochmals betont. Die Gesellschaft ist auch kein Wunschkonzert, sondern es prallen nach wie vor ganz harte unterschiedliche Interessenlagen aufeinander, die nicht mit ein wenig Oberflächenretusche zu beseitigen sind. Diese Tatsache ist erst einmal wieder ins Bewusstsein vieler Bürger zu holen, da durch die mediale Pazifizierung, das Ruhigstellen der Bevölkerung durch bewusste Falschinformation und den Fernsehblödsinn der informativen Fremdbestimmung, der Eindruck entstanden ist, dass wir alle irgendwie in einem Boot sitzen und gemeinsam rudern müssen. Nein, so ist es nicht, um bei dem Bild des Bootes zu bleiben, wir sitzen in unterschiedlichen Booten und streben auch unterschiedliche Richtungen an. Diejenigen allerdings, die in der Herrschaftshierarchie qua ökonomische Gewalt das Sagen haben, besitzen die größten Boote und die effektivsten Ruderer und behindern die anderen Boote nach bestem Können.

Demokratieprozesse basieren auf dem Gegensatz von Herrschaft und Herrschaftskritik und der Standpunktauseinandersetzung darüber. Demokratie ist der Versuch, dass diejenigen, die wenig Einfluss im politischen Herrschaftsprozess haben, mehr erlangen (Politikfeld) und das diejenigen, die wenig Einfluss im ökonomischen Herrschaftsprozess haben, mehr davon erzielen (Gewerkschaftsfeld) – alles auf Basis eines nicht unmittelbar gewalttätigen Vorgangs. In den derzeitig in westlichen Ländern vorherrschenden Vorstellungen von Demokratie verdünnt sich das auf den parlamentarischen Prozess einer fiktiven Konsensrepräsentation. Über den Parteienprozess werden Herrschaftsfunktionen ausgeübt und vermeintliche Konsensprozesse in einer medienwirksamer Darstellung den Bürgern vermittelt. Der Höhepunkt sind die wöchentlichen politischen Talkshows im Fernsehen, die Politiksimulation betreiben und eine Form von deliberativer Mediendemokratie konstruieren. Wer die mediale Macht besitzt diese Mediendemokratie zu gestalten, der verfügt über die Herrschaftsmittel zur meist erfolgreichen Verteidigung des Staus quo im Herrschaftsprozess. Dies ist die eine Seite der Wirklichkeit im gegenwärtigen demokratischen Verfahren in der Gesellschaft. Wenn wir hier Veränderungen anregen wollen, dann darf die Medienmacht dabei nicht unangetastet bleiben. Wir haben also eine zweiseitige Problemstellung: einerseits die derzeitig ungenügende Partizipationsform der Bürger am demokratischen Verfahren parlamentarischer Entscheidungsfindungen und anderseits die unzureichende Teilnahmemöglichkeit an der medial vermittelten Kommunikation von politischen Themen. Um nicht in die oben skizzierten Fallen der deliberativen Demokratie zu tappen, ist es notwendig, dass die öffentlichen Diskurse formal offen und inhaltlich bindend gestaltet werden. Dies wird derzeit in der untersten Ebene der demokratischen Entscheidungsprozessen, der Gemeindeebene genau umgekehrt praktiziert. Mit dem „Bürgerantrag" ist ein formal bindendes aber inhaltlich offenes Verfahren der Beteiligung der Bürger an dem demokratischen Prozess in ihrer unmittelbaren Lebensumgebung gegeben. Mit dem einreichen eines Bürgerantrags ist der Gemeinde- oder Stadtrat verpflichtet diesen zu legitimieren, ihn also zu beraten und darüber abzustimmen. Die Bürger selbst haben keinerlei Mitbestimmungsrechte in diesem Prozess. Diese wäre bei unserer Vorstellung von erweiterter Demokratie zu ändern. Es muss ein Verfahren geschaffen werden, welches es ermöglicht jenseits der Parteiendisziplin bei den Abstimmung über einen Bürgerantrag die Bürger einer Gemeinde/Stadt darüber direkt mit entscheiden zu lassen. Durch den Bürger*antrag* wird vom jeweiligen Rat der Stadt/Gemeinde darüber entschieden, ob einem Bürger*entscheid* stattgegeben wird, indem dann die inhaltliche Auseinandersetzung stattfindet. Es entscheiden also diejenigen über das Verfahren, die gegebenenfalls darin in dem Entscheidungsprozess unterliegen können, ob es zu diesem kommt. Die Verfahren zum Bürgerantrag und Bürgerentscheid sind allerdings von Bundesland zu Bundesland verschieden und in den jeweiligen Kommunalordnungen der Länder geregelt.

An Bürgeranträge sind enge formale Kriterien gebunden, wie die Schriftlichkeit des Antrages, eine dargelegte Begründung für die zu entscheidende Frage, ebenso muss ein Vorschlag der Kostendeckung bei der Umsetzung des Vorschlags vorgelegt werden (in Bayern und Hamburg entfällt dies) und eine Mindestzahl an Unterschriften muss geleistet werden. Dies kann bei einem Erfordernis zwischen 3-15% der jeweilig Stimmberechtigten eine grundlegende Hürde sein. Ebenfalls sind die Kategorien, zu denen ein Bürgerentscheid zulässig ist, ausschlaggebend, ob die Bürger in einem demokratischen Prozess beteiligt werden oder nicht. Ein von den Bürgern positiver entschiedener Bürgerentscheid hat die Wirkung eines

Ratsbeschlusses und ist sogar durch einen „Abänderungssperre" geschützt, ein negativer Ausgang bedingt gleichzeitig eine sogenannte „Initiativsperre", dass in der selben Sache für die nächsten zwei bis drei Jahre (je nach Bundesland) kein neuer Antrag gestellt werden kann. Volksbegehren und Volksentscheide als Bürgerbeteiligung gibt es auch in ähnlicher Form auf den Länderebenen.[15] Hier sind ähnlich Hürden für eine direkte Beteiligung der Bürger an politischen Entscheidungsverfahren vorhanden. Auf der Bundesebene ist die Beteiligung der Bürger so gut wie nicht vorhanden. Der Ausschluss direktdemokratischer Möglichkeiten auf Bundesebene wird mit den schlechten Erfahrungen aus der Weimarer Zeit begründet, wobei diese Argumentation an den Haaren herbeigezogen ist. Wie wir in dem Kapitel über die Geschichte unserer Demokratie diskutiert haben, ist die erste deutsche Demokratie nicht an direktdemokratischen Elementen gescheitert, sondern wurde bewusst von innen heraus durch Personen aus den alten Machtapparaten zerstört, allen voran Hindenburg und seine Kamarilla.

Die ganze Krux der formalen Beteiligung von Bürgern besteht darin, dass diese Instrumente aus der Logik der Politik und Verwaltung stammen und deshalb auch stark deren Handschrift tragen. Es sind also, formal gesehen, keine besonders bürgerfreundlichen Instrumente. Sie können meistens nur von Bürgern genutzt werden, die zumindest die intellektuellen Voraussetzungen mitbringen, sich solch einem Antragsprozess zu stellen. Wiederum sind damit ganze Schichten aus solchen Verfahren quasi performativ ausgeschlossen. Wenn derzeit viele Bürger resigniert und lethargisch hinsichtlich ihrer Einflussnahme im demokratischen Prozess sind, dann sollten wir uns in unserem demokratischen Gemeinwesen dringend darum kümmern, dass dies sich ändert. Nichts ist gefährlicher für die Demokratie als resignierte Bürger, die keinerlei Verbindung mehr zu den politischen Entscheidungsprozessen sehen. Aus diesem Unmut erwächst die Tendenz, sich antidemokratischen Initiativen anzuschließen. Diese bieten zwar in der Regel nur Scheinlösungen für Probleme an, die allerdings geschickt das Trugbild der Partizipation der Bürger konstruieren können. Wir müssen uns also überlegen, wie wir den problematischen Prozesse der Entfremdung der Bürger von der Demokratie entgegenwirken können. Dies bedeutet nicht

---

[15] Vgl. Kost, A.: Direkte Demokratie, Wiesbaden 2008.

nur, dass wir tiefgreifende Veränderungen auf formaler Ebenen initiieren müssen, es bedeutet auch, politisch anders zu handeln. Wenn heutzutage nur noch Politik für große Konzerne und die Finanzindustrie gemacht wird, da fragen sich die Bürger zu Recht, warum ihr Lebensalltag teilweise so wenig berücksichtigt wird. Die Ökonomisierung politischer Entscheidungsfindung ist so weit fortgeschritten, dass die meisten Hirne der Politiker vernebelt sind. Dies sieht man schon oft daran, dass seitens der Politik, wenn Veränderungen zugunsten der Bürger angemahnt werden, das ökonomische Argument aus dem Hut gezaubert wird: entweder man sagt, das ist nicht gut für unsere Wirtschaft, das ist nicht finanzierbar oder das schadet dem Wettbewerb. Die grundlegende Fragestellung in einem demokratischen Gemeinwesen sollte aber diejenige sein, die nach dem Wohlergehen der Bürger fragt: Wie ist eine gutes und glückliches Leben für jeden möglich? Dazu muss man sich natürlich von ideologischen Gleichungen verabschieden: Wirtschaftswohl=Bürgerwohl oder Wirtschaftswachstum=Arbeitsplätze oder Gewinne=Wohlstand. Alle diese Aussagen sind fundamental falsch, weil einerseits die demokratische Perspektive dabei völlig ausgeblendet wird und andererseits sie zudem empirisch widerlegt sind.

Es ist an der Zeit, dass auf der Ebene der Entscheidungsbeteiligung in demokratischen Prozessen die Bürger stärker an diesen Prozessen teilhaben können. Die Bürger müssen näher an die Entscheidungsfindungsprozesse gekoppelt werden. Manche politischen Entscheidungen wären so nicht geschehen, wenn die Bürger darüber hätten mitbestimmen können. Dies birgt natürlich für die Politik erhebliche Gefahren und deshalb möchte man diese Prozesse auch nicht vorantreiben. Wie oben erwähnt, sind Politikprozesse Machtprozesse und diese Machtprozesse funktionieren insbesondere deshalb gut, weil bei wichtigen Entscheidungen die Bürger außen vor bleiben. Dieser Prozess ist jetzt schon soweit gediehen, mit den Verhandlungen zu den Handelsabkommen (TTIP, CETA) der EU mit den USA und Kanada, dass sogar die Parlamente außen vor bleiben. Solcherart Verhalten schürt beim Bürger nur zu Recht größte Skepsis. Alle Verhandlungen in einem demokratischen Kontext müssen öffentlich zugänglich sein – vielleicht mit Ausnahme sicherheitsrelevanter Dinge. Das Verhalten bei diesen Abkommen ist zutiefst undemokratisch und untergräbt gar die demokratische Grundordnung der EU und der Nationalstaaten. Die derzeit dafür zuständige EU-Kommissarin Cecilia Malmström (Liberale, Schweden) sollte gezwungen werden, die Verhandlungen öffentlich zu machen und bei Nichtbeachtung von ihrem Posten enthoben werden.

Die Aufhebung des Konsensprinzips

Die antidemokratischen Tendenzen werden innerhalb des Demokratiesystems entwickelt und dies ist nicht anderes der Ausdruck eines Machtprozesses. Beteiligungsorientierte Demokratieformen einzufordern ist also nichts anderes, als diesen Machtprozess zugunsten der Bürger zu beeinflussen. Hierzu müssen die Grundsätze der Konsensdemokratie infrage gestellt werden. Es herrscht kein gesellschaftlicher Konsens, es herrscht grundsätzlich Dissens, da politische Entscheidungen immer zum Nachteil von bestimmten gesellschaftlichen Gruppen ausfallen. In den demokratischen Verfahren, wie sie derzeit betrieben werden, müssen wir also aufhören so zu tun, als ob wir einen vernunftgeleiteten Konsens herzustellen hätten. Nein, es sind radikal unterschiedliche Interessen zu vertreten. Das ganze Konsensgeschwafel verdeckt die wirklichen Interessengegensätze in der Gesellschaft. Was haben denn beispielsweise die Interessen der Finanzindustrie mit denen eines arbeitslosen Handwerkers zu tun? Gar nichts, im politischen Entscheidungsprozess wird aber immer so getan, als ob gerade die ökonomischen Politikentscheidungen alternativlos seien und wenn sie nicht so gefällt werden wie die Politiker es uns vorstellen, dann ist das vermeintliche Gesamtwohl des Landes gefährdet. Es gibt kein Gesamtwohl eines Landes, es gibt nur ein Gruppenwohl und Gruppeninteressen im Machtprozess, die so auszuhandeln sind, dass für alle die Möglichkeit ein weitgehend gutes Leben zu führen dabei herauskommen sollte. Wenn jemand im politischen Prozess die Behauptung aufstellt, er handle im Allgemeininteresse, dann sind äußerste Vorsicht und Skepsis angebracht. Hinter solchen Äußerung verbergen sich allemal handfeste Gruppeninteressen.

Wie können wir nun die derzeitigen, von vielen Bürgern als defizitär erfahrenen demokratischen Entwicklungen verbessern? Einen one-best-way gibt es dabei sicherlich nicht. Die Bestrebungen der Bewegung zur „Liquid Democracy" sind dabei ebenso genauer in Augenschein zu nehmen, wie auch direktdemokratische Verfahren nach Schweizer Vorbild. Die Bewegung hin zu einer „Liquid Democracy" begreift sich aufgrund der Entwicklung des Internets als eine neue Form direktdemokratischer Verfahren.[16] Es ist der Versuch, über das Internet eine direkte Form demokratischer Entscheidungs- und Beteiligungsformen zu etablieren. Dies könnte aber eine weitere Ausgrenzung der nicht so medial vernetzten und kompetenten Menschen zur Folge haben.

Das Grundproblem eines jeden direktdemokratischen Verfahrens ist die Beschaffung von notwendiger Information zur Bewertung und Meinungsbildung. Diese Hürde ist allerdings für bestimmte gesellschaftliche Gruppen leichter zu nehmen als für andere. Hier muss eine egalitär ausgerichtete direktdemokratische Alternative ansetzten und Formen finden, wie die Bürger zur Entscheidungsfindung auch an die notwendigen Informationen gelangen können. Damit ist allerdings noch nicht das Problem angesprochen, wie man Bürger einbindet, die intellektuell weniger Ressourcen besitzen – auch sind sie in den Prozess zu integrieren. Zu dieser Informationsweitergabe sind eigentlich die öffentlich rechtlichen Medien laut ihrem Bildungsauftrag im Rundfunkstaatsvertrag verpflichtet. Doch wir wissen, dass hier einiges im Argen liegt. Schaut man sich die Programmstruktur der öffentlich-rechtlichen Medien einmal an, so wird schnell klar, dass seichte Unterhaltung den weitaus größten Sendeteil einnimmt. In den öffentlich-rechtlichen Medien wären grundlegende Strukturreformen umzusetzen, sodass die Informations- und Bildungspflicht eine weitaus größeren Programmanteil abdeckt. Da von vielen Entscheidungen auf der regionalen Ebene die Menschen in ihrem Lebensumfeld direkt betroffen sind, wäre es angebracht, über regionale Medien ganz spezifische Informationen für die Bürger zu größeren und kleineren Ratsentscheidungen aufzuarbeiten und darzustellen. Hierzu wären die Lokalfenster der Sendeanstalten gut geeignet. Die größte Problematik dabei ist, nicht parteipolitische Ideologien oder Sachideologien zu vermitteln. Es muss eine neue kritische Presse entstehen, weil sie heute in weiten Teilen nicht mehr besteht.

Ebenso könnte die öffentliche Verwaltung die notwendigen sachlichen

---

[16] Vgl. Michelsen, D./Walter, F.: Unpolitische Demokratie. Zur Krise der Repräsentation, Berlin 2013, S. 346ff.

Informationen auf gut zugänglichen, barrierefreien Internetseiten zur Verfügung stellen. Hier könnten die schon bürgernah arbeitenden Bürgerbüros gestärkt werden und wären in ihren Aufgabenkompetenzen und zwangsläufig in ihren Personalkapazitäten zu erweitern. Auf der regionalen Ebene ergeben sich heutzutage über das Internet einige Zugangsmöglichkeiten zu Informationen für Bürger, die im einem Entscheidungsfindungsprozess wichtig sind. In diesem Prozess können die Erfahrungen aus der Schweiz sehr nützlich sein. Die Schweiz ist das einzige Land, indem direktdemokratische Beteiligungsverfahren der Bürger realisiert werden. Dieses Vorgehen der Schweiz hat keinerlei Zusammenhang mit der Größe des Landes, um hier den gewohnt auftauchenden Gegenargumenten zu begegnen. Will man eine direktdemokratische beteiligte Bürgerschaft in der Gesellschaft verwirklichen, so sind nicht die Größe eines Landes oder die Anzahl der Bürger entscheidend, sondern die intelligente Gestaltung des Verfahrens. Das heißt, wenn man direkte Demokratieformen will, dann gibt es Wege dahin – alles andere sind oft Verhinderungsargumente, die nur den Anschein einer Sachargumentation erwecken, in Wirklichkeit aber harte politische Interessenbekundungen sind.

Aus dem Schweizer Vorgehen sind einige grundlegende Erkenntnisse für die Umsetzung einer stärkeren Bürgerbeteiligung an den demokratischen Entscheidungsfindungsprozessen herauszuheben: Es werden die Vorlagen zu den Entscheidungsfindungen immer in einem Vergleich erörtert, wichtige Vorlagen bedürfen eines intensiveren Diskurses. Am Diskurs sind Organisationen, Parteien, Verbände und Einzelpersonen beteiligt und der Diskurs initiiert einen Lernprozess.[17] Wir wollen hier das Schweizer Modell nicht als Blaupause für deutsche Entwicklungen missbrauchen. Es sei jedoch soviel dazu gesagt, dass auch hier die Konsenskultur im Vordergrund steht, was von der grundsätzlichen Einstellung zu solchen Prozessen her von unserer oben skizzierten Position verschieden ist. Es sie nochmals darauf hingewiesen, Konsenskulturen leiden unter der Nivellierung der Standpunkte, tun so, als ob alle Standpunkte gleichwertig wären. Dies ist aber auch in einer Demokratie nicht so und ökonomische und herrschaftsstruk-

---

[17] Vgl. Kirchgässner, G.: (2010) Direkte Demokratie, Discussion Paper No. 2010-26, Universität St. Gallen 2010.

turelle Positionen haben immer ein Übergewicht im Diskurs. Dies auszugleichen und die wirklichen Interessen der Bürger herauszuarbeiten ist der schwierige Prozess der Entscheidungsfindung.

Repräsentative Demokratien hätten nur dann einen wirklichen Vorteil gegenüber direktdemokratischen Verfahren, wenn die bessere Information derjenigen gegeben wäre, die entscheiden. Dass dies aber für die Politiker in repräsentativen Demokratien durchaus in den meisten Fällen nicht zutrifft, entfällt dieses Argument. Wie wir in unserer Diskussion anfänglich festgestellt haben, werden politische Entscheidungen wesentlich durch Nähe zu dem formalen Machtzugang und der Fraktionsdisziplin beeinflusst, weniger durch die Einzelkompetenz der Abgeordneten. Dies bedeutet allerdings, dass ein großer Teil der Vorteile eines repräsentativdemokratischen Verfahrens hinfällig wären, da die Entscheidungsfindung durch die Betroffenen direkt durchaus eine höhere Sachkompetenz entstehen lassen können.[18]

Darüber hinaus ist ja grundsätzlich die Frage zu stellen, ob „Spezialisten" jeweils die besseren Entscheidungen fällen. Reinen Spezialisten die Alternativen über demokratische Entscheidungsprozesse zu überlassen ist ein undemokratischer Prozess. Da selbst bei augenscheinlicher „Fehlentscheidung" der Bürger, dennoch der Prozess der Entscheidungsfindung demokratisch gestaltet sein muss. Da direktdemokratische Prozesse immer auch Lernprozesse sind, wie wir vorab aus dem Schweizer Modell gesehen haben, ist die Wahrscheinlichkeit sehr hoch, dass tiefgreifende Fehlentscheidungen nicht erfolgen. Auch unter Kostengesichtspunkten liegen die Entscheidungen direktdemokratischer Art günstiger, wie Untersuchungen aus der Schweiz ergeben haben. Hier bleiben direktdemokratische getroffene Entscheidungen durchschnittlich um drei Prozent unter dem Kostenniveau anders getroffener Entscheidungen.[19] Da es außer der Schweiz hier keine vergleichbaren Daten gibt, kann man dies für die Direktdemokratieverfahren unter diesen Voraussetzungen festhalten. Das kann natürlich auch zur Folge haben, dass in einigen Budgetbereichen weniger Geld ausgegeben wird, dies obliegt dann den Entscheidungen der Bürger. Die Frage ob

---

[18] Vgl. ebenda, S. 11.
[19] Vgl. ebenda, S. 12ff.

eine direktdemokratische Gesellschaft weniger Wirtschaftsleistung produziert erübrigt sich, wenn man auf die Daten der Schweiz schaut – die Wirtschaftsleitung ist sogar höher. So haben ausgeweitet direktdemokratische Kantone in der Schweiz eine um 5 Prozent höhere Wirtschaftsleistung und haben um 18% Prozent niedrigere Staatsausgaben pro Kopf. Also das Argument, direktdemokratische Prozesse sind teuer als repräsentativdemokratische ist durch die verschiedenen Schweizer Beispiele entkräftet – ähnliche Ergebnisse gibt es für die USA.[20]

Die Einführung direktdemokratischer Prozess hängen also nicht von finanziellen Gegebenheiten ab. Es ist einzig der politische Wille, der eine Einführung begründet. Hier sind es eben wieder die gesellschaftlichen Machtverhältnisse, die eine Rolle dabei spielen, ob direktdemokratische Verfahren als realisierbar bezeichnet werden oder ob man sie ablehnt. Dieser Prozess des Für und Wider gehört selbst zu dem Konfliktprozess, welcher sich aufgrund der gesellschaftlichen Machtverhältnisse und dem asymmetrischen Zugang zu Entscheidungsbereichen vollzieht. Die deutsche Diskussion dieses Themas differenziert sich in zwei starke polare Gegner, einerseits die Befürworter mehr direkter Demokratie (Bürgeraktion *Mehr Demokratie e.V.* und das *Initiative and Referendum Institute Europe*) und andererseits die Ablehner, welche die bürgerliche Mitbestimmung nur auf das nötige Maß der Staatsvertragsreferendum oder Verfassungsreferendum beschränken wollen. Viele negative Befürchtungen hinsichtlich der Praxisfähigkeit direktdemokratischer Verfahren sind durch das Schweizer Beispiel zu entkräften. Auch die Teilweise auf Bundes- und Landesebene schon heute möglichen Bürgerentscheide zeigen, dass seitens der Bürger sehr verantwortlich mit den Instrumenten der direkten Beteiligung umgegangen wird. Andererseits zeigt sich, dass politische Themen, die langfristig über die Köpfe der Bürger hinweg entschieden werden, keine Zustimmung bekommen, beziehungsweise, dass sich der Protest dagegen formiert und eine Gegenbewegung sehr stark werden kann und letztlich am Ende erfolgreich ist, wie beispielsweise die Anti-AKW-Bewegung. Hätte man hier frühzeitig andere Entscheidungen getroffen, wären dem Steuerzahler über 700 Milliarden an Kosten für Forschung und Subventionen erspart geblie-

---

[20] Vgl. ebenda, S. 14ff.

ben oder hätten frühzeitig in den Ausbau der Alternativenergien gesteckt werden können.

Was bleibt nun zu tun, ist die abschließende Frage? Wir wollen in unserem Buch bewusste keine unumstößlichen Rezepte geben, wie, wann und wo etwas zu sein hat. Wir wollen dazu anregen, dass Menschen anfangen über die Gegebenheiten in ihrer Lebenswelt neu nachzudenken und Alternativen zu dem Herkömmlichen zu entwickeln. Uns ist es ein Anliegen die parlamentarisch-repräsentative Demokratie weiter zu entwickeln. Die Zeichen der Zeit stehen auf mehr Beteiligung der Bürger an demokratischer Entscheidungsfindung. Das dies kein Prozess ist, der den Bürger geschenkt wird, sollte aus unserer kurzen Skizzierung der Machtstrukturen und den notwendig antagonistischen Differenzen in der Gesellschaft klar geworden sein. Die Veränderung der Demokratie hin zu mehr direkt erfahrbarer Demokratie halten wir allerdings für unerlässlich, will man nicht noch mehr Abwendung der Menschen von dem Prozess der Demokratie in Kauf nehmen oder die Herrschaft von weitgehend anonymen Konzerninteressen und der Logik der Profitmaximierung unseren demokratische Gesellschaft vollends zerstören lassen. Die ersten deutlichen Zeichen eines Zerfalls der Demokratie haben wir skizziert, jetzt liegt es an den Menschen das zu ändern und eine Bürgerdemokratie einzufordern – reif dazu sind sie allemal.

Scoutopisches Manifest

für eine mitweltgerechte Gesellschafts- und Wirtschaftsordnung

Der gegenwärtig vorherrschende Finanzkapitalismus hat verheerende Folgen für die gesamte Mitwelt. Wir fordern eine Neuordnung des Systems, um die Ökonomie wieder zum Diener und nicht zum Herrscher der Gesellschaft werden lassen. Wir denken, dass eine weitere Kultivierung der Menschheit möglich ist. Der demokratische Wohlfahrtsstaat mit Rechtsordnung stellt eine große Errungenschaft dar, die wir weiter ausbauen, statt bekämpfen sollten. Eine mitweltgerechte Ökonomie ermöglicht eine soziale, solidarische, demokratische und ökologische Gesellschaft. In dieser Gesellschaft wird es jedem Menschen ermöglicht, sich zu entwickeln und seine guten Seiten zu entfalten, statt genau dies zu erschweren. Eine solche Gesellschaft der Gleichfreiheit, des Maßes und der umfassenden Demokratie in Vielfalt wäre auch eine Vision des Westens, die die bisher häufig verratenen Werte der Mitweltlichkeit endlich in den Mittelpunkt stellt.

Wir fordern und wünschen uns

1. den Diskurs über alternative Modelle der Wirtschafts- und Gesellschaftsordnung hin zu einer kultivierten, ökologisch und sozial verantwortlichen Wirtschaftsweise.
2. eine konsequente Neuorientierung der Messung von Wohlstand und eine Neubestimmung des Wohlstandsmodells.
3. einen Ausbau der Demokratie zu mehr Bürger- und Mitarbeiterbeteiligung sowie die Einschränkung des Einflusses von Lobbygruppen auf die Gesetzgebung.
4. eine multinationale Regulierung der Finanzmärkte, den Aufbau eines pluralen Finanzrates, der neu Finanzprodukte zertifiziert und auf Nütz-

lichkeit untersucht. Zudem die Beschränkung und die Besteuerung des Finanzumsatzes (Tobin).
5. Weit reichender Schuldenschnitt und wirkliche Hilfe für Bedürftige statt Investorenrettung.
6. die Entwicklung eines Basis-Internets ohne Werbung und Kontrolle. Begrenzung der Macht der Technologiekonzerne im Web.
7. die Neuordnung der Unternehmensverfassungen und die Verpflichtung des Eigentums sowie eine Durchsetzung von Haftung und Verantwortung in allen Bereichen.
8. die Pluralisierung der Ökonomik, die Förderung der Theorien- und Methodenvielfalt, sowie die Anregung eines kritischen Diskurses über implizite Werturteile der herrschenden Meinung.
9. die Regulierung der Wirtschaft, die Begrenzung von Machtballungen insbesondere durch Konzerne und Ausbau der Gemeinwirtschaft statt weiterer Privatisierung und reinem Effizienzdenken. Die Reduzierung der Freihandelsabkommen auf die Vereinheitlichung von Standards. Sofortige Aussetzung der Verhandlungen zu Investorenschutz und geheimen Schiedsgerichten sowie dem Konzept der regulatorischen Kontrolle.
10. eine ganzheitliche ökonomische Bildung mit Integration technischer und insbesondere sozialer, ethischer und politischer Aspekte.
11. die Förderung der Maker Culture und eine Empowerment. Die Abkehr von der Erziehung zum Konsum. Deutliche Einschränkungen der Reklame und Werbung. Entwicklung von Sphären zur gemeinschaftlichen Kompetenzentwicklung. Junge sollen mit älteren Menschen Erfahrungen in technischer und sozialer Hinsicht austauschen. Es sind Foren und Technologien zu unterstützen, die Menschen eine Wiederaneignung der Dinge, eine interaktive Wertschöpfung und eine dezentrale Fertigung ermöglichen.
12. die Förderung der Commonstrukturen und freien Zugang zu Wissen (insbesondere auch im Internet) und Bildung.
13. die Umgestaltung der Städte zu „Cities for People" und eine Ausweitung öffentlicher Sphären.
14. die Neuordnung der Grundsicherung in Richtung auf ein bedingungsloses Grundeinkommen und Grundvermögen.

15. die Förderung und den Ausbau fairer internationaler Wertschöpfungsketten sowie den Ausbau des fairen Handels. Den Stopp des Landgrabbings und des Extraktivismus in den rohstoffreichen Ländern. Alle Gaben der Natur müssen allen Menschen zur Verfügung stehen.
16. den Stopp der Versklavung durch Verschuldung und Neoimperialismus.
17. den Umbau der Gesellschaft und Ökonomie auf ein erfinderisches und künstlerisches Miteinander der Menschen und mit der Natur.